中国政治学前沿丛书

于军◎著

Global Governance

全球治理

国家行政学院出版社

图书在版编目(CIP)数据

全球治理/于军著．—北京：国家行政学院出版社，2014.8
ISBN 978-7-5150-1242-1

Ⅰ.①全…　Ⅱ.①于…　Ⅲ.①国际政治—研究　Ⅳ.①D5

中国版本图书馆(CIP)数据核字(2014)第175701号

书　　名　全球治理
著　　者　于　军
责任编辑　吴蔚然
出版发行　国家行政学院出版社
　　　　　(北京市海淀区长春桥路6号　100089)
　　　　　(010)68920640　68929037
　　　　　http://cbs.nsa.gov.cn
编 辑 部　(010)68928764
经　　销　新华书店
印　　刷　北京京华虎彩印刷有限公司
版　　次　2014年8月北京第1版
印　　次　2014年8月北京第1次印刷
开　　本　787毫米×1092毫米　16开
印　　张　15.5
字　　数　230千字
书　　号　ISBN 978-7-5150-1242-1
定　　价　48.00元

总　序

十八届三中全会《决定》指出："全面深化改革的总目标是完善和发展中国特色社会主义制度，推进国家治理体系和治理能力现代化。"国家治理现代化重在国家制度的现代化而非器物层面的现代化，这既是习近平总书记系列重要讲话精神的精髓，又是习近平总书记治国理政的总目标和新思想。1840年鸦片战争以来，近代中国就开始了现代化的尝试，从洋务运动到辛亥革命，从社会主义建设到改革开放，应该说，迄今为止百余年的现代化进程究其内核而言主要是基于器物现代化的努力，即通过对西方先进科学技术的引入、消化和创新以推动中国的现代化。时至今日，以经济建设为标志的器物现代化的努力已经初见成效，特别是改革开放三十多年来中国取得了经济建设的巨大成就，赢得了世界的尊重。伴随着中国物质生产现代化进程的迅猛推进，必然要求中国的制度现代化迈出更坚实的步伐。

孙中山先生认为，"政者，事也；治者，理也。管理众人之事就是政治"。因此，治理问题历来是中国政治学研究的中心问题。中国政治学研究要胸怀全球治理态势，立足中国治理现状，创新中国治理模式，指导中国治理实践。中国政治学研究要坚持中国特色社会主义道路，坚持中国特色社会主义制度，坚持社会主义核心价值观，这是根本方向，必须毫不动摇。中国政治学的研究要自觉增强理论自信、道路自信和制度自信，此外，还要增强文化自信，要继承中华民族传统文化和治国理政的精华，并立足现实不断创新。中国的政治建设要坚持党的领导、人民当家做主和依法治国的有机统一。领导中国特色社会主义建设事业的核心力量是中国共产党，党在国家治理中要发挥中流砥柱的主导作用。因此，中国政治学要研究在全面深化改革的背景下如何加强和改善党的领导。同时，要研究如何发挥群众作用参与国家治理，确保人民群众在国家治理中的主体地位。此外，还要研究如何运用法治思维和法治方式来提升治理水平。

中国政治学研究既要研究制度，也要研究干部。国家治理的水平一方面有赖于制度的运行，另一方面又取决于领导干部的作用。特别是对中国政治学来说，不关注人，不研究领导干部群体，就无法深刻把握中国政治实际运作的脉搏和灵魂。

国家行政学院政治学研究的最大特色就是注重政治学和领导学的打通、交叉和融合。此外，强调把政治建设和政治改革结合起来研究，把政党政治和政府政治结合起来研究，把权力政治和权利政治结合起来研究，把协商政治和选举政治结合起来研究，把国际政治与中国政治结合起来研究。现在，国家行政学院政治学教研部推出的中国政治学前沿丛书就是一种积极的尝试。

《全球治理》一书是基于国际政治视角探讨当前全球治理态势的论著。《在国家和社会之间》重在探讨如何在国家权力和社会权利之间寻求一种制度平衡的尝试。在全面深化改革的新时期，推动改革需要寻求最大公约数，需要凝聚力，这就需要权威的认同。《转型社会的权威认同》探讨了变革时期的权威认同问题，无疑可以为全面深化改革提供思维养料。《理性政治》则重点阐述了理性在政治运作中的重要作用，只有有了集体的理性社会才能形成共识，才能找到最大公约数。而且，国家治理需要一支宏大的、高素质的干部队伍，这就要创新干部选拔制度，既要继承传统的成熟经验，又要植根当下与时俱进。《中国领导干部选拔任用制度研究》就是一部从历史和现实相结合的角度探讨中国干部选拔制度发展演进和成败得失的论著。《毛泽东的政治智慧》则通过研究毛泽东这位举世公认的伟大政治家的政治智慧和领导艺术，为“只见制度不见人”的传统政治学研究增添一些中国话语和特色，从而有利于广大领导干部更好地提升自己的治理能力和领导力。

由于丛书的作者大多是中青年学者，不管是理论功力还是实践感悟都还不够。读者面前的六本书只能是抛砖引玉，敬请广大读者批评指正。

国家行政学院中国领导科学研究中心主任 刘峰教授

2014年3月26日于皇苑

前 言

在全球治理中释放“中国正能量”

全球化是当今时代最重要的特征。全球化既是一种客观事实，也是一种发展趋势，对世界历史进程和中国历史进程的影响越来越深刻。冷战结束以来，人类社会享有比过去更多的繁荣与安宁，但同时也面临气候变化、粮食安全、能源短缺、金融安全、恐怖主义、重大传染性疾病、大规模杀伤性武器扩散等全球性挑战。全球化深入发展，世界各国相互依赖程度加深，各国之间一荣俱荣、一损俱损，加强多边合作与全球治理成为大势所趋。全球治理也成为全球化时代的重要政治议题和政治学前沿问题。

全球治理有四个基本特征：一是以机制为基础，二是主体的多样性，三是以参与、谈判与合作为主要方式，四是与国际秩序紧密联系。全球治理关乎全球正义分配这一核心命题，全球治理的目的是寻求建立一个更加公正的世界。全球治理是对全球化的经济活动、社会活动、文化活动以及全球问题进行管理的政治事务，全球治理的理论与实践也推动着政治学与国际政治的发展。

全球治理取得了不俗的成就，但也面临着诸多的困难：一是各主权民族国家在全球治理体系中不平等的地位制约着全球治理目标的实现；二是强权政治和单边主义直接影响着全球治理的公正与效率；

三是目前已有的全球治理规制不尽完善，也缺乏必要的权威性；四是全球治理的机制本身存在着诸多不足，各参与主体难以在一些重大问题上达成共识，全球治理面临越来越多的新挑战。

当前，国际社会对正在崛起的中国在全球治理中发挥更大作用持有较高的期待。早在2005年9月，中国就提出了推动建设持久和平、共同繁荣的和谐世界的理念。和谐世界是中国版的全球治理主张。和谐世界包括政治多极、经济均衡、文化多样、安全互信、环境可续五个维度。和谐世界理念是博大精深的中华文明面对世界新形势的厚积薄发。民胞物与、仁者爱人的人本精神，为政以德、执两用中的政治思想，兼爱非攻、亲仁善邻的和平志向，和而不同、以和为贵的和谐理念，推己及人、立己达人的待人之道，这些独特的东方价值，源源不断地为中国参与全球治理提供着宝贵的思想财富。

作为当代国际体系的后来者，中国对待全球治理的态度、政策和实践，决定着全球治理的未来，这反映了世界秩序翻天覆地的变化。中国主张，无论是在事关全球治理的理念上还是行动上，均应同舟共济、各尽所能、公正平等、理解包容。全球化的中国将在全球治理中发挥更大的作用，在建设更加公平合理的全球新秩序的过程中释放更多的“中国正能量”。

目 录

第一章 全球问题与全球治理

第二章　主权国家与全球治理

第三章　国际组织与全球治理

第四章　当代中国与全球治理

第一章

全球问题与全球治理

- ⊙ 从全球化谈起
- ⊙ 全球问题
- ⊙ 合作治理全球问题
- ⊙ 全球气候治理

当今时代是“全球化时代”，各国与各地区相互依存日益加深，世界已成“地球村”。同时，人类社会无节制发展与无序竞争的恶果通过全球化而“传导”“放大”与“溢出”，致使各类全球性挑战急剧增加，金融危机、气候变化、能源危机、粮食危机、核扩散、恐怖主义、重大疫情、网络安全、海盗猖獗、毒品走私、人口偷渡、自然灾难、“失败国家”等“问题单子”不断加长，各国之间一荣俱荣、一损俱损，难以完全置之度外或独善其身，“携手合作”与“同舟共济”成为时代强音，多边主义与全球治理渐成大势。

第一节　从全球化谈起

若干年前，有一本风行全球的畅销书曾这样写道：“我刚参观过的凌志工厂正用机器人制造着世界上最豪华的汽车。我思路回转，目光又停留到《国际先驱论坛》第三版，那些与我在贝鲁特和耶路撒冷共同生活那么多年并对他们知之甚多的人民，为拥有那些‘橄榄树’而争战不息。我突然发现，‘凌志汽车’和‘橄榄树’实际上就是‘冷战’后时代最好的象征：半个世界在‘冷战’后专心致志地制造豪华汽车，为了在全球化体系中繁荣他们的经济，一心一意地搞着现代化、效率化和私有化；而另外半个世界——有时是同一国家的一半，有时是同一人的一半，仍为最终由谁占有那些‘橄榄树’而战斗不止。”①

不错，上述文字正是走南闯北的畅销书作家托马斯·弗里德曼在《世界是平的》一书中对全球化潮流的形象描绘。那么什么是全球化？全球化具有哪些特点和影响？全球问题与全球化有何关系？

按照世界银行的定义，“全球化”指“由于贸易、金融、人力和人们的观点在同一个全球市场上日益融合而造成国与国之间的更加相互依赖”。② 经济合作与发展组织则强调，“全球化”指货物和服务市场、金融体系、公司和产业以及技术和竞争领域不断增强的国际化趋势。③

全球化涉及经济、社会、政治、文化、安全和制度等各个层面。鉴于经济全球化是全球化的一个重要代表性特征，本书重点从经济的角度管窥全球化。

一、全球化的缘起与表现

作为当今世界的时代潮流，全球化发端于资本主义生产方式的萌芽，至今已有五百多年的历史，主要表现为人类社会中各个独立的实体在政治、经济、文化等方面相互联系日益紧密、相互依赖日益深化和相互作用日益加强的过程。④ 美国学者斯塔夫理阿诺斯在《全球通史》中提出，真正的全球化世界历史，开始于公元1500年左右的全球航海大发现。1500年之前，世界居民大部分局限于区域和国家的彼此封闭世界中，不同区域和国家的人民相互来往较少。直到1500年前后，随着大航海时代的来临，世界才真正地连为一体，海上贸易如同“蜘蛛侠”般逐步编织着统一的世界版图网络。

自第二次世界大战结束后到20世纪80年代中期，全球化加速发展。

① ［美］托马斯·弗里德曼：《世界是平的》，赵绍棣、黄其祥译，东方出版社2006年版。

②③ 世界银行：《全球化与国际贸易》，http：//www.worldbank.org/depweb/chinese/beyond/pdf/beg_12.pdf。

④ 于军：《全球化与国家安全》，《哲学研究》2003年第4期。

一是技术进步降低了交通、通讯和商业成本，公司把生产的不同环节分散到不同国家在经济上变得可行。二是与不断发展的贸易和资本市场自由化有关，越来越多国家的政府拒绝通过进口关税和非关税壁垒（诸如进口配额、出口限制以及法律禁令等）来保护它们的经济，使其不受外国竞争的影响。第二次世界大战后成立的许多国际组织，包括世界银行（WB）、国际货币基金组织（IMF）和1995年被世界贸易组织（WTO）取代的关税及贸易总协定（GATT），在促进经济全球化、消减保护主义方面扮演了重要角色。

正如经济合作与发展组织所言，当代经济全球化的主要表现领域为货物、服务、金融、贸易、技术、企业与产业等方面。世界经济的一体化和国际经济规则的推广，以市场化和投资贸易自由化为核心的这一进程显得更加强劲。货物贸易和服务贸易的全球化正在促进新的、更广阔市场的开发和开放。各国政府在经济贸易自由化浪潮下的对外开放与积极跟进，包括传统产业的调整和新兴行业的激发、企业和个人自主性的扩大以及民营部门的地位上升。金融市场的全球化使借贷者和投资者在一个更加一体化的市场中互动交易，从而引来了证券投资的猛增和短期资本的大规模流动。竞争的全球化使企业在面临战略决策时不得不添加新的考虑因素。技术的全球化源于创新成果在由公共及私人研究中心构建起的国际网络间的传播速度和日趋统一的各类标准。最后，企业和产业的全球化得益于外国直接投资的大量增加和企业通过合资企业、合作协议和战略联盟，以及并购等形式实现的重新布局。[①] 各国大众消费口味尤其是年轻人的时尚追求更加相仿，广告媒体和建筑风格更加类似，企业管理、市场营销及都市运作方式更加趋同。

（一）贸易全球化

第二次世界大战后，诸如关贸总协定等国际组织的建立使得国际贸易间的障碍大大降低。世界贸易组织有效促进贸易增长，如加快商品自由贸易，减少或消除关税；建立自由贸易区来降低关税和贸易成本，减少或消

① 经济合作与发展组织：《经济全球化指标体系》，中国财政经济出版社2007年版，第5页。

除资金控制（资金控制会影响贸易发展），减少或消除对当地产业的津贴补助金（达到公平贸易）；在国家间对知识产权法进行协调（通常来说，是添加更多限制），跨国界承认知识产权限制（例如，在中国获得的专利权可以在美国获得承认）等。

科技的快速进步、商品贸易的萌芽以及服务的国际整合的日益增长共同对劳动力市场产生新的压力。压力在未来二十五年内将变得更加剧烈。全球化为出口的增长和促进生产率增长、提高平均生活水平的大量廉价进口产品的可获得性提供了机遇。但是通过创建一个进步的更加一体化的全球劳动力市场，给一国国内某些团体带来了调整成本，施加了工资下降的压力，降低了工作安全性，使得再培训和重新配置成为必然。尽管几乎所有国家非技术工人的工资已经随着全球化带来的生产率的提高而增加，非技术工人工资的增长还是低于技术工人工资的增长，并且他们在保有工作方面经历了巨大的困难。这种情形在未来的几十年里也很难发生大的变化。

新兴力量在全球贸易中的比重不断增加。它们保有较高的经济增长率。经合组织国家占全球国内生产总值的比例在 2000 年为 60%，2011 年是 51%，预计二十年后仅为 40%。新兴力量的经济增长及增长潜力使它们在世界经济中的分量及对全球贸易和金融秩序的影响均不断增加。据预测，这些国家之间的贸易关系，特别是亚洲的区域内贸易，在全球贸易往来中最具发展潜力。随着中国、印度和其他发展中国家作为生产加工厂的崛起，中国和印度制成品出口增加的定性含义同十多年前亚洲“四小虎”的出现一样，它们的绝对规模引发了对出口竞争加剧的担忧。高收入国家从所有发展中国家的进口已经从 1970 年的低于 15%增加到今天的将近 40%；更重要的是，它们的份额预计在 2030 年超过 65%。

2013 年，全球商品贸易扩张速度迅速下降。全球贸易增速两年来持续显著放缓，增速从 2010 年的 12.6%下降至 2011 年的 6.4%，而 2012 年这一增速又下降至 3.2%。疲软的世界经济增长，特别是欧洲和其他发达经济体，是这一增速放缓现象的主要原因。全球贸易增速将在 2013 年小幅度回升并在2014年靠近其长期平均增速5%。发展中国家在缓慢复苏中将表现得更有活力，而它们在全球贸易中的重要性也将伴随着它们融入全球价值链体系而得到进一步的提升。①

世界贸易组织2012年发布的一个专家报告指出，未来世界贸易发展呈现贸易协定和多边贸易体制相互融合、贸易政策和国内政策相互融合、WTO和其他国际组织相互协调等若干趋势。②

（二）金融、资本全球化

国际资本的全球流动是全球化的重要内容和表现。根据过去三次国际资本流动浪潮的规律，危机过后的五至七年里，以跨国金融集团为代表的市场力量仍将继续推动资本的跨国流动，全球金融体系将有可能迎来第四次资本流动的高潮。

联合国贸发会议基于宏观经济基本面的中期预测显示，除非出现宏观经济震荡，直接外资流量将继续保持小幅稳定增长，2013年和2014年将分别为1.8万亿与1.9万亿美元。这一时期投资者对经济形势的走向仍然举棋不定。贸发会议《世界投资前景调查》调查了跨国公司管理层的投资计划，结果显示，虽然对2012年全球投资环境持悲观态度的受访者比持乐观态度的多10个百分点，但受访者中人数最多的（约半数）是保持中立或者态度不定的一组。对2012年以后的中期前景的态度则更为乐观。在回答关于未来直接外资投资计划时，半数以上的受访者预计2012年至2014年之间将有所增长，超过2011年的水平。③

有迹象表明，发展中经济体和转型经济体在中期将继续紧跟全球直接外资的增长速度。在2012年世界投资前景调查中，受访的跨国公司主管将六个发展中经济体和转型经济体列入2014年这段时期他们觉得最具前景的十个投资选址，印度尼西亚名次上升两位，首次跻身前五。

---

① 联合国：《2013联合国经济展望》，http://www.un.org/en/development/desa/policy/wesp/wesp_current/2013wesp_es_ch.pdf。

② ［法］帕斯卡尔·拉米：《全球治理结构变化与中国在多边贸易体系中的作用》，《全球化》2013年第7期。

③ 联合国贸发会议：《2012年世界投资报告》（概要），2012年，http://www.unctad-docs.org/files/UNCTAD-WIR2012-Overview-cn.pdf。

2012 年，所有三大类经济体——发达经济体、发展中经济体和转型经济体的直接外资流入量都将小幅增长。在发展中区域，非洲的情况值得留意，因为预计那里的外资流入量将恢复。预计亚洲（包括东亚和东南亚、南亚以及西亚）和拉丁美洲的直接外资流入量将有缓步增长，2012 年流向转型经济体的直接外资流入量将进一步增长，并于 2014 年超过 2007 年的峰值。①

表 1-1　按区域分列的直接外资流量中期基本面情况计量结果一览表

（单位：10 亿美元）

接受区域	平均数额		年度数额			预期数额		
	2005—2007	2009—2011	2009	2010	2011	2012	2013	2014
全球直接外资流量	1473	1344	1198	1309	1524	1495 - 1695	1630 - 1925	1700 - 2110
发达国家	972	658	606	619	748	735 - 825	810 - 940	840 - 1020
欧盟	646	365	357	318	421	410 - 450	430 - 510	440 - 550
北美	253	218	165	221	268	255 - 285	280 - 310	290 - 340
发展中国家	443	607	519	617	684	670 - 760	720 - 855	755 - 930
非洲	40	46	53	43	43	55 - 65	70 - 85	75 - 100
拉丁美洲和加勒比	116	185	149	187	217	195 - 225	215 - 265	200 - 250
亚洲	286	374	315	384	423	420 - 470	440 - 520	460 - 570
转型经济体	59	79	72	74	92	90 - 110	100 - 130	110 - 150

资料来源：联合国贸发会议：《2012 年世界投资报告》（概要），2012 年，第 4 页，http://www.unctad-docs.org/files/UNCTAD-WIR2012-Overview-cn.pdf

2013 年联合国贸发会议概括了全球和区域投资的趋势。具体包括：外国直接投资（直接外资）回升之路并不平坦；发展中国家充当领头羊；发达国家的直接外资流出量跌至接近 2009 年的低谷的水平；通过离岸金融中心和特殊目的实体进行投资，仍然是一个令人关注的问题；2012 年，流向发展中区域的直接外资量总体小幅下降，但也有一些亮点；结构薄弱经济体吸引的直接外资呈上升趋势；流向发达经济体的直接外资量急剧下

① 联合国贸发会议：《2012 年世界投资报告》（概要），2012 年，http://www.unctad-docs.org/files/UNCTAD-WIR2012-Overview-cn.pdf。

降；转型期经济体的直接外资量小幅下降。①

全球价值链可以为发展作出重大贡献。在发展中国家，平均来看，增值贸易对各国 GDP 的贡献率约为 30%，而在发达国家，这一比例为 18%。参与全球价值链与人均 GDP 增长率呈正相关。全球价值链有利于提高增加值、就业和收入、建设生产能力（包括通过技术传播和技能培养），从而为长期产业升级创造机会。②

不过，参与全球价值链也存在着风险。如果一些国家只获得价值链产生的一小部分增加值，那么全球价值链对 GDP 的贡献会较为有限。另外，技术传播及技能开发和升级不会自动发生，发展中国家面临着继续从事增加值相对较低的活动的风险，可能会产生不利的环境影响和社会影响，包括对工作条件、职业安全与健康及就业保障的影响。全球价值链活动可能会“飘忽不定”以及易受外部冲击的程度上升等因素影响，会带来更多风险。③

跨国公司是世界投资增长的重要力量，也是全球化的重要动力。2011 年跨国公司外国子公司的经济活动增长，外国子公司聘用了 6 900 万名员工，创造了 28 万亿美元的销售额、7 万亿美元的增值。贸发会议对最大的 100 家跨国公司进行年度调查所得数据反映出国际生产总体呈上升趋势，这些公司在外国的销售额和员工人数的增长速度明显高于母国。尽管跨国公司的国际生产日益增长，但创纪录水平的现金留存仍未转化为持续的投资增长。贸发会议预计，现金留存量已超过 5 万亿美元，包括在海外留存的收益。关于最大的 100 家跨国公司的数据显示，全球金融危机期间，它们削减了生产性资产和收购（特别是外国收购）方面的资本支出，倾向于持有现金。2010 年仅这 100 家公司的现金存量便达到了 1.03 万亿美元的峰值，其中估计有 1 660 亿美元是新增的，高出危机前现金存量的平均水平。尽管近期数据显示，跨国公司在生产性资产与收购方面的资本支出正在增加，2011 年上升了 12%，但所持有的新增现金（2011 年估计

①②③ 联合国贸发会议：《全球价值链：投资和贸易促进发展》（世界投资报告 2013 概述），2013 年 6 月，纽约，http://unctad.org/en/PublicationsLibrary/wir2013overview_ch.pdf。

有1 050亿美元）仍未得到充分利用。国际金融市场再度不稳，将继续鼓励这些公司持有现金，或将现金用于支付股息或降低债务水平等方面。尽管如此，随着条件的改善，当前现金“过剩”的情况可能会在未来推动直接外资激增。[①]

发展中国家在国际资本全球化中扮演着日益重要的角色。贸发会议《世界投资前景调查》显示，中国依然是投资者直接外资的首选，但印度尼西亚和泰国等东南亚经济体的排名也显著上升，随着中国的工资和生产成本继续上涨，东盟国家在制造业方面的相对竞争力正日益增加。流向非洲的直接外资持续下滑，但前景日渐光明。东南亚正在追赶东亚。贸发会议预测，流向转型经济体的直接外资将持续增长，表现出随着俄罗斯联邦加入世贸组织，采掘业、公用事业、银行业和电信业推出新的私有化方案，出现对投资者更加有利的环境。[②]

在未来全球金融体系的重塑过程中，国际资本的流向将发生新的变化。金融危机之前，发达国家控制着国际资本的流动；危机之后，由于中国、印度、巴西等新兴国家的复苏速度快于发达国家并积聚了大量的外汇储备，它们成为全球资本总量的一部分，表现出了强烈的进行国际投资的愿望并将日益转化为实际行动，流入和流出新兴经济体的国际资本量都将呈上升之势。而伴随着新兴国家在国际资本流的链条上发挥更大的作用，过去高度依赖美元的国际货币体系将难以为继，国际货币体系将可能迎来多极化的趋势。

（三）技术全球化

信息和通讯等技术在经济全球化中发挥着重要作用。技术全球化的形式主要包括产业研发的国际化、技术的接收和支付、高科技产品贸易、政府全球研发、对专利的国际范围内的归档、公司间战略性的技术联盟、公共机构的合作协议、高技能人员的移民等。

---

① 联合国贸发会议：《2012年世界投资报告》（概要），2012年，第7—8页，http://www.unctad-docs.org/files/UNCTAD-WIR2012-Overview-cn.pdf。

② 联合国贸发会议：《2012年世界投资报告》（概要），2012年，第11—14页，http://www.unctad-docs.org/files/UNCTAD-WIR2012-Overview-cn.pdf。

产业研发是主要的技术投入形式，可以由一个单独的公司或某国的总公司进行开发，或者在后者的控制之下，通过附属公司和研发中心的网络，在几个国家同时进行开发。研究成果包括专利、许可证、专有技术、技术研究或研发形式进行的公开技术贸易等。因此，由跨国公司海外附属公司使用的技术，可能来自本地的附属公司的研发机构，也可能是总公司转移已开发技术或购买的其他公司的技术成果。①

在金融危机的影响下，原有的增长模式难以为继，世界正处在新一轮科技和产业革命的前夜。可以确定的是，服务贸易已经并将继续成为推动全球经济强劲、平衡、可持续增长的重要动力。

新兴国家将成为世界经济发展的主要动力和创新的重要引擎。对世界主要经济体的政策倾向性的研究表明，创新在遭受金融危机打击之后的世界经济中将占有至关重要的地位；同时，新兴产业特别是新能源、生物制药以及信息技术在新产业中的应用将在未来世界经济发展中扮演类似于20世纪90年代末信息产业的“带动”角色。欧美等西方发达经济体探寻和形成新的经济增长点的例子很清晰地告诉我们，任何一个产业的兴起过程中，政府的引导至关重要，但同时需要体制和机制上的完善，从而创造良好的发展空间。

回顾历史，可以发现历次新的经济增长点都不是靠政府发现的，而是通过市场经济，靠竞争形成的。在产业升级过程中，国家与市场的关系是除去技术创新之外一个需要慎重面对的问题。如果产业升级本身是一个由上至下的政府导向的行为，在这一过程中很难避免计划经济时代的政府主导现象。值得指出的是，由于跨国公司本身所具有的“波及”作用以及将技术运用于市场也即技术产品商业化的能力，这些大型跨国公司的加入对于其所在国家相关产业的发展的推动作用，甚至超过了国家和国际组织在相关领域的硬性规定。再有，在这一轮的产业升级、产业转移的过程中，由于对技术创新的重视，如果各方不能在共享知识产权方面达成法律层面

① 经济合作与发展组织：《经济全球化指标体系》，中国财政经济出版社2007年版，第106—108页。

的共识，无疑会为实际操作增加层层壁垒。

尽管对技术创新在多大程度上能够促进经济增长仍有争论，但技术创新对经济增长具有推动作用毋庸置疑。[①] 这一点已经由熊彼特、波特以及丹尼森等著名的经济学家从不同的角度、用不同的方法加以验证。现代经济发展历史中两个实际的案例可以例证技术创新对于一个国家经济增长的巨大的推动作用。第一个是 20 世纪 60 年代以后日本的经济腾飞。在诸多因素中，一个决定性的因素就是技术创新。第二个是 20 世纪 90 年代由美国带动的 IT 浪潮。随着以 IT 技术革命为标志而开始的第三次浪潮的来临，以微电子技术、生物技术、新材料技术和航空航天技术等高新技术为标志的技术创新，极大地推动了产业结构的进一步升级。

在全球化的背景下，在科技革命的带动下，科技成果的市场转化以及产业更新换代的周期都得以加速和缩短。技术创新作为经济增长引擎和第一生产力的地位和作用日益突出。未来的产业竞争从根本上说是科技的竞争，特别是自主创新能力的竞争。只有掌握产业发展的最先进技术和产业技术创新的方向，才能在该产业的国际竞争中占据更有利的竞争地位，从而有助于国家的经济增长、增强国家的竞争力，进而改善本国的经济安全形势。

每一次经济大波动都会引发产业结构与经济结构的大调整，形成新的产业格局，催生新的经济增长点。始于 2008 年的全球性金融危机促使世界各国开始谨慎思考并探寻具有持续性的、新的经济增长点，明确未来推动全球经济增长的重要动力是什么，明确哪些行业和技术将会在竞争中被淘汰，探求能够推动整体经济发展、带动相关的产业升级和产业转移的技术突破，以期有助于经济复苏以及未来经济的持续稳定发展。在金融危机的影响下，原有的增长模式难以为继，世界正处在新一轮科技和产业革命的前夜。新的科技和产业革命将引领世界经济重返持续增长的轨道。在技术创新力量的推动下，产业升级的步伐在世界范围内加快，从而将引发新

① Benn Steil, David G. Victor and Richard R. Nelson, "Technological Innovation and Economic Performance", Council on Foreign Relations, 2002.

一轮的产业变革和产业结构的调整。

目前，问题的核心在于明确全球未来产业的发展趋势，即推动经济的技术突破的领域。比如曾经带动世界经济的信息产业是否仍然可以承担世界经济驱动器的角色，备受关注的清洁能源和绿色经济目前的发展状况以及由此形成的产业链能否以及在多大程度上带动经济的发展。唯有明确了这些问题，我国才有可能在新一轮产业结构调整和产业升级的进程中把握机遇，改变长期处于国际产业链低端的现实，从而成功地实现经济转型。

由于国际金融危机的影响尚未消除，世界经济全面复苏的基础并不牢固，比如美国、欧盟等发达经济体仍面临高失业率的威胁，实体经济增长乏力。各国纷纷出台了各种相关的经济复苏和刺激计划。发达国家频繁出台振兴新兴产业的政府政策。比如，“欧盟 2020”，日本的“面向光辉日本的新增长战略”，以及美国出台的复兴制造业的政策和框架并明确六个重点领域。发达国家加快调整科技和产业发展战略，把绿色、低碳技术及其产业化作为突破口。绿色复苏的倡议在 2008 年年底被提出，美国将其中大量投资用于新能源、绿色电网和 EV 电动汽车。[①] 欧盟也提出将实行绿色技术研发计划。可以很清晰地看到，目前，世界各主要经济体都将发展新兴产业、实现产业升级作为应对金融危机和实现经济转型的重大战略抉择，以期在世界范围内的新一轮的产业结构调整和科技革命中占据竞争优势。

（四）规则全球化

规则全球化总体呈现普遍适用性提高（全球规则平衡进程加快）、适用范围扩大、囊括内容拓展、执行力度加强等趋势。规则全球化包括经济（金融、贸易、技术标准）、政治法律、文化、安全（传统与非传统安全）等诸多领域规则的全球潮流。

全球化使国际相互依赖不断深化，冲突成本不断上升。为了减少不必

① Trevor Houser，Shashank Mohan and Rover Heilmayr. ，“A Green Global Recovery? Assessing US Economic Stimulus and the Prospects for International Coordination”，Peterson Institute for International Economics and World Resources Institute，2009.

要的损失，谋取长远和整体利益，经过长期复杂的斗争和妥协，国际社会逐渐形成了照顾到不同国家最基本利益和要求的各种国际规范与制度，其中包括成文的国际法、国际公约、多边协议和不成文的国际惯例等，为国际合作提供了基本的制度条件和基础。[①]

经济方面，世界贸易组织、国际货币基金组织等经济领域的国际组织对经济规则的全球化发挥出重要的推动作用。全球公共产品以有形形式存在的较少，更多地体现为各种规则和机制等无形产品。全球不同地区和国家的人，要在一个世界市场和地球社会中生活，就需要一套全球时代的人类伦理和行事规则。2008 年爆发的全球金融危机暴露了全球经济不平衡问题的影响，同时也加强了对于全球经济治理机制改革的关注。今后一段时间，国际经济外交将继续围绕着解决全球经济不平衡和对全球经济治理机制进行改革这两大问题进行，其前景充满较多不确定因素。

在政治法律文化安全规则全球化方面，联合国等国际组织的影响举足轻重。联合国的成立是 20 世纪人类文明的一个最重要的事件。许多新规则的制定都是在联合国名义下各国参与共同制定的。在全球化过程中，联合国的规则和其他全球规则都还有待进一步适应新形势。没有一个集团能否认联合国宪章的基本价值观。即使是在冷战时期，联合国价值体系和规则体系也始终是世界最权威和最具有道义合法性的体系。这说明规则存在着较为广泛的普遍性。[②]

观念和政治规范的全球化尤其重要。观念和政治规范的全球化不是指世界各国都通行同一种观念和政治规范，而只意味着世界各国的文化交融、政治合作越来越频繁，作为人类文明共同财富的共同价值以及与其相应的政治规范越来越得到世界性的公认。

纵观人类社会进入全球化时代以来的历史进程，观念和政治规范的全球化，一直在和经济全球化相辅相成地同步推进。中国古代道家所幻想的

① 于军：《全球化与国家安全》，《哲学研究》2003 年第 4 期。
② 赵诚：《全球化和规则文明》，《中共中央党校学报》2007 年第 5 期。

“梦蝶”，儒家所倡导的“有教无类”，墨家所呼唤的“兼爱”，说明自古以来人类存在着对“自由、公平、博爱”等观念的共同追求。

联合国的成立及其在世界事务中不断发挥着越来越重要的作用，从一个侧面反映了共同价值以及与其相应的政治规范的现实力量。第二次世界大战结束后，包括中国在内的50个国家于1945年6月26日在美国旧金山签署了《联合国宪章》；此后，联合国又相继通过了《世界人权宣言》《公民权利和政治权利国际公约》和《经济、社会及文化权利国际公约》。这些人类社会发展史上里程碑式的经典文献，无疑是观念和政治规范全球化的标志性成果。中国作为联合国的创始国和常任理事国之一，又在1997、1998年分别签署了上述宣言和公约。这个众所共知的事实，表明中国对观念和政治规范全球化持明确的顺应和认可态度。

《公民权利和政治权利国际公约》和《经济、社会及文化权利国际公约》进一步以国际法的形式，确定了签署国在保障人权、自由、平等、民主等价值方面必须遵循的基本规则，成立了权威性的协调和监督机构。如今，世界绝大多数国家已签署、批准或加入了人权宣言的两个公约，意味着观念和政治规范的全球化已成为世界范围的人类社会发展大趋势。

从第二次世界大战结束到现在，经济全球化和意识形态、政治规范全球化的加速度发展，强劲地推动着世界民主政治大踏步地向前迈进，使世界上的民主国家从1945年的30来个猛增到了2010年的116个，半个多世纪的绝对增加数是此前一个多世纪的将近3倍。这个现象明确地向世人宣示，人类社会业已跨入了全球化大发展的新时代。这个新时代的基本特征，不仅是经济全球化所推动的科学技术日新月异和物质财富成倍增长，还包括意识形态和政治规范全球化所推动的人权观念普遍苏醒、民主政治迅猛发展。[①]

① 吴敏：《全球化时代必然要求意识形态和政治规范全球化》，http：//www.21ccom.net/articles/qqsw/qqgc/article_2011031131440.html。

二、全球化的影响因素及前景

（一）跨国公司为主体的动力

经济发展与合作组织认为，全球化进程主要由三种力量主导：一是资本流动自由化和放松管制，特别是金融业放松管制；二是贸易和投资市场的进一步放开，加剧了国际市场的竞争；三是信息和通信技术在经济发展中的变革性作用。① 而上述三种力量的幕后掌控主体则是跨国公司。跨国公司被经合组织称为“推动全球化产生和发展的关键力量”。

跨国公司对全球生产体系的构建与全球价值链的塑造起到了无法替代的重要作用。在当前的全球经济一体化下，跨国企业的全球化战略带来了从国际生产垂直一体化到垂直分工的转变。垂直分工带来的分工碎片化重塑了全球价值链，同时全球生产网络也使得价值创造与价值分配相分离。也就是说，商品的制造国并不一定获取最多的附加价值。并且在生产网络化、分工碎片化推进的过程中，发展中国家获得更多的机会参与国际分工生产。而在参与全球分工的同时，发展中国家仍然处于国际价值链的尾部。

跨国公司推动全球化的一个重要例子是东亚加工贸易体系的建立。20世纪90年代伊始，以工程间国际分工为主要标志，东亚与东南亚区域内贸易快速发展。基于区域内部互补性的工程间国际分工推动了东亚区域内贸易联系的发展，使得原本在一个区位进行的一体化的产品生产活动被划分为若干个不同生产工程，并按最优区位的原则在国际范围内分散区位，终级产品是这些分散区位的各个工程的集合结果。以工程间分工为主要标志的东亚区域内贸易将整个东亚生产体系整合为一个统一整体，东亚经济体间相互联系相互依赖，任何一个环节受到的经济冲击都将最终影响整个体系的运行。

在上述贸易发生的过程中，跨国公司实际上是区域内贸易联系的组织者，特别是对东亚区域内贸易的发展，跨国公司实施的全球网络化战略与

① 经济合作与发展组织：《经济全球化指标体系》，中国财政经济出版社 2007 年版，第 5 页。

其有着密不可分的关系。在跨国公司的战略中，东亚的发展中国家主要是作为面向全球市场的生产基地而定位的。不仅在东亚，在世界的主要国家与地区，跨国公司都已成为最主要的贸易主体，而且是区域内贸易的主要组织者。

（二）贸易保护主义、反全球化力量、非传统安全等阻力因素

全球问题是全球化的主要阻力。[①] 经济危机带来的世界经济调整、经济民族主义和贸易保护主义是全球化发展的负能量。2008 年全球金融危机的爆发，发展中大国的崛起，带来了全球经济格局的重要变化。全球金融危机之后，“去全球化”虽不能成为主流，却导致一个“强势”全球化时代（即由一个经济大国主导并实行其建立的规则与机制）的结束。对于后危机时代的世界，不少人认为，地区经济一体化将成为一股与全球化平行的主流。主要原因是：伴随着对以美国为主导的全球化的反思，在世界各地越来越多地出现了对本区域共同价值观和共同利益的再认识；WTO 多哈回合谈判前景不明，地区主义大有取代多边主义之势。

世界金融经济危机的影响可能仍将持续多年。危机的长期影响将体现在：证券市场的波状震荡以及由发展中和发达经济体双速发展（two-speed growth）导致的宏观经济不平衡的风险持续存在。除了负面影响外，这一危机还具有积极的效应，因为反危机措施中包括了经济结构现代化、建立新的技术平台、人力资源投资等。在未来二十年，世界经济增长整体上不会受到资源保障（原料、劳动力、资本和技术）方面的制约，但个别地区将饱受此类问题的困扰。[②]

我们看到，全球金融危机的爆发导致了贸易保护主义的上升。就当前和今后一段时期来说，贸易保护主义将继续采取以下五种形式：(1) 滥用包括反倾销、反补贴等形式的贸易救济措施；(2) 提高约束关税或对进口产品采取禁止或限制措施；(3) 设置进口产品的技术性贸易壁垒；(4) 出

① 引用了王缉思教授主持的教育部重大攻关项目《国际战略环境预测及中国应对》部分内容，特此致谢。

② A. A. 登金等：《2030 年全球战略预测》，莫斯科：俄罗斯科学院世界经济与国际关系研究所，第 12—13 页。

台扶持本国产业的补贴、资助措施及政府采购措施；（5）通过货币贬值等经济金融手段保持本国出口的竞争力。[①]

2008年全球金融危机爆发以来，以上五种措施在许多国家都出现了。2012年5月，一份由经合组织、世界贸易组织和联合国贸发会议联合发布的报告指出，由于全球经济低迷，各国近年来实行的贸易限制措施不断激增。从2011年10月中期开始至2012年5月中期，二十国集团国家总共实行了124项贸易限制措施，致使占全球0.9%的进口贸易受到影响。这些措施主要包括贸易救济行为，增加关税、进口执照以及海关管制等，同时这些措施不再是各国应对国际金融危机的一种临时性措施，而已成为各国试图刺激经济复苏的长期手段。2012年7月16日，世界贸易组织发布的《2012年世界贸易报告》[②]指出，非关税措施给世界贸易带来了新的挑战。据其预测，受欧债危机拖累，2012年世界贸易增速将下降至2.5%，而2013年世界贸易增速将下降至4.5%。欧美是主要的贸易保护主义发起方。从2011年10月至2012年4月，世界贸易组织成员国共发起反倾销调查79起，其中美国发起12起，欧盟作为一个整体发起13起，分别占到总数的15.2%和16.5%。在同一时期，由世界贸易组织成员国发起的17起反补贴调查中，美国发起9起，欧盟发起3起，分别占到总数的52.9%和17.6%。贸易保护主义使得国际贸易形势更加严峻。[③]

在未来十至十五年中，保护主义仍有可能将继续发展下去，成为干扰经济全球化进程的重要因素。因为可能导致保护主义的因素仍将继续存在。

一是全球金融危机造成了发达国家的重要经济问题，美国、欧洲均陷入了公共债务缠身、增长乏力的困境，其消费能力在今后几年内可能继续下降，同时需要时间消化公共债务留下的问题。在这种情况下，保护主义措施可能是其寻求解困的途径之一。

二是未来十至十五年是走向新的全球经济秩序的过渡期，新兴经济体

① 刘敬东：《贸易保护主义频发 WTO会崩溃吗?》，《经济参考报》2010年1月20日。

② See WTO, "World Trade Report 2012", 2012, http://www.wto.org/english/res_e/booksp_e/anrep_e/world_trade_report12_e.pdf.

③ 熊爱宗：《贸易保护主义阻碍全球经济复苏》，《中国财经报》2012年10月25日。

的崛起将加快。为了抑制发展中国家的过快增长，发达国家将可能继续采取保护主义的措施。

三是发展中国家之间的经济竞争和贸易保护主义都将加剧。应当注意的是，目前采取保护主义措施数量最多的是发展中国家之间，拉美有关国家针对中国产品的反倾销措施、印度以“国家安全”理由对中国投资进行限制等是其中一些典型例证。

但是，有助于抑制保护主义蔓延趋势的有利因素也存在，这些因素有可能进一步加强。有利因素包括以下内容。

一是大萧条时期贸易保护主义给全球经济和世界和平带来的灾难令人记忆犹新。主要是，1929 年世界经济危机爆发后，美国国会通过了臭名昭著的“斯姆特-霍利关税法”，对 2 万余种进口商品征收高额关税。此后发达国家间贸易报复性措施不断升级，致使国际贸易几近瓦解，并进而引发第二次世界大战的爆发，其政治经济教训十分深刻。

二是第二次世界大战后建立起来的多边贸易体制（GATT 及 WTO 两阶段）在促进和维护贸易自由化、抑制贸易保护主义的蔓延方面发挥了重要作用。尽管 2001 年以来多哈回合谈判数度陷入僵局，但多边贸易体制并未瓦解，仍起到遏制贸易保护主义的作用，多边贸易体制的延续将符合各国的需要。

三是当前经济全球化程度已经达到“一荣俱荣、一损俱损”的程度，倒退将意味着大家都是“输家”。由新兴经济体带动的新的一轮经济增长，可能再次为经济全球化发展注入新的动力，它们的经济崛起可能为多边贸易体制重新注入新的活力。

考虑到以上有利因素，可以推断，随着危机后全球经济的恢复，WTO 多哈回合谈判有可能在未来五年内完成，从而成为阻遏保护主义继续膨胀的重要工具。与此同时，随着俄罗斯等新成员的加入，WTO 对于全球经济的普遍制约性将得到进一步强化。

全球化的趋势难以逆转。未来十年，新兴经济体的实力和影响力将继续上升，国际实力对比发生显著变化，财富和权力由西方向东方转移的进程将加快，世界多极化趋势进一步突显，但一超多强的国际格局不会发生根本变化。全球化将继续向前发展。当然，也存在逆转全球化的风险。其中最大的风险来自全球传染性疾病的大规模流行。

未来十至十五年全球经济格局的变化表现在以下几个方面：经济全球化在方向、速度与形式上将发生一些调整；发展中大国崛起凸显国际经济体系改革的必要性，但是，未来全球经济治理仍将处于一个过渡时间段，改革方向与机制重构存在较大不确定性；发达国家公共债务危机将拖累其经济增长，但是它们在全球经济中仍将起到重要的作用；伴随全球经济实力中心的调整，经济民族主义、贸易保护主义以及发展中世界"失败国家"将对全球经济发挥负面的影响，有可能使全球经济转型面临更多的困难。

（三）新型全球化：全球化的再平衡

2008 年全球金融危机带来了经济全球化的调整。对于调整的方向，显然存在着悲观和乐观的看法。悲观者认为，保护主义上升可能导致经济全球化的逆转。如美国国家情报委员会报告《2030 年全球趋势：变换的世界》指出，2030 年可能出现的最糟糕情况是，国家间冲突风险增加，同时美国外部影响减弱而且全球化进程停滞。[①] 而乐观者则认为，将有可能出现新的全球化样式，美国和西方在经济全球化中的主导地位将减退，但各国经济的相互依赖性将进一步增强。俄罗斯科学院报告《2030 年全球战略预测》认为，在未来二十年，全球化将继续推动世界经济的增长，以市场经济和民主为基础的全球化意识形态将维持其世界主导思想体系的地位。[②]

乐观者认为，新型全球化将表现在以下几个方面：[③]

以互联网技术为基础的全球各地的互联互通将得到进一步发展，全球化进程难以倒退。全球互联网的密集复杂程度超出想象，其所连接的不仅

---

① 《美国预计 2030 年前中国成全球最大经济体》，《华尔街日报》2012 年 12 月 11 日，http：//cn. wsj. com/gb/20121211/bus090918. asp。

② A. A. 登金等：《2030 年全球战略预测》，第 12—13 页。

③ ［美］鲍达民：《后危机时代的全球经济趋势——新型全球化浪潮》（2010 年 5 月在北京科博会主题报告会上的演讲），见 www. chitec. cn/cms/www _ doc/boothpic/. . . /127493886727796489808. doc。

是商品、资本和信息，而且还有理念、技能以及很多其他因素。最能说明互联网技术广泛影响的是，尽管发生了2008年金融危机，跨境资本流动下降80%，但跨国数据交换仍上升了50%。根据麦肯锡公司的预计，到2015年，数据流规模将是2006年总量的5倍。今后互联网技术将朝“三网合一”方向发展，联通性将无处不在。

互联互通性的爆炸式发展将推动城市经济、公司组织、生产方式的新变革，从而催生新的全球经济格局。数据、理念、技能和文化等要素的跨国流动将推动更多新经济角色、模式的诞生。过去致力于成为金融或贸易中心的很多城市在未来可能会成为创造力中心、创新中心、教育中心、数字中心、绿色中心等。与此同时，公司组织、生产的全球化将更加明显，通常一个公司会依靠遍布世界各地的三十五个不同的合同制造商来生产自己的产品。[①] 这种全球化的公司组织经营形式有可能成为一种更加普遍的运行模式。

新兴市场国家之间的经济联系将大为增加，将带来全球贸易中心与枢纽的深刻变化，从而改变当前以欧美日发达国家为中心的全球贸易格局。亚洲、拉美、非洲之间的贸易通道即所谓“新丝绸之路”正不断扩大增强。

发展中国家因能提供更高的回报率，成为新型全球化时代全球投资与经营的重要区域。与20世纪90年代的全球化高潮不同，新一轮全球化并不一定意味着进入欧美市场，非洲等发展中国家将因可能提供最大的“价值创造”机遇而备受青睐。发展中经济体的高增长、高回报将创造更多的投资和经营的计划。这方面的例证比比皆是：在2000年以来的十年中，前五大中东和非洲电信公司的市值增长了十倍，而同期欧洲大型电信运营商的市值则缩水一半。中国等国的快速成长企业通过开拓发展中国家市场而得以蓬勃发展，比如中国电信设备制造商华为公司就是一个成功例子。在过去十五年中，中国研发支出增长了十一倍，印度增长了近500%。随

① ［美］鲍达民：《后危机时代的全球经济趋势——新型全球化浪潮》（2010年5月在北京科博会主题报告会上的演讲），见 www.chitec.cn/cms/www_doc/boothpic/.../12749388672779648980 8.doc。

着中国国内市场规模的壮大和快速增长，中国在电动车、绿色发电等领域有望成为创新的先锋。麦肯锡公司据此指出，在新型全球化时代，新的全球领先企业需要考虑在非传统市场进行合作和投资。

对于新型全球化前景的展望与前面描述的发展中经济体的崛起是一致的，即未来十至十五年我们将看到全球经济发展的重点逐步向新兴经济体转移，从而引发全球财富和权力格局的较大调整。

三、全球化与全球问题

全球化具有如下重要特征：贸易壁垒的削减；金融市场的高度一体化日益影响工业企业的行为和业绩；在全球范围内的产业重组和形成真正意义上的全球产业的过程中，外国直接投资成为关键因素；跨国公司成为经济全球化的主导因素之一；贸易和直接投资联系紧密；不断演进的贸易和投资多边框架（如《与贸易有关的投资措施协议》《与贸易有关的知识产权协定》《服务贸易总协定》等）；生产国际化，产品、服务和资本的多国来源，通过企业间的合作或分包协议得以实现；跨国公司的选址战略深受一国或地区比较优势的影响；世界贸易的相当大部分属于公司内贸易；技术国际扩散加速和与此同时产品生命周期和技术创新周期的缩短；全球化各层面间的高度依存（如贸易、直接投资、技术转移、资本移动等）；由于国内经济的高度整合，经济和金融危机的地区传导风险增大；国际交易的时间和距离缩短，交易成本下降；区域自由贸易协议增多促进了地区一体化的进程。①

20 世纪中期新技术革命以来，全球问题在全球化的浪潮中同时产生。全球问题，指一系列超越国家与地域的界线，其解决好坏与否关系人类整体生存与发展的问题。全球问题的特点在于问题本身交织着政治、经济、文化等多种因素。就全球问题的空间范围而言，全球问题超越单一国家与地域，不仅仅关系个别国家的利益而且关系到人类整体的生存与发展，具有全球性、全面性、超越意识形态等特点。

① 经济合作与发展组织：《经济全球化指标体系》，中国财政经济出版社 2007 年版，第 6 页。

全球化催生和加剧全球问题。在全球公共卫生领域，全球化使传染性疾病大爆发威胁上升。与20世纪50年代相比，现在的疾病传播发生了巨大变化。当时，疾病情况相对稳定。人们的关注集中于霍乱、鼠疫、回归热、天花、斑疹伤寒和黄热病等六种检疫疾病，新的疾病很少。

全球问题阻碍全球化的发展。以全球公共卫生问题为例，如今，全球公共卫生安全问题已成为人类面临的重大的全球性挑战，也被公认为当今世界非传统安全议题的重要组成部分。全球公共卫生突发事件对全球化产生巨大的影响，尤其是传染病扩散很可能阻碍全球化的发展。防治艾滋病扩散成为国家间合作的重要议题，预防大规模传染病流行牵动着各国政府的神经。

首先，传染性疾病的全球流行最可能打乱并逆转全球化进程。冷战结束以来，全球化加速发展，正在深刻影响国际关系的进程。在全球化发展的进程中，南北差距扩大、气候变化、金融危机和恐怖主义等一系列全球性问题更加突出，反全球化的潮流也应运而生。相比之下，未来中长期最可能打乱并逆转全球化进程的事件就是传染性疾病的全球流行。从历史上看，传染性疾病的全球流行曾屡次改变人类历史。发生在公元14世纪的鼠疫在全世界造成了大约7 500万人死亡，其中2 500万为欧洲人，欧洲历史从此改写。而今，传染性疾病的影响依然致命，人类依然脆弱。以SARS为例，2003年SARS的流行是有可能成为导致数百万人死亡的全球性大流行的传染性疫病。虽然通过利用经典的监测和应对流行病学的方法，这次流行得以有效控制，但此次流行导致亚洲国家2003年的GDP损失约200亿美元，若按总支出和商业损失计算，则高达600亿美元。据研究，如果1%的世界人口被感染，GDP就会降低5%。患病人口每增加1%，经济损失就会再多1个百分点。当前，每年流感通过季节性流行迅速在世界范围内传播，造成大约300万到500万的重症病例和25万到50万的死亡病例。而季节性流感的爆发一般首发在地球的东部，然后传播到西方。

其次，艾滋病的蔓延很可能扩大南北差距而威胁全球一体化的发展。非洲撒哈拉以南地区是目前全球艾滋病感染率最高的地区，高达67%，其中包括230万儿童。未来中长期内这一趋势将继续保持，该地区的一些非洲国家由于较高的艾滋病感染率，导致经济发展举步维艰。即使从传统的国家安全角度来看，艾滋病也对该地区的和平与稳定构成现实威胁。该地区一些国家军队中的感染率高达50％以上，而马拉维和津巴布韦的军队感染率已经达到75％～80％，南非军队感染率则高达90％。

一些研究表明，艾滋病将在很大程度上继续削弱非洲一些国家的国家能力，导致政府的合法性降低和国内局势的不稳定，促使更多失败国家的出现，并因此而滋生恐怖主义，最后助长国际生物恐怖主义活动。由于艾滋病爆发而导致的难民问题已成为该地区的不稳定因素。艾滋病对联合国维和行动的影响也引起联合国的高度关注。维和部队部署的大部分地区都是艾滋病高发区。因为面临感染艾滋病的风险，维和人员就有可能成为艾滋病的载体并将疾病传播到其他地区。如果大量维和人员感染艾滋病，那么维和部队的作用就会大打折扣，从而影响国际安全。艾滋病也对全球投资活动造成困难。值得关注的是，由于中国在非洲的投资越来越多，该地区的动荡与不安将对中国的海外投资与人员安全构成日益严重的威胁。

全球问题之间的相互交织、相互影响为全球化和国际安全带来新的挑战。比如，全球公共卫生安全与气候变化问题互动为人员、资金、商品和服务的全球流动带来冲击。进入21世纪以来，气候变化对全球公共卫生安全的影响受到世界卫生组织的高度关注。根据《2002年世界卫生报告》的估计，气候变化对2000年全球腹泻病例的贡献率大约是2.4％，对一些中等收入国家痢疾病例的贡献率大约是6％。2009年，世界卫生组织发布的一份报告指出，气候变化将对维持健康的一些基本要素，如清洁的空气和水、足够的粮食和住所产生严重的负面影响。在大气方面，极端高温天气可以直接致人死亡。据估计，欧洲2003年夏季的一场热浪使7万人失去生命。温度升高还将加重大气污染，如光化学烟雾事件将更加严重。目前全球城市空气污染导致120万人死亡，其中主要是心血管疾病和呼吸道疾病。在水资源方面，气候变化导致降雨带的变化、蒸发量的增加和冰川融化，加剧水资源紧张形势。缺水人口将从1990年的15亿增加至2050

年的30亿～60亿。在粮食方面，未来中长期温度上升和多变的降雨可能导致许多赤道地区的发展中国家粮食减产达50%。这将加重发展中国家营养不良的形势。当前，世界每年有350万人因营养不良而死亡。在居住方面，未来中长期气候变化导致的极端气候事件将明显增加。这一趋势将使与天气有关的自然灾害造成的损失更加严重。20世纪90年代前，这方面的自然灾害曾夺去60万人的生命，使无数人失去家园。

第二节　全球问题

前世界银行高级官员J.F.里斯查德（J.F.Rischard）列举了主要的全球问题：一类是涉及全球公共财产的问题，包括全球变暖、生物多样性和生态系统的损失、过度捕捞、森林减少、水资源短缺、海洋安全和污染等；一类是涉及全球决定的问题：包括贫困、维护和平、制止冲突、打击恐怖主义、普及教育、全球性传染病、数字鸿沟、自然灾害的防范和缓解等；最后一类是涉及全球规则的问题，包括全球金融、生物技术、反毒、贸易、投资、竞争、知识产权、电子商务、国际劳工和移民规则等。[①] 关于全球问题，曾培炎指出，“全球发展依然很不平衡，南北差距还在拉大，局部动荡频发，大宗商品价格大幅波动、金融秩序混乱等全球性问题越发突出。”[②] 本节拟重点介绍气候环境、能源资源、粮食、民族宗教、公共卫生等具有重大影响的全球问题。

① Jean-Francois Rischard, *High Noon: Twenty Global Problems, Twenty Years to Solve Them*, Basic Books (2003). 转引自杨丹：《2020年前的全球问题及解决方案——20年解决20个全球问题》，《国外社会科学》2004年第1期。

② 曾培炎：《全球治理应充分反映发展中国家的利益和诉求》，《全球化》2013年第2期。

一、气候环境、能源资源、粮食安全

全球问题本身也是互相交织、相互作用的。正如气候变化与能源资源的不合理利用问题相关一样，粮食安全问题也深受气候变化的影响。换言之，能源资源问题是气候变化的前因之一，粮食安全问题则是其后果之一。

气候、生态、环境、资源等全球问题进入国家安全的议事日程。随着全球化进程的推进，人类对自然的利用达到了空前程度，对环境的破坏也日益严重，产生了一系列全球性和地区性生态、环境和资源问题，如全球气候变化、臭氧层破坏、全球性水资源短缺、土地沙漠化、生物多样性减少、能源危机等，对国家安全构成越来越大的威胁。一方面这些全球问题恶化了人类生存和发展所依赖的自然生态环境，从而损害国家存在的基础，威胁到各国安全；另一方面，这些人与自然关系问题的深层次原因在于现有国际秩序没有处理好人与人的利益关系，导致各个民族和利益集团对有限资源的争夺和不合理开发与利用，成为全球化时代影响国家安全的新变量。①

未来中长期全球气候变化可能呈现整体变暖、局部降温的趋势。全球变暖与温室效应密不可分，未来气候变化具有时空不平衡、稳定性与突变性并存等特点。气候变化可能对生态环境、水资源安全、农林与粮食等经济安全、人类健康与发展等方面带来复杂影响。②

在自然资源面临的压力方面，海洋鱼类的捕获总量呈现出某些稳定的迹象（尽管其目前的水平还无法维持可持续性），而海洋水产业还在不断增长。森林采伐率也表明了人类对于木材需求的不断增长，尤其在非洲、亚洲和太平洋地区。因此，同样存在的另一种趋势就是建立更多的土地和海洋地区来保护并维持生物多样性。

尽管人类不断努力提高能源利用效率，但能源消耗总量仍在持续增

---

① 于军：《全球化与国家安全》，《哲学研究》2003 年第 4 期。
② 程春华：《未来中长期全球气候变化趋势：影响及应对》，《和平与发展》2012 年第 4 期。

加。自20世纪90年代中期以来，化石燃料在能源消耗中所占的份额并没有发生显著变化。使用化石燃料产生的二氧化碳排放是造成气候变化的一个主要原因。有数据表明，二氧化碳的排放量正在不断增加，而全球人均二氧化碳的排放量在过去几年中一直保持在同一水平。

有时，核安全、恐怖主义等传统安全问题与环境污染等非传统安全问题相互交织。维护核材料与核设施安全是跨越国界的全球性问题。“9·11”恐怖袭击之后，核安全成为国际社会核不扩散机制的重要议题之一。在核安全方面，国际社会面临多重挑战，全球核安全形势不容乐观。这些挑战表现为：恐怖组织获取核材料或核武器的意愿和能力不断上升，全球还有大量的核材料未得到有效保护，核安保还存在严重漏洞，民用核能应用存在潜在的核事故风险等。恐怖主义组织成为全球核安全的最大威胁。全球大量核材料的安全状况堪忧，近年来，因为核材料安保不善造成的核走私以及核材料丢失事件屡屡发生。据国际原子能机构事件和贩运数据库（Incident and Trafficking Database，ITDB）统计，截至2012年12月31日，在2331起已得到确认的核事件中，有419起涉及未经许可拥有和相关犯罪活动，另有615起事件涉及核或其他放射性材料的被盗或遗失，还有1244起事件涉及其他未经许可的活动和事件。从1993—2012年，有16起确认的事件涉及未经许可拥有高浓缩铀或钚。一些事件包括试图将这些材料出售或贩运到其他国家。①

核能和平利用存在核事故隐患，突发核事故是世界环境安全的重要威胁之一。当今全球442座核电站的发电量占总体的14%。世界卫生组织副执行理事（纽约办事处）韦纳-奥巴米尔先生（Mr. Werner Obermeyer）指出，1986年4月26日，切尔诺贝利核电厂的爆炸造成了民用核工业历史上最大规模的核泄漏。过去的十年中，大量的放射性碘和铯散发到空气中，辐射量相当于第二次世界大战中广岛原子弹爆炸辐射的400余倍。安德鲁·撒尔达博士（Dr. Andrew Sowder）指出，汲取了三哩岛（Three

① IAEA，Incident and Trafficking Database（ITDB）：Incidents of nuclear and other radioactive-material out of regulatory control，http：//www-ns.iaea.org/downloads/security/itdb-fact-sheet.pdf；梁长平：《全球安全治理视野下的核安全》，《阿拉伯世界研究》2013年第3期。

Mile Island）和切尔诺贝利事故的教训后，商用核能发电在安全性的技术层面上取得了明显的进步。2011 年 4 月发生的毁灭性地震及海啸，导致日本福岛第一核电站的核泄漏事故。①

核安全事故还带来公共卫生隐患及后遗症。2006 年，世界卫生组织公布的一则报告总结了过往二十年关于切尔诺贝利事故对于人体健康的影响，问题涉及癌症、常规疾病、免疫和遗传因素、生育和儿童健康。2011 年，联合国原子辐射效应科学委员会（UNSCEAR）公布了以“切尔诺贝利事故核辐射对于健康的影响”为题的报告。此报告是迄今最全面的关于核辐射接触程度、健康影响的评估，揭示了几个紧随爆炸事故的辐射效应。核事故发生的早上，事故现场的 600 名工人中，134 名受到了严重辐射并由此患病，其中 28 名工人在接下来的三个月中病逝，幸存者则需要几年的时间康复。还有许多工人在之后的几年中患病。在事故发生的最初几个月中，白俄罗斯的居民甲状腺受到的核辐射十分严重，到 2005 年，6 000余人被确诊为甲状腺癌，并在未来的几年内呈增长趋势。同时，工人们白血病和白内障的患病率有所增长，虽然目前没有确凿的依据将这一现象和核辐射必然联系在一起，但几项国际研究表明，暴露在核辐射中的人群的焦虑症状是正常人群的两倍。对此，必须积极地采取措施，平复人们的心理创伤，带动当地社区，鼓励自力更生。为了实现这些目标，其中一个方法便是推动健康的生活方式，包括体育锻炼和健康的饮食。在辐射所影响的区域，并没有证据说明人口总体的生育能力受到影响。但是，由于顾虑未出生的婴孩健康而采用的药物堕胎造成了出生率降低，同时也给人们带来了心理创伤。②

未来气候系统变暖是毋庸置疑的。目前从全球平均气温和海温升高、大范围积雪和冰融化、全球平均海平面上升的观测中可以看出气候系统变暖是明显的，已观测到的积雪和海冰面积减少也与变暖相一致。据世界气

① 世界信息传输机构，《世界生态报告》，2011 年夏，第 7 页，http：//worldinfo. org/wp-content/uploads/library/wer/chinese/WER _ chinese _ 2011. pdf。

② 世界信息传输机构，《世界生态报告》，2011 年夏，第 5—6 页，http：//worldinfo. org/wp-content/uploads/library/wer/chinese/WER _ chinese _ 2011. pdf。

象组织2011年11月发布的《2011年全球气候报告》，在全球变暖的大背景下，2011年全球多处地方发生了极端气候导致的灾害，其中主要包括欧洲春季大旱，非洲东部“旱涝急转”，东南亚、南亚和中南美洲暴雨洪涝灾害，巴西出现洪水和泥石流灾害。这些极端气候事件包括：泥炭地燃烧浓烟笼罩莫斯科，巨大的冰岛从格陵兰岛冰盖分离，巴基斯坦、泰国洪水等。从世界各国气候模式最新的预估结果来看，未来升温趋势可能延续，增温幅度和温室气体排放量关系很大；但预估结果同时显示，全球变暖并不是意味着每个地区都普遍升温，未来不排除某些区域会出现降温。①

若沿用当前的气候变化减缓政策和相关的可持续发展做法，未来几十年全球温室气体排放量将继续增长。而在评估报告所设想的六大排放情景中，即使按照最严格的排放情景考虑，2020年全球温室气体排放量也将继续增长。在一系列SRES（《IPCC排放情景特别报告》）排放情景下，预估未来二十年将以每十年大约升高0.2℃的速率变暖。即使所有温室气体和气溶胶②的浓度稳定在2000年的水平不变，预估也会以每十年大约0.1℃的速率进一步变暖。全球平均地表温度预计到2100年将升高1.8℃到4.0℃。具体升高情况将取决于未来几十年中减排行动的成效。更令人担忧的是，由于存在与各种气候过程和反馈有关的多种时间尺度，即使温室气体浓度实现稳定，人为变暖和海平面上升仍会持续若干世纪。

世界气象组织（WMO）于2011年11月21日发布的《WMO温室气体公报（2010年）》指出，2010年全球大气二氧化碳、甲烷和氧化亚氮等温室气体的浓度，再次突破有观测记录以来的最高点，其中二氧化碳浓度比工业革命前增加了39%，2009到2010年的增幅高于过去十年的平均增

① 《应对气候变化 未来气候是如何“算”出的?》，《人民日报》2011年12月29日。

② 空气中悬浮的固态或液态颗粒的总称，典型大小为0.01～10微米，能在空气中滞留至少几个小时。气溶胶有自然或人类两种来源。气溶胶可以从两方面影响气候：通过散射辐射和吸收辐射产生直接影响，以及作为云凝结核或改变云的光学性质和生存时间而产生间接影响。《气溶胶（Aerosols)》，《中国气象报》2007年9月6日。

幅，氧化亚氮对全球变暖的作用已上升到第三位。[①]

2020年前全球气候变化可能呈现整体变暖、局部降温的趋势，可能呈现出以下几个特点。一是未来全球气候增温与温室气体排放紧密相连。21世纪的长期气候变暖受到温室气体排放量的强烈影响。碳循环效应使气候变暖与温室效应相互强化。当然，除了温室气体，引起气候变化的还有其他因素，如气溶胶浓度、地表覆盖率和太阳辐射的变化都会改变气候系统的能量平衡，从而对气候施加影响。二是未来极端气候危害性与频度可能上升。三是未来气候变化时空上的不平衡性可能加剧。中国工程院院士丁一汇指出，全球变暖在时间上并不均衡，有相对的冷期，也有相对的暖期，但总趋势是上升的。[②] 就区域性影响而言，未来气候变化的幅度很可能比以往更大。四是未来气候变化的稳定性与突变性更难预料。长期来看，未来气候变化呈现一定稳定性，但局部又有一定突变性。

冷战结束以来，全球化的加速发展是气候变化问题升温的大背景。未来十年，气候变化的负面影响将更加显著，对人类构成更大的威胁。持续的威胁必然要求持续的关注。由于未来十年全球温室气体排放的增加和全球升温已成为基本趋势，2020年气候变化将给世界各地带来更加明显的冰川融化、海平面上升、极端气候事件频发等现象，并由此产生严重的粮食危机、水危机和治理危机等。当前，虽然因为“气候门”等一系列事件，联合国气候变化专门委员会的评估报告的权威性受到一些质疑，但上述基本结论仍受到各国政府和科学界的广泛支持。

气候变化与恐怖主义的关系也很密切。气候变化导致更多贫困、失业和环境难民，而这正是恐怖主义发展的条件。反恐不如防恐，防止气候变化实际上是在源头上防止恐怖主义的产生和发展。因此，气候变化、国家安全和能源资源依赖将是相互影响的全球性挑战。

全球能源市场也面临着深刻的调整。2013年国际能源署在最新的报告中指出，能源产业占全球温室气体排放三分之二的份额，对于能否实现

---

① 《世界气象组织发布〈WMO温室气体公报（2010年）〉》，中国气象局，2011年12月2日，http://rccc.nhri.cn/rccc/qdwt/2011121218403458d98c.aspx。

② 《极寒横扫欧亚夺命200条 专家称或与北极涛动有关》，《广州日报》2012年2月4日。

气候变化目标至关重要。一些国家迫于压力出台了一些碳减排规划，如美国总统宣布的“气候行动计划”、中国限制和减少煤炭在能源结构中比重的计划、欧盟关于2030年能源与气候目标的讨论，以及日本新能源计划等系列倡议均对减缓与能源相关的二氧化碳排放增长起到一定的抑制作用。综合考量了各国政府公布的提高能源效率、支持可再生能源、减少化石能源补贴、在某些情况下推出了碳交易价格等措施后，本报告的核心情景认为，到2035年，与能源相关的二氧化碳排放仍将上升20%，从而使世界仍处于长期平均气温上升3.6摄氏度的趋势下，远高于国际上普遍接受的2摄氏度温升目标。①

未来全球资源可能呈现四个发展趋势。

第一，资源产品的供需和价格越来越具有跨国性。全球化的发展使得很多资源产品的定价越来越具有全球性，其供给和需求不仅仅限于一国国境之内，而这类产品的金融化趋势则扩大了资源价格波动的频度和幅度，国内外的价差不可避免地对政府的管制力提出更高的挑战。但也正是这种全球性，导致某些国家、国家集团或者大的跨国公司拥有比其他国家或企业更大的定价权和话语影响力。此外，“资源全球化”的另一个表征是一些资源的开发和资源利用造成的环境影响具有跨国性，导致其治理需要更多的国际协作，但同时也成为一些国家之间争端与冲突的根源。

第二，未来对自然资源的需求压力大增，而资源的供给却受到前所未有的制约。需求的压力一是不断增加的全球人口数量；二是伴随着新兴国家的崛起，全球中产阶级队伍在不断扩充，这些新富阶层拥有强烈的提高生活质量的愿望和要求。与之形成鲜明对照的是，全球资源的供给，特别是不可再生资源的供给力受到越来越大的限制。

第三，在资源供给有限但需求更加强劲的情况下，未来对资源的争夺将更加激烈。

---

① IEA,“World Energy Outlook 2013”, 2013, https://www.iea.org/publications/freepublications/publication/WEO2013_Executive_Summary_Chinese.pdf.

第四，各种自然资源之间存在密切关联。一方面，一种资源的大规模开发和利用需要其他资源的支撑。这意味着对某种资源的替代性开发（如为替代石油而大规模推广太阳能）将推高对与其相关的其他资源（硅）的需求，并可能加速后者的枯竭，或引起后者价格的暴涨。因此，人类在大规模开发某种资源之前，必须要考虑这种活动引起的其他资源代价和环境承载力。另一方面，各种资源产品的价格高度相关，某种资源价格的上涨可能推高其他资源产品的价格，并可能造成连锁反应，带来总体的通货膨胀的压力。未来人类要应对诸多互为关联的问题，这样就增加了发生大规模危机的可能性。

过去几十年，全球农业的特点是，发达国家政策导向的生产过剩和发展中国家的停滞增长，带来粮食安全问题。全球各国的政策改革和经济增长已经改变了供需基础，尤其是在发展中国家，农业部门更加市场化，为投资提供机会。预计农产品贸易会增加，其中，大部分的出口增长来自于发展中国家。由于面积和生产力增长更加缓慢，农产品产量增长至少在中期有可能放慢。预计当价格维持在相对高位时，供给的增长应该跟上需求的增长速度。在这种背景下，采取措施减少食物损失和浪费对于满足增长的需求和提高生产力都很重要。[①]

联合国粮农组织预计 2013—2014 年度全球粮食商品市场将趋于平衡，特别是在谷物方面。预测 2013 年全球食品进口费用将为 1.09 万亿美元，比 2011 年的纪录低 13%，但接近 2012 年的估算额，因为预计水产品和畜产品进口费用的增加将抵消多数其他商品（特别是食糖）进口费用的减少。[②]

气候变化使粮食安全问题日益突出。对世界农业体系及其所依赖的资源也迫切需要予以重视。如果目前不采取有的放矢的举措，今后世界农业体系的表现就跟不上粮食、纤维和燃料需求的增长步伐。由于从 1960 年

① 经合组织：《2013—2022 年农业展望：集锦》，2013 年，http：//www.oecd.org/site/oecd-faoagriculturaloutlook/highlights-2013-CH.pdf。

② 联合国粮农组织：《市场综述》，2013 年 6 月，http：//www.fao.org/docrep/018/al999c/al999c.pdf。

至2000年主要谷物作物的单产增长率从3.2%一路下降至1.5%，农业生产率的增幅也持续放缓。但要实现2050年为91亿人（其中多数将生活在城市地区）提供粮食供应的目标，农业生产就需要在2005—2007年三年平均水平的基础上增长70%。对生物能源的需求可能造成部分粮食和饲料作物用于生物燃料生产，另外还会对价格造成影响，因此可能危及粮食安全。如果不能采取有效措施开发新技术并提高生产率，那么资源分流用于生物燃料生产可能将对为所有人提供充足食物的工作造成严重掣肘。气候变化的长期和短期影响将对农业生产及粮食和营养安全构成进一步挑战。据估计，到2080—2100年期间，气候变化对非洲农业生产的总体负面影响将在15%～30%之间。在科研、推广、基础设施和生物多样性等重点领域，农业公共投资趋势严重滞后。显然，要在全球层面应对如此艰巨的挑战就必须采取更为有条不紊和富有实效的措施。①

二、民族宗教问题

自冷战结束以来，世界各地的民族冲突、宗教矛盾层出不穷，不仅给国际政治的地缘结构带来巨大冲击，也使得有关国家内部的政治生态持续发生变革。民族冲突、宗教对抗成为当前非传统安全领域的突出问题之一。

20世纪的最后十年，是冷战刚结束的头十年，这是一个因东西方对峙而使分离主义势力饱受压抑后急剧释放力量的时代，长期受制于美苏对抗的各国民族宗教问题短期内集中爆发，其结果是裂解前苏联和南斯拉夫等国，使得联合国会员国的数目急剧增加，不过此类民族宗教问题往往发生在特定国家内部，且大体已经结束。而21世纪头十年的民族宗教问题，除了旧有问题的延续外，更添加了极端宗教势力的介入，宗教政治势力的突起使得原有的民族问题更加复杂，宗教的跨民族性也带动了民族问题的国际化，此时的民族宗教问题常常突破国家边界而成为牵动地区稳定和国

① 联合国粮农组织：《粮食安全的全球治理》，2009年11月，ftp：//ftp.fao.org/docrep/fao/meeting/018/k6367c.pdf（2013年12月访问）。

际力量平衡的重大政治问题。

美国研究世界民族冲突问题的专家巴巴拉·哈弗（Barbara Harff）和泰德·古尔（Ted R. Gurr）1997 年和 1999 年的研究成果指出，在 1955 年到 1996 年期间发生的 239 起战争、政权更迭和种族屠杀中，民族冲突是主要成因。在 1980 年到 1996 年期间，有 60 个民族和宗教上的少数团体成为战争和种族政治屠杀的牺牲品。在 20 世纪 90 年代末期，116 个国家的 275 个民族——约占全球人口的五分之一——要么处在其中央政府的暴力压迫之下，要么公开反叛由其他民族控制的中央政府，要么卷入与其他民族的暴力对抗之中。世纪之交，拉美和加勒比地区四分之一的人口以及非洲和中东地区三分之一的人口也正处在公开的民族冲突中。[①]

由于世界政治正处于变革过渡时期，国际权力和财富中心正在位移，全球化引发的民族主义对抗日益凸显，可以预见，此前频繁发生的民族宗教冲突在未来十至十五年内将进一步加剧。在“民族自决”“地方自治”“信仰自由”“人权保护”“民主和平”“人道干预”等旗号下，多个民族将从目前所在的国家分裂出来；宗教极端势力掩藏于急剧变动的政治社会体系之中伺机而动，跨国恐怖主义组织的联合和呼应将成为多数国家面临的主要威胁；穆斯林移民的落地生根及其衍生的一系列社会、经济和政治议题，将使欧洲、俄罗斯等地不得不面对本土存在的活跃的大规模异民族群体和宗教势力的挑战，欧美发达工业国家的排外主义将再度盛行。

传统国际政治所关注的国家边界不断被外部民族、宗教势力所渗透，但解决上述问题却又需要世界各国的共同参与。国内民族宗教问题的国际化，以及世界民族宗教问题的国内化，将进一步推动国际政治最终迈向世界政治。

民族矛盾与宗教对立互为表里，外部干预与内部族群对立遥相呼应。综合世界各地的民族问题，尽管具体个案的表现各不相同，但就整体发展态势而言，大都存在以下几个主要特征。

---

① Wilma A. Dunaway and Donald A. Clelland, “Ethnic Conflict in the Modern World-System: The Dialectics of Counter-Hegemonic Resistance in an Age of Transition”, *Journal of World-Systems Research*, Vol 9, No. 1, Winter 2003, pp. 4 - 5.

一是民族主义向两个极端发展。当前民族宗教问题的愈演愈烈，显示民族主义正朝着两个不同方向发展：一种情况是以文化民族为核心的民族（国家）分裂主义的蔓延，冲突虽主要集中在现有民族国家的内部，但外部势力的卷入也是公开的秘密，例如发生在大湖地区的刚果战争、高加索地区的俄格冲突、斯里兰卡内战等；另一种情况是以特定宗教为纽带的泛宗教主义的扩散，其主战场超出现有民族国家的边界，跨国的宗教联合是其主要特征，例如基地组织的跨国活动，以及所谓“什叶新月地带”的哈马斯、真主党等宗教政治组织间的密切互动等。虽然民族主义朝向两个相背的方向发展，但这些民族宗教问题都无一例外地成为周边国家乃至国际社会关注的主要问题。

二是大国对地区冲突的干预。大国为谋取私利，要么有选择地卷入特定地区冲突，要么放任某些民族宗教矛盾自生自灭，成为发展中国家民族宗教冲突的主要特点。唐纳德·霍尔威茨（Donald L. Horowitz）指出：“无论分裂主义运动试图达到怎样的政治目标，它在很大程度上都是由国际政治所决定的，是由国家以外的利益和力量的平衡所决定的。”① 其他研究人员也确信，当今分裂主义试图获得主权独立大都依赖外部世界的承认和支持，预期中的新国家如果没有外国的军事支持与经济援助就不可能赢得独立。②

三是宗教因素与特定民族问题互为表里，成为当前许多民族冲突的外在表现。宗教信仰本是一种社会意识形态，不算是民族特征；但自近代以来，宗教问题往往与民族问题纠缠在一起，呈现出极为复杂的局面。在现代国际政治中，宗教逐渐被当作区分不同民族的标志，宗教还成为分裂国家的理由，战后印巴分治、20 世纪 70 年代波黑穆斯林族身份的确立、黎巴嫩教派分权体制的法律化、东帝汶的独立等，都是很好的例证。冷战结束后，特别是自从亨廷顿的“文明冲突理论”影响全球，以及 2001 年“9·11”事件发生以来，宗教极端主义和宗教政治势力的跨国互动，成为

---

① Donald L. Horowitz，“Patterns of Ethnic Separatism”，*Comparative Studies in Society and History*，Vol. 23，No. 2，Apr.，1981，p. 167.

② James Habyarimana et al，“Is Ethnic Conflict Inevitable? Parting Ways Over Nationalism and Separatism”，*Foreign Affairs*，Vol. 87，No. 4，July/August 2008，p. 142.

当前各地民族问题中的突出现象。

阿尔及利亚内战（1992 年至今）、北爱尔兰冲突（1969 年至今）、菲律宾南部的穆斯林叛乱（1969 年至今）、伊朗人民圣战组织发动的游击战（Mujahedeen Khalq，MEK，1979 年至今，目前基地在伊拉克）、印尼苏拉威西教派冲突（1998 年至今，发生在穆斯林和基督徒之间，2001 年中升级）、科特迪瓦内战（2002 年至今，北方的穆斯林和南方的基督徒之间）、尼日利亚北部地区穆斯林和基督徒间的教派冲突（1991 年至今）、泰国南部的穆斯林叛乱（泰国南部与马来西亚接壤的陶公、也拉和北大年三府，在穆斯林分离分子 2004 年 1 月发动叛乱至今，已有 4400 多人丧生①）等，都显示宗教因素在世界各地的民族矛盾中占据突出地位，宗教信仰的不同往往成为政治运作的首选旗号和借口。原本只是少数宗教极端主义者的政治诉求，经由政治组织的操弄逐步演变为不同教徒所在的民族群体间的对抗。民族主义的群体意识加上宗教信仰的根深蒂固，使得民众基于意识形态和价值观念上的集体对峙和冲突，获得了持久而强大的支持力量，特定的物质利益和政治目标被掩藏于相对单纯的宗教信仰之中，旧有的民族矛盾因宗教信仰的差异而进一步扩大。

四是西方发达国家面临特定宗教移民团体的挑战，民族问题从当年的殖民地转移到本土内部。穆斯林移民群体的不断壮大，特别是第二、第三代移民对伊斯兰宗教信仰的公开表达和不懈追求，使得欧洲本土面临外来移民的大规模集体抗争。法国骚乱、马德里火车爆炸案、伦敦地铁爆炸案、丹麦穆罕默德漫画事件是 21 世纪以来欧洲面临的主要问题，虽然都以宗教对抗的形式展现，但发泄的都是穆斯林移民群体对他们在欧洲所面临的种族和宗教歧视的长期不满。与此相伴而生的是欧洲主流社会开始以各种法律、政治和宗教手段来阻止穆斯林社区和伊斯兰宗教文明的扩张，瑞士等国禁止修建新的宣礼塔清真寺，法国、德国南部立法禁止穆斯林女

① 数据来自法新社：《泰南暴力冲突七年夺 4400 人命》，《联合早报》（新加坡）2011 年 1 月 8 日，http：//www.zaobao.com/photoweb/pages2/violence110108.shtml。

性在公共场所佩戴头巾等，反映的不仅是不同社会群体的宗教差异，更多反映了当前欧洲社会面临的民族宗教矛盾。

展望未来十至十五年世界民族宗教问题的发展前景，首先需要对冷战结束以来世界各地民族宗教问题的发展有一个整体宏观的把握。总体来看，发展中国家依然是民族宗教问题频发的重灾区，原苏联及东欧诸国仍在消化吸收 1989—1991 年苏东剧变的后遗症，西方发达工业国家则面临大规模异文明移民群体追求政治地位的抗争而引发的新型民族冲突。上述发展态势在未来十至十五年内将继续延续，世界民族宗教冲突仍会在许多国家扮演重要角色，分裂主义势力蓄势待发、积极寻找时机争取独立。

三、公共卫生安全

世界卫生组织将“维护全球公共卫生安全”定义为：旨在尽可能减少危害不同人群、团体、区域以及跨国性的群体健康的紧急公共卫生事件的发生可能性而采取的预见性和反应性行动。我们正生活在一个以高度流动性、经济相互依赖和通过电子手段相互连接为特征的全球化世界之中。在全球化背景下，人类社会、微生物界、自然环境和人类行为不断变化，这一切都使未来中长期全球公共卫生安全形势面临前所未有的挑战。

2000 年 1 月，联合国安理会就艾滋病对非洲和平与安全的影响举行辩论。这是安理会历史上首次将公共卫生问题作为一个安全的威胁来进行讨论。从此，公共卫生问题开始与国际安全相关联，被列入全球安全议程。

《国际卫生条例（2005）》探讨了一系列针对全球公共卫生安全的威胁因素，这些威胁因素由人类行为或原因，人类与环境的互相影响，突发的化学和核放射事件、其中包括工业意外事件及自然现象导致。第一，某些疾病仍在发展中国家肆虐，但发展中国家发现和应对传染病的能力有限，很有可能导致疾病在全球的快速传播。第二，人类与动物间物种屏障被打破导致新发传染病的散发，微生物从动物宿主迁移到人类宿主导致的疾病爆发，均可能带来疾病在全球范围内的流行。第三，全球经济政治发展失衡、国际冲突与气候灾难频发、全球公共卫生治理机构职能重叠等因素，影响全球公共卫生安全。健康问题无国界，随着全球化的发展，世界变得越来越复杂和日益相互依存，微生物的世界因其生存环境的改变也在演变着它们的毒力、传播方式和耐药能力，那些威胁全球卫生安全的突发事件将继续出现。未来中长期，这些因素很可能仍将存在。

与此同时，未来中长期气候变化还将对传染性疾病的控制构成新的挑战。因为许多病毒对温度和湿度高度敏感，比如霍乱和腹泻等，所以，气候变化可能使国际社会控制传染病的努力受到严重打击。若全球公共卫生突发事件与气候异常灾难并发，给全球卫生治理带来的不利影响将不堪设想，如何防范气候与卫生灾害的负面影响成为对政府治理能力的考验。

展望未来，伴随全球化的进程，全球公共卫生问题将在全球安全与全球治理议程上占据更加重要的地位，如何应对全球公共卫生问题将继续成为国际政治的重要内容。

四、经济失衡、贫富差距及其他

英国沃里克大学政治经济学荣誉退休教授罗伯特·斯基德尔斯基（Robert Skidelsky）认为，全球化衍生出两个绝不应回避的问题。第一个问题是“贸易所得收益”分割不均，违背了交易的公正条件。第二个问题是宏观经济的波动性，违背了适度稳定的要求。①

首先，全球化产生的不同影响是因国家而异的。在先进经济体中，全球化在过去二十年中使基尼系数年均增长 0.6%，略高于科技进步对基尼系数的影响。然而，在发展中经济体，科技进步是基尼系数年均增长 0.3%的主要驱动因素；相反，全球化倒是起到了轻微的权衡作用。这种差异的形成主要是因为全球化在两种不同的经济体中运行的渠道有所不同，金融全球化会在先进经济体中迅速扩张，而在发展中经济体，飞速扩张的是贸易的全球化。②

① Robert Skidelsky，“After the Crash：The Future of Globalisation”，Survival，vol. 54，No. 3. 2012.

② 国际货币基金组织：《世界经济展望》（2007 年 10 月），杨冠一等译，中国金融出版社 2008 年版。

全球化的好处在国家和地区之间很可能是不平均的。由于潜在的增长趋势以及存在很多脆弱的政府，非洲最有可能成为落后的地区。但是，它也可能从一体化进程中收获最多，因为它能够利用技术和工资差距去推进更高的持续增长。全球化经济强大的力量可能增加很多国家之间的不平等，这同样引人关注。尽管大部分发展中国家可能出现"全球的中产阶级"，但一些社会群体在经济发展的过程中仍然可能落后甚至被边缘化，特别是非技术工人可能落后更多。

从20世纪90年代起，全球化最大的受益者是发展中国家（特别是东亚和东南亚国家）以及发达国家中的富有精英。最大的输家是发展中国家中农村的穷人、发达国家中技能贫乏的工人，以及撒哈拉以南非洲的多数人口。新崛起的贸易强国利用西方技术，再加上工资水平低得多，导致西方工人变得一贫如洗。所有不要求身体力行的工作都可以转移到境外完成，这些岗位的数量加起来约占美国就业岗位总和的四分之一。

全球化的第二个问题是，它在经济上是不稳定的。"有效市场理论"认为风险总是可以正确定价的，所以系统规模的金融崩溃是不可能发生的。但是，2008年始于美国的那场危机令这一常规性看法彻底失败。①

市场力量导致的不平等对全球安全构成威胁。全球化趋势使社会不平等状况恶化，这种状况有可能引起更多的冲突，威胁人类安全。市场力量确实提高了生产力，但它使某些国家和国际的实力集团以及某些债权国和国际金融机构更加强大，而这是以损害贫民阶层和弱小国家的利益为代价的。在国家内部也发生了深刻的力量转移，资本拥有者和有些管理人员、专业人员成为赢家，另一些人则更加贫困。市场力量的全球化趋势使世界上本来已经十分严重的不平等局面更趋恶化，使得一部分人铤而走险诉诸犯罪活动和恐怖主义，使许多国家的稳定和安全受到威胁；另一些人则转向原教旨主义，谋求建立一种更强大的宗教或民族特性以保护自己；还有一些人移居他乡寻求更好的生活，而大量移民的到来又极易引发种族之间

---

① Robert Skidelsky, "After the Crash: The Future of Globalisation", Survival, vol. 54, No. 3. 2012.

的冲突和社会动乱。有人曾精辟地道出了为什么冷战结束而人们的安全感反而降低的缘由：冷战时期我们至少能料到危险将来自哪个方向，而现在却不知道何时何地就会遭殃。①

此外，全球化还引起了第三个问题，即加剧全球经济不平衡。2008年爆发的全球金融危机暴露了全球经济不平衡问题的影响。全球经济失衡主要表现在：进入21世纪以来，美国财政赤字、贸易赤字所谓“双赤字”愈演愈烈，致使美国成为全球最大债务国。之所以出现这种情况，关键在于美国宏观经济政策的失误、“寅吃卯粮”的生活方式以及金融过度投机等因素。② 另一方面，新兴经济体以前所未有的程度参与到国际市场，大宗商品价格持续上涨，结果新兴经济体国家积累起大量贸易顺差与外汇储备，对外支付能力明显增强。新兴市场经常项目持续顺差，成为对美资本的净流出国。根据IMF统计，新兴经济体与发展中国家经常项目顺差已由2000年的929亿美元增加到2008年的7091亿美元，2009年受次贷危机影响降至3217亿美元。③

全球经济调整与失衡，使全球就业危机依然持续。许多发达经济体依然面临着严重的失业问题，欧洲的形势尤为严峻。2012年，欧元区国家的失业率再创新高，与前一年相比上升了一个百分点有余。西班牙和希腊的情况尤为严重，多于四分之一的劳动力无法找到工作。欧元区只有少数几个经济体，如奥地利、德国、卢森堡和荷兰现在的失业率低于5%。2012年，在中欧和东欧的一些国家也出现了部分由于财政紧缩导致的失业率攀升。日本的失业率重新回到5%以下，美国的失业率在2012年度大部分时候持续在8%以上，但从9月份起降低到8%以下。与此同时，发达经济体的长期失业比例（失业超过一年的人口在总失业人口中的比例）到2012年7月仍徘徊在35%以上，使1700万劳动者受到影响。这种长期失业状况无论对失业者还是对整个经济都会造成较大损害。展望未来，创造更多更持久的工作机会应成为发达经济体优先考虑的政策目标。

---

① 于军：《全球化与国家安全》，《哲学研究》2003年第4期。

② 王勇：《中美经贸关系》，中国市场出版社2007年版，第277—282页。

③ 转引自陈凤英：《G20机制架构设计与中国战略对策》，《经济参考报》2010年6月23日。

如果发达国家的经济增长还像基准预测的那样疲软无力，就业率直到2016年或者更远才会恢复到危机前的水平。[①]

科技创新趋势将影响全球经济再平衡的趋势，如果未来难有新的技术突破并发展出新兴产业，那么，当前全球经济失衡的格局将难以改变。目前，OECD国家基础创新的研发投入占GDP的比重仍在提高，但增长率开始逐渐趋稳，同时专利申请数量研发的产出量出现所谓倒U形的下降趋势，在生命科学、材料科学、替代能源等新科技领域的专利申请数在2000年之后并无明显提高。[②] 尽管中国等新兴国家对科技开发的投入与专利数量在上升，但是要根本改变过去以美国为中心的科技创新格局仍需假以时日。根据目前种种预测判断，在未来一个时期科技创新和培植新的增长产业上尚难有非常重大的突破。

未来十至十五年全球经济不平衡将可能继续发展。根据IMF的预计，2015年新兴经济体与发展中国家经常项目顺差将可能再次增至7691亿美元，其中亚洲发展中国家的经常项目顺差将由2009年的3190亿美元增至2015年的7318亿美元，占全球顺差规模的95.5%。[③] 这一预测的准确性值得怀疑，因为它未考虑到中国等亚洲国家的经济增长方式调整的力度，但是它说明了一点：中国等亚洲国家将在全球经济再平衡中占据重要地位，也是国际经济外交工作的重点。

---

① 《全球经济增长和可持续发展前景》，引自联合国《2013年世界经济形势与展望》，2012年12月。http：//www.un.org/en/development/desa/policy/wesp/wesp_current/2013wesp_es_ch.pdf。

② 中国人民大学经济学研究所、东海证券研究所：《全球经济再平衡加剧中国经济外部风险》，《中国证券报》2010年5月5日。

③ 转引自陈凤英：《G20机制架构设计与中国战略对策》，《经济参考报》2010年6月23日。

第三节 合作治理全球问题

针对全球化的负面效应所产生的各种全球问题和跨国问题，如大规模杀伤性武器及其运载工具的扩散、环境恶化、国际恐怖主义、宗教极端势力、民族分裂主义和跨国犯罪所构成的威胁，只有开展国际合作才能有效应对，从而维护各自的安全。① 英国学者戴维·赫尔德指出，全球日益面临的严峻挑战如下：全球共同关心的生态与环境问题（生物多样性危机和生态系统损失、全球变暖、水缺乏）、人类可持续发展问题（减贫、冲突防止、全球传染性疾病控制），以及全球竞赛规则（核不扩散、有毒废物处置、知识产权保护、遗传研究规则、贸易规则、金融和税收规则）。在相互联系日益增多的世界，全球性问题已不再是单个国家的行动可以解决的。世界各国必须进行合作，不断完善全球治理。②

一、全球治理的内涵与特点

至今全球治理尚未有统一的定义。各种定义强调的共同要素包括全球问题的跨国解决、国际规则和秩序、国际合作等。联合国思想文化史研究项目（UN Intellectual History Project）将全球治理定义为“现存的用于制定规范、作出决定和解决问题的一系列合约和安排，以一个全球性政府的姿态监督全球事务”。此外，还有人将其定义为“包括了所有国家的机构、法规、程序及其人民，为获得更稳定的社会秩序，去解决单个国家无

① 于军：《全球化与国家安全》，《哲学研究》2003 年第 4 期。
② ［英］戴维·赫尔德，《重构全球治理》，《南京大学学报》2011 年第 2 期。

法解决的跨国性问题”。[①] 广义上，詹姆斯·罗西瑙（James N. Rosenau）将全球治理视为“所有层面的人类活动的规则构成的各种体系，通过运用控制权来实现具有跨国影响的目标”。[②] 中国学者将全球治理定义为“通过具有约束力的国际规制和有效的国际合作，解决全球性的问题，以维持正常的国际政治经济秩序”。[③] 从理论上看，“全球治理”具有以下作用：在全球化和国际相互依赖不断加深的背景下，站在全球整体角度观察世界，并构建世界新秩序的视角与理念，形成了以“天涯成比邻”为新特质的世界观，推崇“国际人权干预”与“保护的责任”，将公众作为治理的重要主体并推向中心地位，强调跨国公司等非国有企业的巨大作用。[④]

全球治理的发展大致分为三个阶段。第一阶段是“旧型全球治理”期，从第二次世界大战结束初期联合国与布雷顿森林体系诞生到1975年七国集团（G7）成立。第二阶段是全球治理矛盾期，从20世纪70年代末到2008年美欧金融债务危机。旧型全球治理无法应对新的全球问题及全球局势，20世纪90年代开始，联合国改革特别是安理会改革、国际金融机制改革相继提上日程。第三阶段是新型全球治理初步发展期，从2008年至今，改革旧有国际制度、转变全球治理方式、建立新型全球治理机制成为该时期的主要特征。气候变化谈判、二十国集团（G20）、金砖国家机制等新建全球治理机制日益增多。[⑤]

全球化、全球问题催生了全球治理概念：一是全球化使全球问题的解决难度加大，传统大国不得不适度包容新兴和发展中国家的利益，以求合

① ［美］巴瑞·卡林：《展望2013：全球治理与国际发展》，《中国社会科学报》2013年1月16日，第B2版。

② James N. Rosenau, “Governance in the Twenty－first Century”, Global Governance. A Review of Multilateralism and International Organizations, 1995, 1（1）：13－43. 转引自［德］克劳斯·丁沃斯、［荷］菲利普·帕特伯格：《如何“全球”与为何“治理”？全球治理概念的盲点与矛盾》，《国外理论动态》2013年第1期。

③ 中国社科院财经战略课题组：《推动完善全球治理机制》，《经济日报》2013年11月22日，第15版。

④ 陈须隆：《“建设和谐世界”与“全球治理”——两种全球话语的比较》，《新视野》2013年5月第3期。

⑤ 庞中英、王瑞平：《全球治理：中国的战略应对》，《国际问题研究》2013年第4期。

作摆脱困扰自身的问题；二是全球问题日益突出，跨议题协调需求上升，呼吁全局性的“全球治理”。[①] 按照领域划分，全球治理主要包括全球经济治理、全球环境治理、全球安全治理（反恐）、全球卫生治理、全球资源（能源）治理、全球公域治理等类型。本节择要论述。

（一）全球经济治理

全球经济治理是对全球经济问题的回应。全球经济治理概念关乎大国与小国的平衡、经济力量与人文关怀的平衡，归根结底是资本与人的平衡，但如何调整和维护资本内部的冲突和竞争秩序仍是其主旨所在。相较于国际经济制度等原有概念，全球经济治理保护市场和促进效率的核心未变，但在规范层面提升对公平的诉求，包括进一步增加了对新崛起行为体和弱势群体利益的关照，加大与相邻议题互动关系的考量等。[②]

全球经济治理机制可分为三类。一是领导性机制（leadership），指那些由首脑直接参与、为全球经济治理提供最高层级政治推力和最全视域统筹平衡的国际经济协调机制，主要包括二十国集团（G20）峰会、八国集团（G8）峰会和金砖国家领导人峰会（BRICS）。G20 逐渐成为全球经济治理最重要的平台，标志着全球治理民主化进程的加快，但也面临提升广大发展中国家话语权的问题。[③] 二是执行与咨询性机制（legislation），是全球经济治理的真正主体，负责落实 G20 提出的行动目标，亦为其提供问题分析和建议，主要包括国际货币基金组织、世界银行、世界贸易组织、经合组织、G20 部长级会议、金融稳定理事会（FSB）、国际能源署（IEA）等特定经济部门的合作机制等。三是合法性机制（legitimacy），主要是指联合国（UN），包括大会、秘书处、经社理事会（ECOSOC）等主要机构及大会附属基金、项目、机构（affiliated funds，programs and agencies），如联合国开发署（UNDP）、贸发会（UNCTAD）、世界经济

①② 叶玉：《全球经济治理体系的冲突与协调》，《国际观察》2013 年第 3 期。

③ 曾培炎：《全球治理应充分反映发展中国家的利益和诉求》，《全球化》2013 年 第 2 期。

论坛（WEF）等。①

面对全球化带来的失衡等风险，联合国等国际组织提出了警告和建议。联合国系统后2015发展议程任务小组《实现我们共同憧憬的未来》报告指出，后2015联合国发展议程的主要问题，是如何保证全球化成为一个推动当代和未来全世界人民的正面力量。全球化给我们带来广大的机遇，但是目前全球化带来的利益分布却十分不均衡。如果在消费、生产和资源利用方面没有可持续模式的重大改善，这样不断追求物质福利的进步将会超越自然资源基础所能提供的范围。持续的不平等和争夺有限资源是引起争端、饥饿和暴力的决定性因素，而这些现象进而也阻止了人类发展和实现可持续发展的脚步。②

联合国系统内任务小组关于后2015联合国发展议程和促进全球治理提出如下建议。建立一个以人权、平等和可持续为核心价值观的未来愿景。一个建立在有切实的最终目的和具体目标基础上的议程形式，是千年发展目标框架的一个强项，应当保留。可是，这需要由四个长远考虑的方面来重新整合：（1）全面的社会发展；（2）全面的经济发展；（3）环境可持续性；（4）和平与安全。在全球、区域、国家和次国家层面上提升政策一致性。后2015联合国发展议程应当作为真正的全球议程来规划，让全世界国家都能共同承担责任。相应地，全球发展合作也需要重新定义，在众多发展伙伴中寻求更平衡的道路。要使一个围绕人权的、公平的和可持续途径的全球发展所需要的革命性改变成为可能，就需要改革全球治理机制。

一是建立缓解全球经济金融危机的综合机制。在欧元区，过去两年里的那种头痛医头、脚痛医脚地处理个别国家债务危机的方法，应该转变为更加全面和综合的方法，以解决货币联盟的系统性危机。美国的政策制定

① Piscal Lamy, "The Role of the Multilateral Trading system in the Recent Economic Crisis", Speech at theUniversity of Warwick, UK, July 15, 2009, http://www.wto.org/english/news_e/sppl_e/sppl132_e.htm. 转引自叶玉：《全球经济治理体系的冲突与协调》，《国际观察》2013年第3期。

② 联合国：《实现我们共同憧憬的未来》，http://www.un.org/en/development/desa/policy/untaskteam_undf/executive%20summary_chinese.pdf。

者应该防止财政政策突然而严重的紧缩，并克服在2012年年底依然存在的政治僵局。面临着经济硬着陆风险的主要发展中国家，应该采取反周期政策，并采取措施解决中期的结构性问题。例如，中国拥有充足的政策空间来更有力地推动经济转向内需而重新平衡，例如增加政府对医疗保健、教育和社会保障等公共服务的支出。①

二是应继续深化全球金融体系改革。当务之急是落实好国际货币基金组织2010年份额和治理改革方案，健全国际金融监管机制，尤其是加强对金融创新、跨境资本流动和信用评级机构的监管。扩大国际货币基金组织特别提款权使用并改善其货币篮子组成，建立币值稳定、供应有序、总量可调的国际储备货币体系。提升各层面治理机制的协调与合作，发挥联合国、二十国集团、金砖国家、上海合作组织等机制的综合作用。②

三是需要从根源治理全球金融市场的不稳定。货币政策和财政政策之间要有更大的协同关系。发达国家间扩张性货币政策的延续是必要的，但必须考虑到对资本流动和汇率波动的负面溢出效应。这就需要在更广泛的目标框架下，在国际层面上就量化宽松（QE）政策的程度、速度和实施时间达成协议，以纠正全球经济失衡。要广泛地加快包括影子银行在内的金融业监管改革，这对于避免系统性风险和过度地承担风险将是至关重要的，其已导致了低增长陷阱和发达国家金融体系的脆弱性，以及发展中国家资本流动的高度波动性。必须向发展中国家，特别是那些财政空间有限而又面临着较大发展需要的发展中国家提供足够的资源。

四是各国应推动建立均衡、普惠、共赢的多边贸易体制。继续推进投资贸易自由化和便利化，消除贸易壁垒，反对和抵制各种形式的保护主义。支持国际机构加强对贸易和投资限制措施的监督，倡导各种多双边贸易安排的包容性和开放性。推动世贸组织多哈回合谈判早日取得全面均衡

①③ 《全球经济增长和可持续发展前景》，引自联合国《2013年世界经济形势与展望》，2012年12月。http://www.un.org/en/development/desa/policy/wesp/wesp_current/2013wesp_es_ch.pdf。

② 马朝旭：《全球治理向何处去?》，《求是》2013年第5期。

的成果，共同建立自由开放、公平公正的全球贸易环境和贸易体制，使自由贸易的好处为各国人民共享。[①]

全球经济治理要切实反映国际格局的变化，体现协调、合作、公平、均衡的精神，确保各国广泛参与，特别要继续增加新兴市场国家和发展中国家的代表性和发言权。在全球经济治理的议程设置、议事决策等各方面，保证各国平等参与，平衡反映各方意见和关切，使最终结果符合各方利益，实现共赢。[②]

（二）全球安全治理

因其复杂性和多维性，全球化对国家安全的影响是多方面的。总的趋势是全球化使传统意义上的安全即军事安全的地位下降，而经济安全（尤其是金融安全）和信息安全的地位上升，生态安全变得更加严峻，国家安全面临着许多新的变量。安全困境核心的问题是国家间的恐惧和不信任感，巴特菲尔德把这称作霍布斯主义的恐惧。

普及新的安全观是全球安全治理的抓手。全球化的发展促进了不同国家之间的相互联系和相互依赖，促成了国际社会的形成，但迄今仍未能改变国际社会的无政府状态，各国依然面临着安全困境，以政治—军事为中心的传统安全观是到目前为止仍占支配地位的安全思想。安全困境不能消除，只能加以改良。其途径是寻求一种方法对国家的自助行为施加某种规范性限制，使相关国家组成安全体系，在这个体系中，各国认同一定的准则、规则、原则，这些规范性的东西可使加入其中的国家互惠互限。这种方法实际上就是合作的方法，就是以共同安全营造和平的国际环境，从而确保国家安全。冷战结束以来，以合作求安全的趋势似有加强，这是全球化进程中人类理智进步的表现。同时，全球化加速发展，世界贸易范围扩大，跨国公司作用增强，全球金融市场形成，国际组织和国际机制日益增多，各种文化之间的相互影响增强，形成了争取和平与发展的强烈氛围，出现了以发展为中心的综合安全观。这种新的安全观有着与传统安全观很不一样的哲学思想基础，它所要求的是如何建立更加稳定与和平的国际环

①② 马朝旭：《全球治理向何处去?》，《求是》2013 年第 5 期。

境、更能促进国际关系演化和各国国内进步的国际格局和更有利于整个人类可持续发展的国际秩序。在这种情况下，加强国际合作，以合作求安全成为必要的安全战略选择。①

当前，全球安全治理总体上难有突破，若干重要议题陷入僵局。核安全治理、阿富汗重建、伊朗核危机、叙利亚危机等国际会议连续举办。韩国、日本、俄罗斯争当这类国际会议的东道国，显示其参与全球安全治理的强烈动机。全球核治理是全球安全治理的重要组成部分，各大国都保留着核竞争的战略动机，取得实质性突破的难度很大。该机制的启动，对各个核大国和潜在核国家的战略意图透明都是一个重要测试，有助于降低核冲突危险，也是对美国提倡“零核计划”的实质性考验。②

全球安全治理要求发达国家关照发展中国家的安全诉求。如果发达国家希望快速建立加强安全与确保反恐行动的全球法律，就必须采取措施降低发展中国家民众的不安全感，包括投入更多的资源满足发展中国家的生存与发展要求，减少滋生不安全因素的土壤，降低来自部分发展中国家对一些发达国家的不安全因素扩散。吸取“9·11”等恐怖事件的教训，大国应加强自律，促进发展中国家承担更多责任。与发达国家民众关注政府公正问题与恐怖主义不同，发展中国家一般更关注民生问题，包括社会经济福利（如基本教育、公共卫生、清洁水资源等）。若部分国家国内经济与安全治理未做好，产生的安全“负能量”很可能会通过全球网络影响其他国家乃至全球安全环境。③

阿富汗重建有可能成为大国共同安全治理的试验区。2011 年 12 月 5 日波恩会议的三大议题是，2014 年前向阿富汗移交权力、进一步推进政治和解进程以及国际社会 2014 年后继续支持阿富汗重建问题。2012 年 7 月，东京会议继续讨论并通过《东京宣言》，提出为实现阿富汗的可持续

---

① 于军：《全球化与国家安全》，《哲学研究》2003 年第 4 期。

② 黄仁伟：《全球治理机制变革的新特点和中国参与全球治理的新机遇》，《当代世界》2013 年第 2 期。

③ ［英］戴维·赫尔德：《重构全球治理》，《南京大学学报》2011 年第 2 期。

发展，国际社会和阿富汗政府“互相负有责任”，国际社会承诺继续提供援助，阿方则承诺致力于推进民主化和开发战略。国际社会将把以北约为首的部队于 2014 年年底撤出阿富汗后的十年定位为阿富汗“变革的十年”。①

全球核安全治理取得一定进步。在防范核事故风险及保证核材料、设施安全领域，国际社会已经形成了一定的国内治理责任与国际协调合作机制，主要包括国际社会达成的有关核安全问题的多边国际公约、美国等国发起的双边或多边防扩散倡议，以及核安全峰会等全球核安全治理平台。国际社会形成了有关核能安全以及防范核恐怖主义的法律机制。国际社会达成的关于核能安全的国际条约主要有：《核安全公约》《乏燃料管理安全和放射性废物管理安全联合公约》《放射性物质安全运输条例》《核安全标准》。核安全倡议与核安全峰会成为全球核安全合作的重要平台。今后要推进和落实《核安全峰会公报》与《工作计划》，加强国际原子能机构在核安全体系中的地位和作用，加强国家多边协调合作。②

伊朗核危机将成为未来全球安全治理的主要焦点。2012 年 5 月 23 日，伊朗核问题六国美国、英国、法国、德国、俄罗斯、中国与伊朗（6＋1 模式）在巴格达举行新一轮对话会。6 月 18 日，莫斯科对话仍未就取消对伊朗制裁和伊朗放弃核计划问题达成共识。美国和欧盟在内部政治经济难题缠身的情况下，不支持对伊朗采取直接军事打击行动。西方制裁和伊朗核发展之间展开的时间竞赛构成伊朗核危机的拉锯状态。

中俄联手制止西方在叙利亚问题上滥用干预机制。中俄连续两次在叙利亚问题的安理会上使用否决权，有力制止了西方国家滥用国际干预机制的倾向。这个案例的重要性不仅限于中东地区，而在于它为全球安全治理开创了一个新的案例，制止了 20 世纪 90 年代以来以美国为首的西方阵营

①③ 黄仁伟：《全球治理机制变革的新特点和中国参与全球治理的新机遇》，《当代世界》2013 年第 2 期。

② 梁长平：《全球安全治理视野下的核安全》，《阿拉伯世界研究》2013 年第 3 期。

在中东滥用武力的惯例，其意义相当深远。①

（三）粮食、气候、能源资源、公共卫生、网络等非传统全球安全问题的治理

全球粮食和营养安全形势出现恶化并继续对各国和国际和平与安全构成严峻威胁。目前遭受长期饥饿困扰的人数已超过10亿，占世界人口的15%。其中约有1.5亿人因粮价飞涨及全球金融和经济危机的共同作用而陷入饥饿窘境。但即便是在粮价处于低位且经济增长有力的时期，饥饿现象也呈增长趋势。在全球财富和粮食供应量不断增长的情况下仍存在如此严重的饥饿、营养不良和贫困问题，而且在保护弱势群体不受危机影响方面措施乏力，这都说明迫切需要对全球粮食安全治理进行改革。

全球气候治理集环境、科技、政治、经济问题于一身，成为各方经济利益及发展空间的角力焦点。《联合国气候变化框架公约》（UNFCCC）及其《议定书》是全球气候治理最重要的基础性成果，因到2012年届满而需要展开新一轮全球气候治理谈判。新一轮全球气候治理谈判的难题包括：责任分担与量化减排义务、适应和资金及技术转移、不同集团对气候变化的不同主张。②

应对气候变化将面临经济等不利因素的挑战。气候变化问题已成为大国内外战略的重要组成部分，世界气候政治博弈将日趋激烈。未来发达国家集团长期占领气候政治格局优势地位的趋势很难改变，发展中国家将面临严峻挑战。③

在应对气候变化和能源压力的同时，功利主义（民族主义）和全球主义成为全球能源治理的两种取向。从能源功利主义出发，欧美通过贸易和投资手段提升竞争力，通过遏制发展中国家能源创新来维护领导地位，在能源博弈中保持既有欧美垄断的霸权体系。从能源全球主义出发，世界各

①② 黄仁伟：《全球治理机制变革的新特点和中国参与全球治理的新机遇》，《当代世界》2013年第2期。

③ 程春华：《未来中长期全球气候变化趋势：影响及应对》，《和平与发展》2012年第4期。

国为了建立开放和公平的国际能源市场，需要加强能源投资，促进能源贸易，保障过境运输，提高能源效率，维护能源安全。①

加强全球能源治理可缓解气候环境问题的压力。增强能源竞争力并不意味着减少应对气候变化的努力。2013 年 6 月国际能源署出版的《世界能源展望》特别报告之《重绘能源—气候版图》明确提出了四条务实的措施：一是提高能源效率，二是限制建设和运行最低效的煤电厂，三是减少油气上游行业的甲烷排放，四是改革化石能源补贴。这些措施可以遏制 2020 年前的碳排放增长，又不损害经济增长。各国政府也需要关注对可再生能源的补贴。2012 年这项补贴超过了 1000 亿美元，2035 年将扩大到 2200 亿美元。随着可再生能源竞争力的不断增加，这些补贴计划将为低碳能源带来多重效益，而不给承担这些额外成本的企业增加新的负担。一个深思熟虑的国际气候变化协议将有助于确保各国的高耗能行业采取果断行动，并避免来自未采取限制排放措施国家的不公平竞争。②

面对日益严峻的传染病蔓延等全球公共卫生问题，加强全球公共卫生治理是其破解之道。世界卫生组织提醒人们，与其谋求完全杜绝传染性疾病与公共卫生事件的发生，不如采取相应措施积极应对。为应对全球公共卫生危机，国际社会已初步建立国际卫生合作机制及全球公共卫生治理体系，但离实际需求还有不少差距。如美国印第安纳大学教授戴维·费德勒（David Fidler）在总结国际社会应对 2003 年的 SARS 疫情时指出，该过程暴露了全球公共卫生治理体系的若干问题。一是国际公共卫生资源与应对能力上的失衡，表现在发达国家与发展中国家在公共卫生监控及应对能力上的差距；二是帮助发展中国家建立核心公共卫生监控及提高应对能力的不足，以及缺乏协助发展中国家导入《国际卫生条例（2005）》（IHR 2005）的明确策略，特别在资金补助方面；三是全球公共卫生治理的基本核心——监控系统的配置受国际卫生秩序不合理、利益分配不平衡问题的

① 于宏源：《全球能源治理的全球主义与功利主义》，《国际安全研究》2013 年第 5 期。

② IEA，“World Energy Outlook 2013”，2013，https：//www.iea.org/publications/freepublications/publication/WEO2013_Executive_Summary_Chinese.pdf.

限制。①

因此，未来国际社会需要进一步完善国际卫生合作机制及全球公共卫生治理体系。该全球体系要以强大的国家公共卫生基础设施和能力为基础，能够针对特别的健康威胁做好充分准备，具备有效降低风险能力、协调预警能力和应对行动能力。完善该机制体系的努力应包括：促进WHO的改革，完善WHO在全球公共卫生治理中的领导作用；增进发达国家与发展中国家的国际卫生合作，提高对全球卫生体系的投入及其效率，缩小全球不同区域卫生水平差距；发挥非政府组织在全球卫生治理中的积极作用；妥善应对国际气候、环境等因素对全球公共卫生治理的影响。②

网络安全治理提上议程。目前全球互联网治理的核心是构建网络空间国际秩序，具体表现为网络空间原则和规则的创制。2011年9月，中国、俄罗斯、塔吉克斯坦、乌兹别克斯坦联合向第六十六届联大提交《信息安全国际行为准则》草案。2011年11月，在英国伦敦举行的网络空间国际会议宣布启动“互联网全球治理的伦敦进程”，旨在推动制定网络空间的“行为规范”。2012年10月4日至5日，网络安全问题国际会议在匈牙利布达佩斯召开。中方提出全球网络安全治理的五项基本原则：“网络主权”“平衡”“和平利用网络”“公平发展”和“国际合作”，成为中国在全球网络治理领域抢抓话语权的典型案例。③

总而言之，全球治理是全球化的重要阶段，也是国际体系转型的重要组成部分。在发达国家经济陷入低迷状态，难以提供全球治理公共产品的背景下，新兴大国承担越来越多的责任，发挥越来越大的作用，成为今后一个时期全球治理的重要特点之一。同时，新兴大国在全球治理不同领域的能力发展极不平衡：全球经济治理走向深入，全球安全治理陷入僵局，全球气候治理进入具体化阶段。

①② 参见程春华、杨久华：《未来中长期全球公共卫生安全：发展趋势及其国际政治影响》，《社会科学》2012年第11期，第20—30页。

③ 黄仁伟：《全球治理机制变革的新特点和中国参与全球治理的新机遇》，《当代世界》2013年第2期。

全球治理是一个庞大而深邃的命题，包含政治安全、国际贸易、货币体系、资源能源、应对气候变化、网络安全等诸多领域内容，涉及各国政府、国际组织、机构、企业和个人的各方利益，矛盾相互交织、错综复杂，改革难度较大。近些年来一些重大改革与谈判，比如WTO多哈回合贸易谈判、应对气候变化谈判等进展缓慢，甚至出现停滞。各国政府和政治家们应当力争推动全球治理改革迈出实质性步伐。①

全球治理形势与趋势呈现复杂的特点。全球治理主体和治理对象出现转移，西方传统大国更加被动，新兴大国趋于主动，全球治理越来越不等同于“西方治理”。全球贸易机制面临新一轮规则构建。在全球贸易领域，发达经济体和新兴经济体在贸易和投资自由化、便利化领域出现攻守易位。发达经济市场萎缩导致保护主义政策盛行，表现为绿色壁垒、反倾销反补贴、知识产权惩罚等；发达经济体要求新兴经济体扩大市场准入的压力不断加大。金砖国家推进国际经济治理改革的内涵进一步具体化。世界银行在发展和扶贫方面也面临新的挑战。

二、完善全球公共产品机制

建立可持续提供“免费午餐”的机制，加强全球公共产品的供给，是解决全球问题最有效的举措之一。1999年英奇·考尔（Inge Kaul）等人编写的《全球公共产品：21世纪的合作》一书给全球公共产品的定义是，使所有国家、人民和各代人都受益，具有消费上的非竞争性和受益上的非排他性的产品。② 世界银行认为：“全球公共产品是指那些具有很强跨国界外部性的商品、资源、服务，以及规章体制、政策体制。它们对发展和消除贫困非常重要，也只有通过发达国家与发展中国家的合作和集体行

① 曾培炎：《全球治理应充分反映发展中国家的利益和诉求》，《全球化》2013年第2期。

② Inge Kaul. *Global Public Goods: International Cooperation in the 21st Century* by, Isabelle Grunberg and Marc Stern. OUP, 1999.

动，才能充分供应此类物品。”①

全球公共产品具有全球性、公共性、国际共同管理性等特征。② 美国学者布热津斯基将全球公共产品分为战略公共产品与环境公共产品。战略公共产品包括海洋、太空、外太空、网络空间和反扩散的核安全空间。环境公共产品包括对水资源、北极和全球气候变化及其治理的地缘政治影响。③

具体而言，根据消费的非竞争性和受益的非排他性等两个标准，全球公共产品可以分为纯粹的全球公共产品、准全球公共产品、俱乐部产品等类型。纯粹的全球公共产品指同时满足消费上的非竞争性和受益上的非排他性这两个标准，如和平与安全、金融稳定、防止全球经济衰退、创造可持续发展的环境、传染病控制等。准全球公共产品指那些只满足消费上的非竞争性和受益上的非排他性这两个标准之一，或只在一定程度上满足消费上的非竞争性和受益上的非排他性的产品，如国际交通运输系统规范与标准、尊重人权与国家主权、多边贸易协定（如WTO）、语言的融合、生活方式及其他社会标准规则的协调。俱乐部产品具有部分竞争性，即在非拥挤的情况下对该产品或服务的消费是非竞争的，但当消费者过于拥挤之后便出现了竞争性，同时，可以较为方便地将非付费者排除在外，如臭氧层保护、减少消耗臭氧物质释放量、大气净化、减少二氧化碳排放量、公海、基础教育与消除贫困。

表1-2　全球公共产品的分类

公共物品的类型和种类	收益		供给和使用问题的性质	相关的全球有害物品	收益	
	非排他性	非竞争性			非排他性	非竞争性
1. 全球自然共享品（natural global commons）						
臭氧层	是	否	过度使用	损耗和辐射加重	是	是
大气层（气候）	是	否	过度使用	全球变暖的危险	是	是

① World Bank, *Development Committee*: *Poverty Reduction and Global Public Goods*: *Issues for the Word Bank in SupportingGlobal Collective Action*. (Dc/2000-16) September6, 2000.

② 许航敏：《全球公共产品：演进的公共产品理论》，《地方财政研究》2007年第4期，第23—24页。

③ ［美］布热津斯基：《战略远见：美国与全球权力危机》，洪漫等译，新华出版社2012年版，第113—123页。

续表

公共物品的类型和种类	收益		供给和使用问题的性质	相关的全球有害物品	收益	
	非排他性	非竞争性			非排他性	非竞争性
2. 全球人为共享品（human-made global commons）						
世界性的规范和法则（例如世界人权）	部分	是	使用不足（抑制）	人类的虐待和不公正	部分	是
知识	部分	是	使用不足（缺乏得到的机会）	不平等	部分	是
互联网（基础设施）	部分	是	使用不足（进入障碍）	被排除在外和不一致（信息富足和不足）	部分	是
3. 全球条件（global conditions）						
和平	是	是	供给不足	战争和冲突疾病	部分	是
健康	是	是	供给不足	疾病	是	是
金融稳定	部分	是	供给不足	金融危机	是	是
自由贸易	部分	是	供给不足	分割的市场	是	是
脱贫	否	否	供给不足	国内冲突、犯罪和暴力	是	是
环境可持续	是	是	供给不足	生态不平衡	是	是
平等和公正	部分	是	供给不足	社会紧张和冲突	是	是

资料来源：李增刚：《全球公共产品：定义、分类及其供给》，《经济评论》2006 年第 1 期，第 135 页

其中，缓和气候变化、控制传染病、保存海洋渔业是体现国际政治协调必要性和好处的三个突出全球公共产品。历史和现实表明，全球或国际层次上的公共产品也一直存在着。超国家层次上的公共产品供给主要通过霸权国家、国际组织或国际协定等各种合作方式提供。

霸权国家在全球公共产品提供中发挥重要作用。历史上，许多霸权国家充当了国际公共产品的提供者。19 世纪后期和 20 世纪初期的英国、20 世纪 40 年代至今的美国，都提供了全球公共产品，如美元、英语等公共产品，为国际文化交流、国际贸易、国际通讯等世界多数领域提供了规范等。

国际组织可以促进公共产品的供给。大量国际组织通过促进国家间的合作，共同为全球或国际公共产品的供给融资，如联合国促进和维护世界和平的努力，世界银行减少全球贫困和疾病传播的努力，国际货币基金组织减少金融波动、促进金融稳定的努力等。在地区层次上，各大洲的复兴

开发银行等都是为了供给地区公共产品而建立起来的。

通过国家间的选择性激励提供公共产品。例如，各国在签订国际贸易协定时，可以将有关解决全球环境问题的条款放入其中，形成一揽子协议。发达国家在进口发展中国家的农产品时加入严格的农药残留标准规定等环保内容，从而促进生态环境的保持和维护。

霸权国家在全球公共产品提供上“能者多劳”，但更离不开其他国家之间的制度合作。上述第一种方式强调霸权国家在公共产品供给中的作用，第二、三种方式都可以归结为通过国际合作。无论保护生物多样性、防止气候变化、控制传染病的扩散、建立贸易和航空规则，还是确立推广全球性的人权标准，任何一个国家单靠自己的力量都无法保障这些全球公共产品的供应。相反，全球公共产品只能通过各国的共同努力来获得，而全球化也恰恰加强了这种根本性的相互依存关系。毕竟全球公共产品的提供有益于世界各国，国家间合作才是全球公共产品提供的根本。[①]

三、全球治理的转型及其前景

对全球问题的治理有时反而滋生新的问题。当前全球经济失衡与第二次世界大战后曾经发生的两次全球经济失衡有较大的差别。前两次大的失衡，一次是20世纪60年代，一次是80年代，均发生于西方体系内部，经常项目逆差方还是美国，顺差方为日本和西欧国家，可通过类似于七国集团（G7）机制进行协调解决。第一次失衡的纠正导致美元放弃与黄金挂钩，结果导致布雷顿森林体系的解体。第二次失衡的纠正途径是签订“广场协议”，让美元对日元、马克等主要货币大幅贬值，后又签订“卢浮宫协议”，制止美元过度贬值，间接诱发日本经济陷入“长期低迷”，即所谓“失去的十年”，日本经济至今仍受到再平衡措施的影响。但是，当前全球经济失衡情况远比前两次失衡情况复杂，经常项目逆差方虽仍是美国，但顺差方既有日本、德国等发达国家，更有中国等东亚经济体和沙

① 李增刚：《全球公共产品：定义、分类及其供给》，《经济评论》2006年第1期，第131—139页。

特等石油出口大国；本轮失衡既包括体制内国家也包括体制外国家，而且体制外国家更甚。这是美国匆忙启动二十国集团（G20）机制化进程，试图让其升级替代G8，成为推动解决全球经济失衡问题的战略合作平台的重要原因。

全球治理本身也面临不少问题，需要通过转型实现对其自身的良治。如国际金融风险依存，保护主义上升，经济结构调整举步维艰，粮食、能源、气候等危机接踵而至，也暴露出当前全球治理机制在应对这些挑战方面存在的弱点。旧型全球治理机制对既有全球问题的解决成效有限，新的全球问题不断出现。[①] 全球问题对以往的药方产生“抗药性”，需要开发“新药”和新的疗法，意味着要以新的全球治理机制应对新老全球问题，而新兴国家在全球治理转型中应发挥更重要的作用。

金融危机以来，围绕未来全球治理体系及规则的制定，发达国家与新兴国家在全球经济治理转型上的斗争日趋激烈。主要发达国家与主要发展中国家形成明显的两大阵营。在全球治理问题上，单边的传统型治理模式已经过时，由新兴国家、发展中国家共同参与、合作、竞争、对抗的新型治理体系与制度的雏形日趋显现。[②] IMF改革和国际金融监管治理临近突破口，但受到美国阻碍。IMF份额是其最重要、最根本的资金来源，但是2010年份额改革方案的审批程序至今没有完成。2010年12月，IMF理事会确定出资份额和治理改革方案，将新兴经济体的出资份额从3%提高到9%。由于美国等西方成员国拖延履行其国内法律程序，改革方案至今尚未生效。国际货币与金融委员会2012年重申改革生效的紧迫性，呼吁尚未完成必要步骤的成员国尽快采取行动。俄罗斯2013年作为二十国集团轮值主席国推动IMF份额改革如期实现。在重新分配份额后，金砖国家全部跻身前十名，俄罗斯将名列第九，新兴经济体份额主要是中国的份额提高。G20对国际金融监管治理的探讨与IMF改革同步进行。金融稳定理事会是G20推动全球金融标准制定与执行的核心机构。2012

① 中国社科院财经战略课题组：《推动完善全球治理机制》，《经济日报》2013年11月22日，第15版。

② 王毅：《试论新型全球治理体系的构建及制度建设》，《国外理论动态》2013年第8期。

年10月10日至11日，金融稳定理事会东京会议重点讨论全球脆弱性问题、加强影子银行监管的政策建议、全球法人机构识别编码体系监管委员会章程等重要文件，讨论当前金融改革的进展情况（包括应对系统重要性金融机构风险、场外衍生品改革、巴塞尔Ⅲ实施、会计准则趋同等方面）。[①]

新的全球经济要求出台新的全球经济治理机制。当前全球治理机制问题较多，正如联合国《2010年世界经济与社会概览：重探全球发展之路》指出的，席卷全球的金融危机显示了金融市场运作的体制性失效。同时，粮食、燃料、气候等多重危机接踵而至，“暴露出全球治理机制在应对这些挑战方面存在的弱点”。[②] 全球经济治理的变革将彻底打破布雷顿森林体系，主要表现在东西方合作不断加强，新兴国家的国际地位将得到提升，声音也将得到重视。[③] 二十国集团成为世界经济治理主导平台，国际货币基金组织向新兴经济体转移份额，世界银行投票权改革迈出实质性步伐，但要形成新的有效的全球经济治理机制却存在诸多不确定性。

全球金融危机凸显了美国与西方主导的当前全球经济治理机制存在的根本弊端。美国的全球自由化政策过于放纵资本与市场的力量，致使金融投机过度盛行，最后酿成全球性大祸。要促进未来全球经济的稳定增长，必须对这一国际经济机制加以改革。2011年6月，联合国秘书长潘基文指出，目前的全球经济治理结构已经不能充分体现当今的世界格局，呼吁对此实施改革，以提升发展中国家在多边体系中的决策权。[④]

一定程度上，全球问题和危机是促进全球治理及其转型的动力，特别是在主导型大国强烈感受到全球问题与危机挑战之时。新的全球治理机制一般是解决全球问题的成果，本次金融危机为改革全球经济治理机制提供了契机。危机发生后，美国、欧盟等发达经济体意识到，要渡过当前的困

---

① 黄仁伟：《全球治理机制变革的新特点和中国参与全球治理的新机遇》，《当代世界》2013年第2期。

② 王湘江、顾震球：《联合国报告呼吁建立新的全球货币储备体系》，新华网，2010年6月29日，http：//news. xinhuanet. com/world/2010-06/30/c_12278940. htm。

③ 陈凤英：《世界经济转型中的风险与机遇》，《经济日报》2012年12月13日。

④ 危玮：《联合国秘书长潘基文呼吁改革全球经济治理结构》，新华网，2011年6月29日。

难，必须通过对于现有国际经济治理机制进行创新性的改革，方能吸引发展中经济体特别是新兴经济体参与，从而为最终摆脱危机、恢复经济增长创造条件。为此，在美国的倡导下，建立了G20非正式首脑会议机制，并成为促进国际经济合作、落实全球经济治理的主平台。在反危机、反衰退期间，IMF和WB配合均启动了相应的改革进程。G20金融稳定委员会的成立，标志着对国际金融秩序的监督与管理达到了一个新的高度。[①] G20迄今为止已举行了七次峰会，在稳定国际金融市场、维持世界市场开放、推动经济复苏和国际金融体系改革等方面起到了显著的作用。

在全球治理合作中必须坚持独立自主，不能做任何国家的附庸。西方大国对全球化的推动与主导，使得全球化进程带有浓重的西方色彩，因此，对于广大发展中国家而言，只有命运掌握在自己手里的全球化才有意义。[②] G20的建立标志着发展中国家作为整体在全球经济事务中的崛起，同时也表明世界主要国家以合作方式、通过政策协调应对危机的立场与共识。但是，G20到目前为止还只是一个无约束力的全球性经济论坛，其本身的代表性和合法性仍受到排斥在集团之外的国家的怀疑。G20体现的是大国治理模式，而大国治理所体现的是实力的影响。

G20能否成为未来全球治理的新机制存在着较多的不确定性。当前主要的困难有以下几个方面。

第一，本次全球金融危机的发生有可能减少部分国家对于G20机制的认同和对于改革全球经济治理机制的紧迫性。G20的建立旨在推动发达国家和新兴经济体国家之间就实质性问题进行讨论和研究，以寻求合作并促进国际金融稳定和经济持续发展。但直到本次全球金融危机爆发前，G20在全球治理中的作用甚微，全球经济的主要问题仍然是由发达国家讨论决策。只是在2008年9月美国次贷危机演变成全球金融危机之后，G20才逐渐受到重视，并进而通过将部长会议升格为首脑会议、机制化、常规化等手段，将G20发展成为当今国际经济合作的一个主要论坛。因此，

① 参见王在邦：《后危机时代国际格局和世界秩序》，新华国际，2010年7月15日，http://news.xinhuanet.com/world/2010-07/15/c_12335840_2.htm。

② 于军：《全球化与国家安全》，《哲学研究》2003年第4期。

我们看到G20功能的加强带有强烈的危机色彩，一些国家对于是否应向新兴市场国家移交经济决策权犹疑不决。人们有理由对美国等发达国家是否依然对G20保持很高的热情、继续推动机制改革表示怀疑。

第二，经济治理机制上的重大权力结构调整充满不确定性。其中，美国在国际货币基金组织中的否决权是否有必要取消、能否取消，至今无答案。其他主要发达国家期望新兴经济体能够承担更多的国际责任，但是，它们轻易不愿意拱手让出享有已久的部分权力。

第三，G20成员之间在全球经济失衡的原因与再平衡方案等问题上意见与利益差距甚大。如果发达国家推动类似于强制人民币等货币升值的方案解决全球经济失衡问题，有可能导致G20成员发生分裂。纠正全球经济不平衡的问题只能循序渐进，同时，更要对整个全球经济治理机制进行根本改革，显然，达成这样的共识是十分困难的。

第四，美元霸权与全球货币体制稳定的问题。对于这两个重要问题，G20峰会迄今未作有效讨论，而美元本位制正是导致全球金融危机的最重要根源。在所谓的“特里芬困境”的作用下，美国政府依据本国经济发展需要制定货币政策，结果导致美元流动性的全球泛滥，压低了美国金融市场长期利率，制造出巨大的房地产泡沫与衍生品泡沫。在金融危机爆发后，美国又出于自我利益的考虑推出大规模的量化宽松货币政策，转嫁风险，再次恶化全球流动性过剩的问题。可以说，只要美元本位制的国际货币体系存在，类似的金融危机仍有可能爆发。但是，对美元本位制进行较大改革是美国最不愿看到的。

第五，对于资本市场、跨国资本流动的监管改革问题，不同成员存在重大分歧。欧洲国家主张加强对资本市场、特别是跨国资本流动的监管，而美国则表示反对。如果不能达成妥协方案，将无法解决全球经济长治久安的问题，G20机制可能会流于形式。

第六，G20面临建章立制方面的困难。当前，G20虽已出现机制化的趋势，但它仍然只是一个全球性论坛，其所达成的协议迄今为止尚无法律约束力，也缺乏强制执行力，其最终效果有赖于各方的自觉行动和彼此之间的协作。在短期之内完成机制化的目标存在政治和技术方面的障碍。①

鉴于上述因素，在未来十至十五年中，形成新的有效的全球经济治理机制仍将存在较大的困难。如果不能产生有效的多边机制，那么，双边安排、地区主义机制有可能成为各国的主要政策选择。

案例一　全球气候治理

2013年3月23日是第63个世界气象日，其主题是“监视天气，保护生命和财产”。但是，暴风雪、洪水、干旱、龙卷风等异常天气在全球此起彼伏，“北极涛动”② 等因素导致“南寒北暖”。人们不禁担心：不远的将来，气候对人类是“添力”还是“添堵”？未来全球气候变化有哪些趋势和特点？将产生哪些影响？有没有国家会从中受益呢？未来气候变化会引起国家之间的战争吗？围绕全球气候变化的应对前景如何？③

一、未来全球气候变化的综合影响

气候变化的影响是综合性的，涵盖生态环境、农林与粮食等经济安全、人类健康与发展、世界政治安全与非传统安全等诸多领域。从最新的

① 中国社科院国际研究学部课题组（课题组负责人张蕴岭）：《近来若干重要国际问题的分析》，《红旗文稿》2010年3月29日，http://news.xinhuanet.com/theory/2010-03/29/content_13267174.htm。

② 北极涛动（Arctic Oscillation，简称AO）是指北半球中纬度和高纬度气压此消彼长的一种跷跷板现象。北极涛动是气候异常现象，按年度变化有相应的准周期，但因为大气环流的变化，其运动的规律并不确定。

③ 案例参考程春华：《未来中长期全球气候变化趋势：影响及应对》，《和平与发展》2012年第4期。

科学数据来看，气候变化的影响大部分是不利的。

(一) 全球气候变化将给陆水生态、经济产业带来挑战

未来几十年，气候变化虽不大可能导致全球生态系统的突变，但仍可能对陆水生态带来诸多不利影响。一是导致陆地生态异常。在陆地生态系统中，气候变暖将带来春季事件的发生时间提前，以及植物生长和动物活动范围朝着两极和高海拔高度推移等现象。[①] 二是带来大量物种灭绝。有资料表明，如果全球平均温度增幅超过 1.5℃～2.5℃（与 1980—1999 年相比），所评估的 20%～30%的物种可能面临灭绝风险上升，包括企鹅、北极熊等。如果全球平均温度升高超过约 3.5℃，全球将出现大量物种灭绝（占所评估物种的 40%～70%）。[②] 但也有从气候变化中受益的物种，如信天翁等，因为气候变暖使风速变快，总体上使信天翁体重增加并有利于繁殖后代。[③] 三是对水体特性、海洋生态造成影响。气候变化可能导致水体物理化学特性异常，如冰盖冰体融化、海平面上升、海洋水流变化、海水酸化等。[④] 在某些海洋和淡水系统中，水温不断升高以及与冰盖、盐度、含氧量和环流的相关变化可能导致海洋生物繁殖范围的迁移和变化，酸化的海水也可能大量侵蚀珊瑚和贝壳等海洋有机物。

气候变化将对农林业、粮食安全、农民生活等带来挑战。气候变化将以多种方式对农业和林业产生影响，如引起降雨变化、加剧杂草和病虫害带来的压力等。2011 年联合国粮农组织报告指出，气候变化将在未来数十年严重影响用于粮食生产和农作物生长的水资源，加剧粮食减产问题。[⑤] 到 2080—2100 年，气候变化造成非洲农业产量的减产将达到15%～30%，各国情况有所不同。气候变化导致人们更多使用粮食作物来制造生

---

① 政府间气候变化专门委员会：《气候变化 2007：综合报告》（第四次评估报告），2008 年，第 2 页，http://www.ipcc.ch/pdf/assessment-report/ar4/syr/ar4_syr_cn.pdf。

② 《大迁移：气候变化与人类的未来》，《中国青年报》2010 年 6 月 10 日。

③ 《气候变暖增加风速 御风而行让信天翁大受裨益》，《中国科学报》2012 年 1 月 24 日。

④ 《气候变化使海洋越来越酸》，中国天气网，2009 年 6 月 1 日，http://www.weather.com.cn/static/html/article/20090601/33855.shtml。

⑤ 《未来气候变化将严重影响粮食生产》，中国广播网，2011 年 6 月 11 日，http://science.aweb.com.cn/2011/6/11/359201106110934590.html。

物燃料，推高粮食价格。[①] 未来数十年内，不利的气候环境因素将使世界食物价格上涨30%～50%，而且价格上涨波动无常，这将给贫困家庭造成严重后果。气候变化对农民生活造成的影响主要取决于作物、地区和季节，根据家庭生产和消费模式、资源利用状况、贫困程度和应付能力的不同，影响也会有所变化。[②]

（二）全球气候变化将对人类自身健康与发展带来难题

气候变暖影响到人类健康，这是一个证据确凿的全球性科学共识。[③] 其一，气候变暖使细菌、病毒生长繁殖期变长，空气污染物增多，增加传染病的传播速度和范围。气候变暖给居民带来的健康风险包括哮喘、极端高温易感、伤疤痛、风湿痛、心肌梗死、栓塞、感冒、中风、多发性关节炎、风湿病、疟疾、蛋白质热能营养不良、登革热、西尼罗河病毒、血吸虫病、麻风和霍乱、腹泻、食水源性疾病（沙眼）等疾病或死亡；[④] 某些地区水域温度升高可能刺激水生细菌创伤弧菌的生长，导致感染病人截肢或死亡。[⑤] 其二，气候变化可能增加脆弱地区的公共卫生与经济压力，导致"因天致病""因病致贫"问题加剧。低收入人群和有色人种受气候变化影响的程度与后果会更严重。危险的是，目前世界公共卫生界在处理气候变化可能导致人类疾病增加的问题上尚未准备好。[⑥]

气候变化将影响人类发展指数的提高，减缓人类发展进步。一个国家受极端天气灾害影响的人口数量若增加10%，那么人类发展指数则减少

---

① 世界粮农组织：《粮食和农业面对的气候变化及生物能源挑战》，2009年，http：//www.fao.org/fileadmin/templates/wsfs/docs/Issues _ papers/Issues _ papers _ CH/2050IP _ climate-Ch.pdf。

② 联合国开发计划署：《2011年人类发展报告——可持续性与平等：共享美好未来》（中文摘要），第9页。

③ 世界卫生组织：《气候变化和卫生》，2009年3月6日，http：//apps.who.int/gb/ebwha/pdf _ files/A62/A62 _ 11-ch.pdf。

④ 南美洲1991年致死性霍乱爆发的元凶可能是厄尔尼诺，太平洋增暖的环流刺激隐匿霍乱弧菌的浮游生物生长，为霍乱在南美洲19个国家流行创造了条件。《气候变化与人体健康：人类何去何从?》，2010年8月6日，中国天气网，http：//www.weather.com.cn/news/843961 _ 2.shtml。

⑤ 政府间气候变化专门委员会：《气候变化2007：综合报告》（第四次评估报告），2008年，第3页，http：//www.ipcc.ch/pdf/assessment-report/ar4/syr/ar4 _ syr _ cn.pdf。

⑥ Catherine M. Cooney："Climate change and infectious Disease：Is the Furture Here?" Enviromental Health perspectives，Vol. 199，No. 9，September 2011.

约两个百分点，这对人类发展指数水平中等的国家的影响非常大。到2050年年底，由于全球变暖和污染影响农业生产、洁净水的获取、卫生条件改善，人类发展指数将比其基准值降低8个百分点（南亚地区和撒哈拉以南的非洲地区将降低12%）。预测表明，由于日趋严重的气候环境风险迟迟不能降低，以及不平等威胁的继续加深，使得占世界人口多数的贫困人口将减缓人类数十年来持续进步的脚步，甚至使人类发展逐渐一致的趋势发生逆转。如果中国再不采取有力的全球措施减少环境风险和不平等状况，人类发展的巨大进步将难以持续。① 据联合国政府间气候变化专门委员会估计，到2100年以前，气候变化将可能导致140万人背井离乡，产生“气候难民潮”，威胁世界和平与发展。②

气候变化对世界不同地区人类发展的影响状况存在差异。发达国家往往对气候变化应负更大的责任，但发展中国家要承受气候变化的消极影响却更多。到2020年，非洲将有高达2.5亿的人口可能遭受更严重的缺水之苦。在许多情况下，弱势群体一直都忍受着环境恶化造成的后果，而且这种情况还将继续下去，虽然他们的责任很小。例如，人类发展指数水平低的国家对全球气候变化的影响最小，但他们遭受的降雨损失却最严重，损失增加最多，并对农业生产和生活水平造成严重影响。2050年前，气候环境灾难很可能导致发展中国家人类发展指数出现逆转，发展中国家在人类发展指数方面取得的成绩可能丧失，与富裕国家的差距有可能拉大。③

（三）全球气候变化将对世界政治、安全与非传统安全问题产生复杂影响

冷战结束以来，全球化的加速发展是气候变化问题升温的大背景。从地缘政治角度看，未来十年，气候变化产生的影响将越来越大，但对不同

① 联合国开发计划署：《2011年人类发展报告——可持续性与平等：共享美好未来》（中文摘要），第22页。

② 联合国开发计划署：《2011年人类发展报告——可持续性与平等：共享美好未来》（中文摘要），第6—10页。

③ 联合国开发计划署：《2011年人类发展报告——可持续性与平等：共享美好未来》（中文摘要），第2—3页。

的地区和国家产生的影响有所不同。

未来十年，如果适应能力没有明显改善，无论与发达国家相比还是与过去相比，发展中国家都将受到更多的气候变化的不利影响。就南北关系而言，发展中国家对气候变化较大的脆弱性可能导致发展中国家在未来南北气候博弈中处于更加不利的地位。

一个国际上的共识是发展中国家受气候变化的不利影响最大，因为发展中国家普遍生态环境脆弱、人口密集、适应能力差。联合国《2007—2008年人类发展报告》强调气候变化正以空前的规模威胁人类的发展，对穷国影响最大。它使穷国千百万人面对缺水、缺食物和营养、生态遭到破坏的恶性循环。至于具体哪些国家和地区受到的影响更大，则存在不同意见。有的人认为，小岛屿国家受害最大。有的人强调，非洲的一些国家损失最重。也有人认为，中国受气候变化的影响最大。导致这些差异的主要原因在于评价指标的不同。比如，2009年12月初，一家名为“德国观察”的非政府组织公布了一份关于气候变化风险的研究报告，根据暴风雨、洪水及其他极端天气造成的死亡总人数，每10万人的死亡人数，按绝对美元价值计算的损失，损失占其国内生产总值的百分比等四组数据，认为1990年至2008年受极端天气影响最严重的10个国家依次是：孟加拉国、缅甸、洪都拉斯、越南、尼加拉瓜、海地、印度、多米尼加、菲律宾和中国。需要强调的是，中国政府和联合国都认为中国是最容易受到气候变化不利影响的国家之一。

从国际关系角度看，小岛屿国家受气候变化的影响最大，因为整个国家存在被淹没的危险。但这种情况在2020年以前不会发生。2020年前最可能发生的是暴风雨和强台风等极端气候事件的频率和强度增加，造成的人员和物资损失更加严重，由此导致“气候难民”人数上升。据报道，截至2009年，在图瓦卢至少有6000多人因为气候变化已经被迫移民海外，尚在图瓦卢生活的人口还有1万多人。从现在至2020年，最不发达国家所遭遇的“气候难民”问题将吸引国际社会越来越大的关注。现任联合国秘书长潘基文已发出呼吁，国际社会应严肃考虑小岛屿国家的整体搬迁问题。到2050年，全球因气候变化导致流离失所的人数在2500万至10亿之间。如此大规模的境内或跨境流动不仅会导致大规模的人道主义灾难，而且会对国际安全带来严重的不稳定因素。由此产生的国际法和国际责任分担问题也将成为国际关系和大国博弈的焦点之一。

关于有无国家从气候变化中受益，在西方一种比较流行的看法是，俄罗斯和加拿大可能是最受益于气候变化的两个大国。气候变暖将使俄罗斯更容易开发西伯利亚和北冰洋海岸蕴藏丰富的石油和天然气。北极水道的通航也将为俄罗斯带来巨大的经济收益。而加拿大则可能因气候变暖更容易开发资源丰富的哈德逊湾。北冰洋航线的开设将使加拿大在地缘政治和经济上处于有利地位。气候变暖还将使加拿大北部地区的农作物生长期延长，用于供热的能源需求下降。当然，气候变暖带来的病虫害蔓延以及对基础设施的负面影响也需要两国采用新的适应技术。[①] 俄罗斯的干旱和大火事件说明，未来气候变化造成的地缘政治影响比中国想象的要复杂得多。在气候变化引发的灾难面前，没有赢家。

目前国内外的研究表明，气候变化不会直接引起国家之间的战争，但气候变化及相关技术可能作为一个倍增器或武器，加剧已有的冲突和战争。在美军《天气——战斗力的倍增器：2025 年拥有天气武器》报告中，明确将气象分析与技术列为重点发展的武器技术之一，并预测其作战力量有望于 2025 年在一个中等范围（200 平方公里）内控制战场天气。可以预见，人工影响战场天气的技术可能会在未来战场中得到应用。[②] 2020 年，气候变化可能通过引发淡水资源短缺、粮食减产、极端气候事件增加和大规模的环境移民，进而削弱国家的治理能力，加剧资源争夺，最后导致国内与国际间的紧张局势和冲突，威胁国际安全。

2007 年 6 月联合国环境署发表了《苏丹：冲突后环境评估》报告，指出苏丹达尔富尔地区的冲突与苏丹的环境破坏密切相关。荒漠化、气候变化和其他环境问题大大地加剧了苏丹干旱地区的贫困。贫困加剧资源短

---

① Kurt M. Campbell, Jay Gulledge, al., "The Age of Consequences: The Foreign Policy and National Security Implications of Global Climate Change", http: //www.csis.org/media/csis/pubs/071105_ageofconsequences.pdf.

② 《人工如何影响天气：气象武器并非危言耸听》，《中国青年报》2010 年 1 月 8 日。

缺和迁徙。对资源的争夺和移民最终导致苏丹达尔富尔地区的冲突。因此，气候变化等环境问题成为达尔富尔冲突的重要潜在因素。① 展望2020年，一个值得高度重视的安全课题是气候变化导致的环境移民对国际安全的影响。

由于全球气候变暖的影响，近年来北极冰川开始加速融化。由此引发有关北极航道和水下资源问题的新一轮激烈的国际竞争。2007年8月2日，俄罗斯在北极海底立下一面钛合金国旗，宣示对北极的主权。俄罗斯此举引起加拿大和美国的不满。加拿大、俄罗斯、美国和丹麦等国已经纷纷加强了在该地区的军事存在，争夺态势愈演愈烈。从现在到2020年，北极航道和水下资源的争夺将对世界地缘政治的发展产生重大影响。

此外，气候变化与恐怖主义的关系也很密切。气候变化导致更多贫困、失业和环境难民，而这正是恐怖主义发展的条件。反恐不如防恐，防止气候变化实际上是在源头上防止恐怖主义的产生和发展。因此，从现在至2020年，气候变化、国家安全和能源依赖将是相互影响的全球性挑战。

二、未来全球气候变化的应对趋势

气候变化问题已成为大国内外战略的重要组成部分，加剧世界气候政治博弈。展望2020年，气候变化问题将受到国际社会持续的关注，气候变化问题在很大程度上将塑造2020年的国际政治。这是因为，今天导致气候变化问题异军突起的关键因素在今后的十年中都将继续存在，甚至有所强化。气候变化议题升温主要是大国和主要国家集团的推动。在欧盟、美国、日本和新兴大国等世界主要力量的视野中，气候变化议题已明显超越环境问题的范畴，向经济和政治问题演变。由于气候变化问题具有典型的全球性，在国际道义上处于显著的地位，各方无不在外交上高举应对气候变化的大旗，力争占据道德高地，扩大国际影响力，彰显负责任大国的形象。

① UNEP, "Sudan Post-Conflict Environmental Assessment", 2011-10-30, http://sudanreport.unep.ch/UNEP_Sudan.pdf.

在各国国内，尽管存在气候变化科学方面的争论，但各方都已将气候变化问题“政治化”，即将应对气候变化作为调整和完善经济发展方式、提升国家竞争力的重要抓手。欧盟已通过立法确定了欧盟低碳经济的发展道路，承诺到2020年将温室气体排放量在1990年的基础上至少减少20%，将可再生清洁能源在总能源消耗中的比例提高到20%。中国则承诺到2020年，单位GDP（国内生产总值）二氧化碳排放将比2005年下降40%～45%，并将其作为约束性指标纳入国民经济和社会发展中长期规划。与此同时，还将采取到2020年使非化石能源占一次能源消费的15%左右，增加森林碳汇，使森林面积比2005年增加4000万公顷，森林蓄积量比2005年增加13亿立方米等减排举措。美国奥巴马政府则提出广受关注的“绿色新政”计划，发誓美国决不做世界第二。种种迹象表明，当前通过应对气候变化以期在未来全球化背景下日趋激烈的国际经济和战略竞争中取得优势，已成为世界各主要大国的一致选择。从现在到2020年，这种角逐和博弈将日趋激烈。

世界大部分发展中国家已完成有局限性的气候适应评估，不少发达国家也已出台全国气候变化适应性计划。2010年11月联合国坎昆气候变化会议（United Nations Climate Change Conference）通过了坎昆适应框架(Cancun Adaptation Framework)，成立了气候变化适应委员会，并出台帮助弱势国家适应气候变化影响的工作方案。[①] 该方案决定到2012年，工业化国家将提供总计300亿美元的快速启动资金来支持发展中国家的气候行动；到2020年，计划每年筹集1000亿美元的长期基金；大会同意建立绿色气候基金，并规定该基金董事会由来自发达国家和发展中国家各十二个成员组成。但坎昆会议的积极成果是有限的，气候变化谈判中存在的主要问题仍然悬而未决。

未来发达国家集团长期占气候政治格局优势地位的趋势很难改变，发展中国家将面临严峻挑战。在华沙气候大会上，中国要求发达国家切实履

① Catherine M. Cooney：“Climate change and infectious Disease：Is the Furture Here?” Enviromental Health perspectives，Vol. 199，No. 9，September 2011.

行《联合国气候变化框架公约》下的义务，向发展中国家提供开展适应行动所需的资金、技术和能力建设。[①] 欧洲和美国面对经济上日益崛起的新兴发展中大国，企图通过提早制订全球减排路线图来限制发展中国家的发展空间，未来发达国家在气候变化领域联手限制新兴发展中国家的压力将越来越强。2011 年 12 月的南非德班协议要求，从 2013 年起执行第二承诺期，确定绿色气候基金为《联合国气候变化框架公约》框架下金融机制的操作实体；确定开始讨论欧盟所提出的 2020 年之后全球减排路线图；成立德班增强行动平台特设工作组，拟将“谈判发达国家减排的京都议定书轨道”和“讨论《联合国气候变化框架公约》下的长期合作轨道”并轨为 2020 年全球减排路线图。如果 2020 年一旦开始严格法律意义上的量化减排，新兴发展中大国将会面临重大压力，尤其是启动 2020 年之后全球减排框架谈判进程的决定给新兴发展中大国提出挑战。[②] 未来在发达国家与发展中国家阵营围绕国际气候变化谈判的较量将日益激烈，前景不容乐观。

三、中国减缓气候变化的努力与成就

作为气候条件复杂、生态脆弱的大国，气候变化对中国的不利影响非常严重。因此，中国积极减缓与适应气候变化，参加国际气候变化谈判及其他全球气候治理，并认真落实相关承诺。

在国内气候治理上，中国政府采取一系列政策和行动，调整产业结构、优化能源结构、节能、提高能效、增加森林碳汇等措施来控制温室气体排放，取得显著成效。[③] 近年来，中国做出的承诺以 2005 年为基础，中国单位国内生产总值能耗下降了 26.4%，节能 9.8 亿吨标准煤，相当于减少二氧化碳的排放 23.5 亿吨以上，碳强度累计下降了 28%。中国的承

---

① 《综述：解读中国首部〈国家适应气候变化战略〉》，新华社，2013 年 11 月 19 日，http://www.gov.cn/jrzg/2013-11/19/content_2530565.htm。

② 于宏源：《德班成果与未来 10 年的中国经济》，《东方早报》2011 年 12 月，http://business.sohu.com/20111212/n328658755.shtml。

③ 《解振华出席应对气候变化高级别论坛 介绍中国预期》，中国网，2013 年 11 月 19 日，http://news.china.com.cn/world/2013-11/19/content_30638231.htm。

诺是到2020年碳强度下降40%～45%，到2013年为止，中国已经下降了28%，非化石能源占一次能源的比重到2012年年底大体上到9.6%，到2015年要达到11.4%，到2020年要达到15%左右。中国的承诺是到2020年森林蓄积量要增加13亿立方米，到2013年实际增加17.23亿立方米，超额完成承诺的目标。①

具体而言，自1992年联合国环境与发展大会以后，中国政府率先组织制定了《中国21世纪议程——中国21世纪人口、环境与发展白皮书》，并从国情出发采取了一系列政策措施，为减缓全球气候变化做出了积极的贡献。②

第一，调整经济结构，推进技术进步，提高能源利用效率。从20世纪80年代后期开始，中国政府更加注重经济增长方式的转变和经济结构的调整，将降低资源和能源消耗、推进清洁生产、防治工业污染作为中国产业政策的重要组成部分，通过实施一系列产业政策，加快第三产业发展，调整第二产业内部结构，使产业结构发生了显著变化。1991—2005年中国以年均5.6%的能源消费增长速度支持了国民经济年均10.2%的增长速度，能源消费弹性系数约为0.55。

第二，发展低碳能源和可再生能源，改善能源结构。通过国家政策引导和资金投入，加强了水能、核能、石油、天然气和煤层气的开发和利用，支持在农村、边远地区和条件适宜地区开发利用生物质能、太阳能、地热、风能等新型可再生能源，使优质清洁能源比重有所提高。在中国一次能源消费构成中，煤炭所占的比重由1990年的76.2%下降到2005年的68.9%，而石油、天然气、水电所占的比重分别由1990年的16.6%、2.1%和5.1%，上升到2005年的21.0%、2.9%和7.2%。

第三，大力开展植树造林，加强生态建设和保护。改革开放以来，随着中国重点林业生态工程的实施，植树造林取得了巨大成绩。据第六次全

① 《解振华出席应对气候变化高级别论坛 介绍中国预期》，中国网，2013年11月19日，http://news.china.com.cn/world/2013-11/19/content_30638231.htm。

② 参见中国国家发展和改革委员会编：《中国应对气候变化国家方案》，2007年6月，http://www.ccchina.gov.cn/WebSite/CCChina/UpFile/File189.pdf。

国森林资源清查，中国人工造林保存面积达到 0.54 亿公顷，蓄积量 15.05 亿立方米，人工林面积居世界第一。全国森林面积达到 17491 万公顷，森林覆盖率从 20 世纪 90 年代初期的 13.92%增加到 2005 年的 18.21%。除植树造林以外，中国还积极实施天然林保护、退耕还林还草、草原建设和管理、自然保护区建设等生态建设与保护政策，进一步增强了林业作为温室气体吸收碳汇的能力。

第四，实施计划生育，有效控制人口增长。通过计划生育，到 2005 年中国累计少出生 3 亿多人口，按照国际能源机构统计的全球人均排放水平估算，仅 2005 年一年就相当于减少二氧化碳排放约 13 亿吨，这是中国对缓解世界人口增长和控制温室气体排放做出的重大贡献。

第五，加强了应对气候变化相关法律、法规和政策措施的制定。2004 年国务院通过了《能源中长期发展规划纲要（2004—2020）》(草案)。2004 年，国家发展和改革委员会发布了中国第一个《节能中长期专项规划》。2005 年 2 月，全国人大常委会审议通过了《中华人民共和国可再生能源法》。2005 年 8 月，国务院下发了《关于做好建设节约型社会近期重点工作的通知》和《关于加快发展循环经济的若干意见》。2005 年 12 月，国务院发布了《关于发布实施〈促进产业结构调整暂行规定〉的决定》和《关于落实科学发展观加强环境保护的决定》。2006 年 8 月，国务院发布了《关于加强节能工作的决定》。2011 年十一届全国人大四次会议审议通过的《国民经济和社会发展第十二个五年规划纲要》(以下简称《纲要》)，明确了“十二五”时期中国经济社会发展的目标任务和总体部署，应对气候变化作为重要内容正式纳入国民经济和社会发展中长期规划。《纲要》将单位 GDP 能源消耗降低 16%、单位 GDP 二氧化碳排放降低 17%、非化石能源占一次能源消费比重达到 11.4%作为约束性指标，明确了未来五年中国应对气候变化的目标任务和政策导向，提出了控制温室气体排放、适应气候变化影响、加强应对气候变化国际合作等重点任务。[①] 中国

① 国家发展和改革委员会：《中国应对气候变化的政策与行动 2012 年度报告》，2012 年 12 月，http：//www.ccchina.gov.cn/WebSite/CCChina/UpFile/File1323.pdf。

国务院印发了《“十二五”控制温室气体排放工作方案》《“十二五”节能减排综合性工作方案》等一系列重要政策文件，为进一步增强中国应对气候变化的能力提供了政策和法律保障。

第六，进一步完善了相关体制和机构建设。中国政府成立了共有十七个部门组成的国家气候变化对策协调机构，在研究、制定和协调有关气候变化的政策等领域开展了多方面的工作，为中央政府各部门和地方政府应对气候变化问题提供了指导。为切实履行中国政府对《气候公约》的承诺，从2001年开始，国家气候变化对策协调机构组织了《中华人民共和国气候变化初始国家信息通报》的编写工作，并于2004年底向《气候公约》第十次缔约方大会正式提交了该报告。近年来，中国政府还不断加强了与应对气候变化紧密相关的能源综合管理，成立了国家能源领导小组及其办公室。2005年10月，中国政府有关部门颁布了经修订后的《清洁发展机制项目运行管理办法》。

第七，高度重视气候变化研究及能力建设。中国政府组织实施了国家重大科技项目“全球气候变化预测、影响和对策研究”“全球气候变化与环境政策研究”等，开展了国家攀登计划和国家重点基础研究发展计划项目“中国重大气候和天气灾害形成机理与预测理论研究”“中国陆地生态系统碳循环及其驱动机制研究”等研究工作，完成了“中国陆地和近海生态系统碳收支研究”等知识创新工程重大项目，开展了“中国气候与海平面变化及其趋势和影响的研究”等重大项目研究，并组织编写了《气候变化国家评估报告》，为国家制定应对全球气候变化政策和参加《气候公约》谈判提供了科学依据。中国政府有关部门还开展了一些有关清洁发展机制能力建设的国际合作项目。

第八，加大气候变化教育与宣传力度。中国政府一直重视环境与气候变化领域的教育、宣传与公众意识的提高。在《中国21世纪初可持续发展行动纲要》中明确提出：积极发展各级各类教育，提高全民可持续发展意识；强化人力资源开发，提高公众参与可持续发展的科学文化素质。近年来，中国加大了气候变化问题的宣传和教育力度，开展了多种形式的有关气候变化的知识讲座和报告会，举办了多期中央及省级决策者气候变化培训班，召开了“气候变化与生态环境”等大型研讨会，开通了全方位提供气候变化信息的中英文双语政府网站“中国气候变化信息网”等，取得了较好的效果。

此外，中国注重利用多边平台积极参加全球气候治理。例如，参与联合国可持续发展大会、“经济大国能源与气候论坛”领导人代表会议、彼得斯堡气候变化部长级对话会、多哈会议部长级预备会、政府间气候变化专门委员会以及国际民航、国际海事组织会议等系列国际磋商和交流活动；参与“全球清洁炉灶联盟”“全球甲烷倡议”“全球农业温室气体研究联盟”“全球碳捕集和封存研究院”等相关国家发展期的公约外应对气候变化务实行动倡议及相关国际机制，从多方面推动公约主渠道的谈判取得进展。①

中国积极开展与发展中国家和发达国家的气候外交。例如，加强“基础四国”磋商机制，并以“基础四国+”的方式，与其他发展中国家开展对话与交流，积极维护发展中国家的利益；积极推动应对气候变化南南合作，已与埃塞俄比亚、格林纳达、尼日利亚、马达加斯加以及贝宁等国签署《应对气候变化物资赠送的谅解备忘录》，向其赠送节能低碳产品；成功举办八期发展中国家应对气候变化研修班，共培训来自 81 个国家的三百多名政府官员和技术人员。科技部举办了十三个面向发展中国家的、与应对气候变化直接相关的国际培训班。国家海洋局设立了“南海及周边海洋国际合作框架计划（2011—2015）”，将“海洋与气候变化”“海洋防灾减灾”列为主要资助领域，联合周边国家开展了“中印尼热带东南印度洋海一气相互作用与观测”和“印度洋季风爆发观测研究”项目。国家林业局成功举办了“气候变化框架下毁林与土地退化监测和评估南南合作研讨班”。②

中国保持与美国、欧盟、澳大利亚、日本等发达国家和地区的对话磋商，积极开展与发达国家相关智库的学术交流与对话。国家发展改革委组

①② 参见国家发展和改革委员会《中国应对气候变化的政策与行动 2012 年度报告》，2012 年 12 月，http：//www.ccchina.gov.cn/WebSite/CCChina/UpFile/File1323.pdf。

织召开了中欧、中德、中英、中丹气候变化双边磋商会议。住房城乡建设部与美国、德国、英国、加拿大、丹麦等国有关部门签署了有关建筑节能合作备忘录。交通运输部与德国交通建设和城市规划部联合举办了“中德绿色物流会议”。中国民航局与美国贸发署（TDA）和联邦航空局（FAA）共同举办了“中美民航节能减排高层培训”。①

中国坚持以《联合国气候变化框架公约》和《京都议定书》为基本框架的国际气候制度，积极发挥联合国框架下的气候变化国际谈判的主渠道作用，坚持公平原则、“共同但有区别及各自能力的责任”原则，坚持在可持续发展的框架下应对气候变化，坚持按照公开透明、广泛参与、缔约方主导和协商一致的原则，积极建设性参与谈判，加强与各方的沟通交流，推动气候变化国际谈判取得积极进展。②

从哥本哈根、坎昆、德班到多哈，中国积极参与联合国气候变化谈判，推动诸多共识的达成。2011 年，中国继续积极参与联合国进程下的气候变化国际谈判，全面参与南非德班会议的谈判与磋商，坚持维护谈判进程的公开透明、广泛参与和协商一致，以认真、负责、开放、务实的姿态，为德班会议最终取得一揽子平衡成果、确保谈判沿正轨前进做出了重要贡献。在中国等广大发展中国家的努力下，德班会议继续按照巴厘路线图授权推进公约和议定书的实施，在哥本哈根会议和坎昆会议的基础上取得了重要成果。

在 2013 年 11 月的华沙气候变化谈判进程中，中国以立场相似国家集团、基础四国等为依托开展气候外交，敦促大会回应资金等发展中国家关切。③ 在华沙气候大会上，中国代表团举办了“应对气候变化高级别论坛”，公布了中国首部《国家适应气候变化战略》。该战略指出，中国政府重视适应气候变化问题，结合国民经济和社会发展规划，采取了一系列政策和措施，取得了积极成效，但也存在一定问题，包括适应工作保障体系

①② 参见国家发展和改革委员会《中国应对气候变化的政策与行动 2012 年度报告》，2012 年 12 月，http：//www.ccchina.gov.cn/WebSite/CCChina/UpFile/File1323.pdf。

③ 《华沙谈判：中国场内场外释放正能量》，《文汇报》2013 年 11 月 24 日，http：//wenhui.news365.com.cn/ewenhui/whb/html/2013-11/24/content_6.htm。

尚未形成、基础设施建设不能满足适应要求、敏感脆弱领域的适应能力有待提升、生态系统保护措施亟待加强等。

该战略提出在参与全球气候治理中提高中国本身的气候治理水平。截至2020年，中国适应气候变化的主要目标是：适应能力显著增强，重点任务全面落实，适应区域格局基本形成。为实现该目标，中国需要加强适应气候变化国际合作，积极引导和参与全球性、区域性合作和国际规则设计，构建信息交流和国际合作平台，开展典型案例研究，与各方开展多渠道、多层次、多样化的合作；引导和支持国内外企业和民间机构间的适应合作，鼓励中方人员到国际适应气候变化相关机构中任职；[①] 积极参与公约内外资金机制及其他国际组织的项目合作，充分利用各种国际资金开展适应行动；提出要通过国际技术开发和转让机制，推动关键适应技术的研发，在引进、消化、吸收基础上鼓励自主创新，促进中国适应技术的进步。此外，中国还要综合运用能力建设、联合研发、扶贫开发等方式，与其他发展中国家深入开展适应技术和经验交流，在农业生产、荒漠化治理、水资源综合管理、气象与海洋灾害监测预警预报、有害生物监测与防治、生物多样性保护、海岸带保护和防灾减灾等领域广泛开展“南南合作”。[②]

①② 《综述：解读中国首部〈国家适应气候变化战略〉》，新华社，2013年11月19日，http://www.gov.cn/jrzg/2013-11/19/content_2530565.htm。

第二章

主权国家与全球治理

- 主权国家的全球治理
- 美国与全球治理
- 发达国家与全球治理
- 新兴大国与全球治理
- 沙特阿拉伯与全球治理

第二章
主权国家与全球治理

全球治理的主体有三类：一是主权国家，二是政府间国际组织，三是非政府国际组织。相应的，全球治理有三种不同的模式：一是以主权国家为中心的治理模式，主权国家在彼此关注的领域，在平衡共同利益和国家利益后，通过协商、谈判，共同处理问题，进而产生一系列国际协议或规制；二是有限治理模式，即政府间国际组织针对特定的领域（如经济、环境、安全、生态等）开展活动，为相关成员国搭建通过对话与合作谋求共同利益的平台；三是以非政府组织为主导的治理模式，主要是针对特定问题，在信任和互利的基础上，促进不同目标与偏好的行动者之间的合作。无论哪一种治理模式，都离不开主权国家的参与。主权国家在全球治理过程中占有核心地位，是推动全球治理取得成效的关键力量，有着不可替代的作用。不同国家各有关注的核心问题，因而有各自不同的全球治理主张和行动。本章讨论主权国家的全球治理，较为直接地呈现有代表性的发达国家及新兴经济体国家全球治理的理念、方式和问题。

第一节　主权国家的全球治理

一、主权国家全球治理的特点

主权国家仍然是当代国际关系的主要行为主体，只有在主权国家的主导下，才能形成有效的全球治理体系，应对日益增多的全球公共问题。主权国家的全球治理表现出以下几个特点。

（一）“一超多强”的治理格局正在发生改变

作为全球问题的决策者、组织者和执行者，主权国家是全球治理的关键。主权国家的全球治理观点和全球治理模式取决于各主权国家在国际经济政治格局中的地位和作用。如今，美国、欧盟和新兴经济体是塑造全球治理结构和国际秩序的最重要力量。①

作为当今世界唯一的超级大国，美国不仅是全球最发达的经济体，而且在国际经济与政治中具有霸主地位。因此，美国在全球治理领域的战略、政策及行动对全球治理具有举足轻重的影响。美国全球治理战略是其全球战略的一部分，美国参与全球治理会融入更多的本国需要和目的，核心是维持美国在国际体系中的主导地位，巩固和扩充其霸权基础。在未来全球治理结构的改革过程中，美国仍将发挥重要作用，但是新兴经济体国家的参与和国际体系的变革将使美国推行的霸权治理模式很难实现。

欧洲正试图将其地区治理的先进经验用于塑造新型的世界秩序。通过多年的共同体建设，欧洲已经形成了超越民族国家的共同体，虽然从硬实力上来讲，欧洲国家的经济实力还处于相对弱势，但从软实力的角度看，观念传播和制度建设是欧洲的重要优势，欧洲参与全球治理更关注机制建设。

金融危机发生后，新兴经济体国家逐渐登上全球治理的舞台，尤其以金砖国家为代表，正在国际事务中发挥着越来越重要的作用。作为全球事务管理的初学者，新兴经济体国家在议题设置、人力资源等方面都略显不足，由于其巨大的增长潜力以及广阔的市场，使得其作为新生的力量在全球治理中受到越来越多的关注。

（二）与国际组织、非政府组织的合作加强

在主权国家参与全球治理的过程中，通过与国际组织、非政府组织的

① 秦亚青：《世界格局——国际制度与全球秩序，纪念中国现代国际关系研究院建院30周年》，《现代国际关系》2010年庆典特刊，第10—18页。

合作，渗透全球治理的理念。各主权国家积极参与各种国际组织，力图在各种国际组织中发出自身的声音和利益诉求，通过国际组织与国家内部政策调整相融合，来发展自身的全球治理力度。此外，非政府组织是重要的压力集团、议程的设定者和议题的传播者。非政府组织努力提升环境意识，推动了各国对环境的重视，帮助重建国际文化。另外，有些非政府组织拥有咨询身份，能够与联合国和其他政府机构进行协商，在国际事务中具有重要地位。因此，主权国家的全球治理理念通过与非政府组织合作得以传播。

二、全球治理中国家主权面临的困境

今天世界的一个现实是没有统一的世界政府，这导致国际社会对公共问题的治理困难重重。在国家主权排他性与公共物品不可分割性之间，主权国家在诸多全球问题的处理上力度不足，因此而产生诸多的问题。

（一）公共问题的不可分割与主权排他的矛盾

全球公共物品具有不可分割的特性，无论行为者是否为公共问题承担责任，都享受公共问题对自身产生的积极或消极影响。在全球化的进程中，各国相互依赖、相互渗透，使主权国家成为解决全球问题不可逾越的选择。而主权国家在国家内部具有绝对的行动权利，又不能完全承载世界政治经济中的价值分配，各种公共问题最终又要回归到主权国家的逻辑和框架下，这就形成了公共问题解决与主权国家独立性的矛盾。

（二）国际组织的加强削弱了主权国家的权利

日益增多的不同类型的国际组织一定程度上削弱了主权国家的权利。据不完全统计，1909 年全球共有政府间的国际组织（IGOS）37 个，1989 年 4068 个，2005 年已经增长到 7350 个（见表 2-1）。在全球化的发展过程中，国际组织在全球治理中的地位日益突出，并且发挥了不可替代的作用。比如，联合国作为国际组织，在全球的经济、环境、卫生、气候、教育、卫生、地区冲突、反恐等诸多问题上，对民族国家和地区起到了调查、仲裁、干预的作用。由此看来，虽然国家在自己的领土范围内具有至高无上的权利，但是随着国际组织不断扩张的管辖权和治理权，国家主权已经有一定程度的削弱。

表 2-1　国际组织数量

1909	1951	1962	1970	1981	1989	1992	1996	2000	2005
37	123	163	242	1039	4068	4878	5885	6556	7350

资料来源：Union of International Associations

（三）主权国家全球治理的不均衡性

目前的全球治理是由发达国家主导的，具有不均衡的特点，发达国家以全球治理的名义操纵国际组织，干预不发达国家的内政，而不发达国家也借机利用保护国家主权加以抵制，采取不合作的态度。因此，导致有些全球问题的调解停滞不前。这也恰恰是目前主权国家有效全球治理过程中必须要面对的问题。

三、主权国家参与全球治理的责任

（一）全球治理要体现更多的国家责任

冷战结束以后，出现了越来越多的人类必须共同面对的发展难题。这些难题不仅仅是自然环境的不断恶化，还包括人口膨胀、贫富差距、地区冲突、恐怖主义等问题。这些问题的产生，仅仅靠某一个国家单方面的努力是不可能的，一定要依靠更多国家共同努力才有可能实现。各国民众的生存、各个国家的发展都是紧密联系在一起的，利益的相互依存促使各个国家要有超越国界的视角，合作地去解决一系列全球问题，才有可能带来全球的可持续发展。在全球治理的过程中，主权国家作为道义责任的载体，必须要承担相应的社会责任，建立全球的道德规范，只有具有“协和万邦”的思想，才能通过“仁济天下”的手段与途径实现全球的共同发展。

（二）全球治理中要增进国际合作

全球问题必须全球共同治理，因此单靠某一个国家的力量是不可能解决问题的。加雷特·哈丁著名的《公共用地的悲剧》一文已经表明追求最大化利益的个体为了实现公共利益而采取合作性的集体行动的困难。因此，在全球治理过程中，各国要增进合作，共同建立合作机制，制定相关法律和相关的公共政策。在全球治理中，当国家追求自身利益最大化过程中受到利益损害，而在合作中获得最大利益时，国家间就会逐渐形成共识。通过共识才有可能进一步推动国家间的合作与交流，才有可能在合作中形成更有建树的治理效果。

（三）全球治理中要形成法律保障

在全球治理过程中仅仅依靠软约束是不够的，还需要更多的制度、法律保障相关的约定得以有效实现。目前，在全球治理过程中，《人类环境宣言》《世界保护大纲》《京都议定书》《海洋法公约》《联合国气候变化框架公约》等都是全球治理中重要的约定，对于全球治理加以规范。但是，全球治理的法律制度的完备性还远远不够，在全球公共问题产生过程中，出现很多非故意和非过失的损害行为，使国家应该承担的责任很难界定，或者界定后很难确定损害的赔偿，因此，相关的法律还需进一步完善，才能更有效地推动人类社会的发展。

第二节　美国与全球治理

20 世纪 90 年代，伴随着苏联解体、冷战结束，美国成为世界上唯一的超级大国，也成为迄今为止唯一具有全球行动能力的国家。因此，在当今所有的全球问题的协调中，我们都无法忽视美国的作用。

美国作为全球治理的领导者，在联合国的成立、国际货币基金组织、世界银行的建立等一系列全球治理机构的建设过程中，确实推动了国际自由经济秩序和全球治理机制的建构，为全球治理的合作和稳定提供了必要的公共物品，对全球治理的发展起到了重要的推动作用。当然，也有人认为，美国在全球治理的过程中凭借其霸权地位实行单边主义政策，很多全球性问题的协调，实际上是一种利己的霸权主义。

2008 年金融危机发生后，全球经济、安全、气候等诸多问题已经越发难以处理，以美国为主导的西方国家在全球治理体系下受到了更多的质疑。

一、美国在全球治理中发挥的作用

从历史上看，美国也是一个从殖民主义压迫下解放出来的国家，一贯推崇自由主义，美国参与全球治理的过程中，既表现出其暴力强权的一面，也有文化征服的一面。在反对殖民主义政策扩张的过程中，美国发挥了重要的作用，美西战争①帮助了古巴实现独立，“门户开放”政策曾被认为使中国避免被瓜分②。美国更强调在全球治理过程中将美国扩张传统与时代发展潮流巧妙统一③。

（一）美国在全球治理中的作用

一是范围广阔，几乎涉及全球治理的所有领域。作为全球唯一的超级大国，美国的全球治理几乎涉及了全部领域，看起来无所不包、无所不能。在政治领域中，欧洲一体化的进程离不开美国的参与。在国际经济领域，美国于 1944 年建立了以布雷顿森林体系为主导的多边贸易体系，通过提供投资资本促进国际体系的发展；通过国际货币基金组织、世界银行和关贸总协定三个国际性组织，搭建了全球经济体系治理的框架。在卫生问题上，1999 年美国在其政府文件、国会听证中，都将艾滋病视为关乎国际结构稳定的国际安全问题。时任美国副总统戈尔指出，艾滋病问题

① 1898 年，美国为夺取西班牙属地古巴、波多黎各和菲律宾而发动的战争，是列强重新瓜分殖民地的第一次帝国主义战争。

② 门户开放政策是由美国率先提出来的。它的主要内容是：在整个中国范围，列强都有进行贸易的权利。它的主要精神是利益均沾、机会平等，不论是在哪个列强的势力范围内，不论是否在中国内地或沿海地区都实行这个原则。

③ 夏咸军：《美国对外经济援助——特点、目标和变化》，上海社会科学院 2011 年博士论文。

“过去是地方性的威胁，现在足以拥有区域或全球性后果；过去是暂时的伤害，现在可能成为长期和毁灭性的伤害”①。此后，艾滋病问题受到了全球广泛关注。在反恐斗争中，2002年美国在邻近阿富汗的九个国家里建立了十三处军事基地，从东南欧的保加利亚和土耳其，跨越中亚的乌兹别克斯坦与塔吉克斯坦，再到阿拉伯半岛的科威特和卡塔尔，布满了美国军队，以保障相关国家的安全。②

二是充当领导者。在气候问题上，美国政府领导人更替并没有影响其对气候问题的关注。布什政府在联合国环境与发展大会上，接受了《联合国气候变化框架公约》，为了完成公约义务，在国内制定了《能源政策法》以及针对全球气候问题的全球气候变化国家行动方案③。克林顿政府公布了《气候变化行动方案》，并明确表示希望美国在全球气候治理中发挥领导作用。在日本京都召开的《联合国气候变化框架公约》第三次缔约方大会上，克林顿政府积极参与谈判，签订了《京都议定书》④。在小布什任期内，在美国倡议下，美、中、韩、日、印、澳大利亚六国建立了《亚太清洁发展和气候新伙伴计划》。奥巴马政府更为积极地对待气候问题。2008年奥巴马刚刚上任，就明确表示在总统任期开启美国在全球气候治理中担当领导地位的新篇章。2009年奥巴马在众议院最终以微弱的优势通过了《美国清洁能源与安全法案》，该法案成为了美国历史上第一份对温室气体排放进行限制的法案。从美国对气候问题的治理来看，尽管不同的政府对气候问题的关注不同，但是无一例外表现出其充当领导者的意图。

三是支持非政府组织，推动全球治理。如今，非政府组织已经成为全球治理中的新生力量。美国通过支持非政府组织的发展，参与国际治理过程。自1972年起，美国政府向国际开发署资助的援助项目是由非政府组

---

① 戈尔在联合国安理会的发言，参见联合国安全理事会《第4087次会议逐字记录》，第5页，http：//www. un. org / Chinese / events / HIV / s-pv-4087（resumption）-1. pdf。

② 任毓骏：《美国：借反恐之机 谋全球霸业》，人民网，2002年3月22日。

③ 方案的实际结果并不尽如人意，《能源政策法》随着布什任期的结束而告终。

④ 迫于美国参议院“伯德－哈格尔决议”的压力，克林顿并没有将其交予参议院批准，导致《京都议定书》丧失了对美国的约束力。

织执行的。由于非政府组织有良好的生存和工作环境，使得越来越多的非政府组织积极主动地参与到全球治理中。成立于 2000 年的比尔和梅琳达·盖茨基金会，以专业精神在全球范围参与健康、教育、科研等多个领域。目前，美国的私人基金会、志愿者组织和宗教团体都很发达，这些非政府组织在保证社会有序运转、监督政府、纠正政府错误方面发挥了极其重要的作用。非政府组织在发展援助、国际调研和评估甚至是对外战争等国际事务中影响越来越大。

(二) 美国参与不同领域全球治理的立场

1. 安全领域

美国政府认为大规模杀伤性武器对国家安全存在重大威胁。因此，坚持利用既有的军控和核不扩散体系防止这些武器流向美国所认为的敌对国家或不友好国家。美国推动国际社会达成了无限期延长的《不扩散核武器条约》决议，完成了《全面禁止核试验条约》的签署；利用联合国的裁军会议、不扩散武器条约审议大会和核供应国集团组织对核武器技术、核相关设备以及核武器材料的出口加强了控制。① 另外，对于恐怖主义，美国高度关注对自身具有威胁的国家或组织，并坚决予以打击。

2. 经济领域

在经济领域内，如前文所述，美国推崇自由主义思想，通过主导三大组织，即国际货币基金组织、世界银行和世界贸易组织强化美国主导的国际经济秩序。在全球化过程中，美国既开展多边发展，又注重双边合作。

3. 政治领域

美国强调“民主和平”“人权高于主权”“保护的责任”，希望借此将美国在扩展民主和人权方面的价值观向全球推广，采取赤裸裸的国家干预战略。美国先后出兵索马里、海地、科索沃地区进行军事干涉。

4. 环境领域

为了减少对于石油的依赖，美国高度重视新能源和可再生资源的开

① 刘丰：《美国霸权与全球治理——美国在全球治理中的角色及其困境》，《南开学报》（哲学社会科学版）2012 年第 3 期。

发，增强美国经济的竞争力。对于气候问题，美国一直在声称要担当领导者，但是美国在承担减排责任方面表现不尽如人意，甚至还通过气候议题设置贸易壁垒。

（三）美国参与全球治理的原因

1. 保持经济发展

第二次世界大战结束后，建立开放的自由市场经济体制、扩大海外市场成为美国保持经济繁荣的重要手段。因此，美国主动在全球范围进行大规模的扩张行动，进一步落实富兰克林·罗斯福勾勒出的“战后世界蓝图”。罗斯福通过联合国、国际货币基金组织和世界银行领导世界，通过国际货币体系、金融体系、贸易体系来实现对外经济的发展。

美国通过布雷顿森林体系确立了美元的特殊地位。① 从此，美元成为世界各国外汇的重要储备。但是这就要求美国经济实力足够强大，一旦美国经济衰退该体系就很难维系。20 世纪 70 年代，西方国家迎来了 20 世纪最大的一次经济危机，导致布雷顿森林体系崩溃，国际货币体系发展成为牙买加体系②，但是美元依旧保持其核心位置。

国际贸易体系随着关贸总协定的签订形成了世界多边贸易体制。经过多次谈判，缔约国关税大幅度削减，致使世界贸易额不断大幅度增长。

就金融方面来说，美国作为全球最大的金融国家，金融资本雄厚。为了赚取高额利润，美国通过全球扩张向全球提供资金。同时，在美国国际收支账户上存在大量的逆差，美国要向金融市场大量借贷，也就成为金融

① 布雷顿森林体系的主要内容是：美元与黄金直接挂钩，国际货币基金组织的会员国必须确认美国政府规定的 35 美元等于 1 盎司黄金的法定价格，并协助美国政府维持黄金的官价水平。美国政府承担各国政府或中央银行按黄金官价用美元向美国兑换黄金的义务。在这个体系下，美元获得了“等同于黄金”的特殊地位。

② 布雷顿森林体系崩溃以后，国际货币基金组织于 1972 年 7 月成立一个专门委员会，具体研究国际货币制度的改革问题。委员会于 1974 年 6 月提出一份“国际货币体系改革纲要”，对黄金、汇率、储备资产等问题提出了一些原则性的建议。1976 年 1 月，国际货币基金组织理事会“国际货币制度临时委员会”在牙买加举行会议，讨论国际货币基金协定的条款，签订达成了“牙买加协议”。4 月，国际货币基金组织理事会通过了《IMF 协定第二修正案》，从而形成新的国际货币体系及牙买加体系。牙买加体系的主要内容有：实行浮动汇率制度、推行黄金非货币化、增强特别提款权的作用、增加成员国基金份额、扩大信贷额度，以增加对发展中国家的融资。

市场最大的需求者。在国际贸易中，美元是主要的结算货币，浮动的美元汇率成为引导国际资本流动的杠杆。通过金融市场的发展，美国经济得到了更好的推动。

2. 地缘政治利益

地缘政治即国家所处的地理环境与国际政治的关系。美国在全球治理中不可避免地要考虑其地缘政治利益。以亚太地区为例，作为全球地缘政治力量最为集中的区域，美国关注其在亚太地区巨大的政治、经济、军事和安全利益。能源作为国家经济发展的物质基础，确保石油供应安全成为各国能源安全战略的关键。海湾国家的石油储量占世界总储量的 2/3，出口量约占世界石油出口总量的 44.5%。作为全球最大的石油消费国，中东地区在美国对外战略中的地位是显赫的。沙特拥有全球最大的原油生产能力，伊朗、伊拉克、科威特、阿联酋也是重要的石油供应国，因此，美国从地缘政治利益角度，必须关注这一地区。两次海湾战争、阿富汗战争、伊朗核危机等，都已经明显看出美国为争夺这一地区的主导权而进行的地缘政治争夺。美国通过保持这一地区的石油控制权，满足国内市场的需要，同时通过控制这一资源而维持其世界霸主的地位。

3. 增强美国的“巧实力”

1990 年美国学者约瑟夫·奈①将一国实力分为硬实力（hard power）和软实力（soft power）两部分。他认为，硬实力通常指国家的军事和经济实力，包括领土、人口、军事、科技、经济、自然资源等。软实力则指无形的、抽象的，非物质性的力量，包括文化、价值观、意识形态等方面。② 按照约瑟夫·奈的观点，21 世纪的力量将依赖于有形和无形的这两种力量源泉的结合，但软实力对于一个国家更为重要。这一理论很快被国际社会所接受，成为衡量一国国际地位和国际影响力的重要指标。

2004 年美国学者苏珊尼·诺瑟首先提出了“巧实力”（smart power）

---

① ［美］约瑟夫·奈：《美国注定领导世界？美国权力性质的变迁》，刘华译，中国人民大学出版社 2012 年版。

② 奈后续分析了软实力的来源，包括文化的吸引力、意识形态和价值观念的感召力、制定国际规则和建立国际机制的能力、制定恰当的外交政策能力。

概念，强调要综合运用硬实力和软实力来实现美国外交目标。2007 年美国前副国务卿阿米蒂奇和约瑟夫·奈发表《巧实力战略》研究报告，明确提出美国必须运用“巧实力”战略，聚焦五个重要领域：联盟、伙伴关系和制度，全球发展，公共外交，经济整合，技术与创新。通过运用“巧实力”进行对外战略转型，重振全球领导地位。① 巧实力是一个非常模糊的概念，它所关注的是美国外交手段的改变，希望能够通过投入外交资源和提供更多的国际援助，来获得世界对美国的认可。也就是说，美国是在硬实力的基础上，通过软实力的发挥，运用巧实力的手段，不断地提升美国的国际形象，成为全球治理的领导者。

二、美国参与全球治理的主要方式

美国参与全球治理的方式总体上可以用“大棒＋胡萝卜＋合作”来形容。“大棒”，即采用强制性的手段进行制裁；“胡萝卜”就是采用诱惑或者补偿的方式，通过对外援助对全球问题进行关注；这两种方式更多地体现出的是一种居高临下的霸权主义。随着越来越多的国家和地区走上国际政治经济舞台，美国又不得不以合作方式参与全球治理。

（一）强制性制裁

1. 武力打击

典型的例子是制裁伊拉克。1968 年 7 月革命后至 20 世纪 70 年代初，伊拉克对石油资源进行国有化改革，国外资本基本上退出了对伊拉克石油资源的控制与开发。伊拉克多次通过对石油限产、提价和禁运实现摆脱美国等西方国家的控制，导致美国失去了在世界石油市场上的主动权。西方国家只能通过国际能源组织和节能技术应对世界石油市场的波动。“9·11”事件后，美国把铲除中东的原教旨主义温床、遏制恐怖主义威胁作为自己在中东追求的战略目标。伊拉克作为地区大国、处于中东的中心地带、石油储量位居世界第二的国家，在中东的地缘政治经济中占据重要地

① 夏咸军：《美国对外经济援助——特点、目标和变化》，上海社会科学院 2011 年博士论文。

位。而这个极具地缘政治经济意义的区域，又是反美的地区性强国，对美国来说，伊拉克是其在中东势在必得的地缘国家。2003 年，美国以伊拉克支持恐怖主义、研发大规模杀伤性武器，对美国在中东的利益构成了“潜在威胁”作为理由，绕过联合国安理会，联合英国于 3 月 20 日以伊拉克拥有大规模杀伤性武器为由发动侵略伊拉克的战争。4 月 9 日，美军入侵巴格达。战后的伊拉克满目疮痍。伊拉克战争对美国从中东人手中抢过“石油武器”具有决定性的意义。有了亲美的新伊拉克政权，沙特阿拉伯、伊朗和利比亚将失去决定世界石油价格的重要能力。如果美国能控制世界原油的供应，不仅可以减少美国经济受石油影响的不确定性，而且还可以在这种控制下从世界政治经济中获得巨大的权力与租金，有助于控制未来的竞争者。

2. 经济制裁

1981 年美国认为前苏联对波兰事态的发展负有直接的责任，因而对其采取经济制裁措施，包括中断前苏联航空公司对美国的一切飞行；命令关闭苏联采购委员会；停止签发和延长向前苏联出口电子设备、计算机和其他高级技术器材的许可证；推迟举行新的长期谷物协定的谈判；暂停签订新的美苏海运协定的谈判；向前苏联扩大出口石油和天然气设备将需要得到批准；命令停止签发向前苏联出口设备（其中包括铺管机）的许可证；不延长应于近期续订的美苏之间各项交流协定，其中包括能源、科学和技术协定，并将对其他所有的美苏交流协定进行全面的审查。美国对前苏联的经济制裁长达十年，直至前苏联解体。

3. 援助制裁

美国 2011 年公布的数据显示，从 1995 年朝美签订《日内瓦协议》至 2009 年，美国向朝鲜提供的粮食、能源、药品等援助规模达到 13.1285 亿美元。[①] 除了 2006 年之外，美国每年都向朝鲜提供援助。从援助项目来看，粮食援助达到 7.0815 亿美元（225.8164 万吨），规模最大。直到

---

① Mark E. Manyin and Mary B. *Nikitin*, *Foreign Assistance to North korea*, CRS Report for Congress, June 1, 2011.

2009年朝鲜驱逐了粮食评测监督人员，美国才全面中断了对朝的粮食援助。

（二）对外援助

对外援助是一项常规的对外政策，美国一直以来都是进行对外援助数额最大的国家。以2004年为例，美国对外援助的总额为400亿美元左右，为国民生产总值的0.2%，占联邦预算开支的0.9%。2009年，美国承诺的340亿美元经济援助覆盖184个国家和地区。美国的对外援助涉及军事、人道、经济等诸多方面。美国在对外援助的同时，也换来了有利于自己的国际环境和在全球治理中的有利地位。典型的例子是第二次世界大战结束后美国针对西欧国家实施的马歇尔计划①和冷战结束后美国针对拉美和东欧转轨国家提出的华盛顿共识②。

表2-2　美国对外经济援助额前五名国家

（单位：百万美元，按2009年美元计价）

年　份	1949	1947	2009	2008	2005
对外经济援助	59908	55453	33946	33520	32856
时任总统	杜鲁门	杜鲁门	奥巴马	小布什	小布什

资料来源：Foreign Assistance Data，http：//gbk. eads. usaidallnet. gov/query/do/2011-3-15。转引自：夏咸军：《美国对外经济援助——特点、目标和变化》，上海社会科学院2011年博士论文

奥巴马政府相当重视对外援助在全球治理过程中的使用，将对外援助纳入全球发展的战略框架，将对外援助、气候变化、新能源、医疗保健、教育发展等问题整合在一起，提出了系统的全球发展新战略，具体内容包括以下方面③：

一是反贫困倡议。具体措施包括：承诺增加一倍对外援助资金，在

① 马歇尔计划是第二次世界大战后美国对被战争破坏的西欧各国进行经济援助和协助重建的计划，对欧洲国家的发展和世界格局产生了深远的影响。

② 华盛顿共识包括十个方面内容：加强财政纪律，压缩财政赤字，降低通货膨胀率，稳定宏观经济形势；把政府开支的重点转向经济效益高的领域和有利于改善收入分配的领域（如文教卫生和基础设施）；开展税制改革，降低边际税率，扩大税基；实施利率市场化；采用一种具有竞争力的汇率制度；实施贸易自由化，开放市场；放松对外资的限制；对国有企业实施私有化；放松政府的管制；保护私人财产权。通过华盛顿共识，美国将其推崇的新自由主义带到了几十个发展中国家，也就此把它们整合到美国主导的国际经济体系中。

③ 孙哲：《美国霸权的发展维度》，《世界经济与政治》2009年第11期，第57页。

2012年达到500亿美元水平；配合千年发展目标，美国协助联合国和其他国际组织，争取在2015年将全球贫困人口减半；进一步发挥二十国集团（G20）的作用，协调各大国在全球贫困问题上推出新的行动方案；同时主张各国要加大反腐败力度，提高集体运作效率。

二是全球能源及环保计划。希望能够建立一个“新兴市场能源基金（Emerging Market Energy Fund）”，加速创建全球共享、实时定位的环保监测系统，确保每个国家都能预测气候变化产生的影响，应对全球气候变化挑战。

三是倡议建立全球医疗体系，使更多的发展中国家人民受益。奥巴马要求美国加大对全球医疗保健基础设施的投资，包括创立培训和教育医疗保健人员的医保体系。

四是提议增加对全球教育的投资。倡议建立一个20亿美元的全球教育基金（Global Education Fund），同时敦促世界银行通过特别程序来落实这笔资金。

五是继续免除贫困国家的债务。奥巴马上任后提议免除十八个最贫穷国家（大部分在非洲）所欠世界银行、国际货币基金组织及其他国际贷款机构的400亿美元债务。

（三）主动合作

为了形成美国经济新的增长源，推动经济长期有效的发展，美国尤为关注亚太地区。美国总统奥巴马在2009年11月14日宣布，美国将加入泛太平洋战略经济伙伴关系协定（Trans-Pacific Strategic Economic Partnership，简称TPP）。

TPP是在2005年成立的一个小型的多边自贸协定，包括新加坡、新西兰、智利和文莱，这个在亚太经合组织框架下签署的多边自贸协定，关注的是经贸水平和自由度。该协定在成立之初并未受到太多关注，直到美国加入后才受到大家的关注。2011年日本加入TPP谈判。2012年墨西哥、加拿大正式加入TPP。2013年韩国也加入谈判的进程。美方要求的TPP，不仅取消或降低商品的关税，还将涵盖安全标准、竞争政策、技术贸易壁垒、知识产权、动植物卫生检疫、政府采购、争端解决、劳工和环保的规定，标准高，领域广，既能给美国带来就业岗位、促进出口增长，又能保证美国在亚太地区全球问题治理中的主导地位。

三、美国参与全球治理存在的问题

（一）全球治理中体现霸权主义的自由主义思想

美国前国务卿布热津斯基对小布什政府的全球治理有一个形象的比喻："为了保护美国的国家利益，美国必须拥有自由之手：拥有主权的格列佛不能被不中用的小矮子们绑住。"[①] 以美国参与的经济治理为例，无不显示出其国内的自由主义价值观。美国所推崇的自由价值理念，被政治、经济和学术精英们所推崇。美国在金融和技术领域拥有巨大优势，所以，这些领域的"自由贸易"和在其他领域（比如劳工和环境）创建标准的协议使得美国（和其他一些国家）以牺牲他人利益为代价从中获益。而且，美国寻求的不是全面的自由贸易，只是在其存在利益的方面力争实现自由化而已。[②]

（二）参与全球治理的方式视美国利益而定

国家利益仍然是影响美国行为的重要变量。在全球治理过程中，美国在单边和多边的选择中任意摇摆。为防止亚洲金融危机对美国国内产生影响，美国积极推动 G20 的建立。在美国受到金融危机冲击后，为了减轻其国内的经济衰退，减轻美元作为国际货币所受冲击，又再次推动 G20 从全球经济治理的边缘转为核心位置，积极促进多边合作。在危机最为严重的时刻，美国积极推动世界银行、国际货币基金组织的份额改革，但是，随着美国经济的企稳，国际货币基金组织份额的调整又迟迟不予落实。2010 年中国—东盟自贸区正式启动，日、韩、印、新四国与东盟自贸区的谈判也基本完成，美国完全置身事外。然而当美国面临亚太经贸领域被边缘化的危险时，美国开始参加泛太平洋战略经济伙伴关系协定，在亚

① Zbigniew Brzezinski, "The Dilemma of the Last Sovereign", *American Interest*, No. 1, 2005, p. 37.

② 赵晨：《中美欧全球治理观比较研究初探》，《国际政治研究》2012 年第 3 期，第 103 页。

太地区谋求新的主导权。在气候问题的治理上，美国提出的减排目标与全球气候治理的目标不一致，每每涉及最重要的减排问题时，美国总是回避确立明确的减排目标，难以得到国际社会的普遍接受和认可。

（三）国际组织是美国全球治理的工具

美国对国际组织采取的是工具主义态度，能得到相关国际组织的支持最好，一旦无法获得支持，那么国际组织对于美国的约束基本为零。冷战结束后，美国是发动战争最多的国家，处在战争时期是美国的“正常状态”。在军事行动中，如果不需要获得联合国的支持，美国会毫不犹豫地将联合国搁置一旁。阿富汗战争直接由美国中央司令部指挥，战俘也是由美国总统召集的军事委员会进行审讯。

（四）美国经济能力的制约

美国受自身实力的影响，导致在国际事务中的影响力逐渐下降。根据世界银行发布的数据，2000 年美国占世界经济总量的 30%，2010 年降至约 23%，2012 年提高到 25%。总体来看，美国经济实力是一个持续衰落的过程。此时，中国、印度等新兴大国正在崛起，2007 年中国已经成为世界第三大经济体，2010 年跃居世界第二，新兴国家与欧洲、日本一道对美国霸权地位构成了冲击。根据国际货币基金组织的预测，2014 年美国占世界经济比重将进一步下降至 18%，中国上升到 15%，欧盟、日本和印度占世界经济的比重分别为 19%、6%和 6%。此次叙利亚危机发生，美国政府并没有继续一贯的战争冲动，虽然看上去是其外交战略的转变，但也反映了其经济能力的下降。

由于美国自身实力地位的下降和新兴国家力量的持续崛起，它们在全球治理中的力量对比和利益诉求都在发生改变，这也恰恰是美国在全球治理中不容忽视的问题。尽管奥巴马政府试图使用“巧实力”等手段来参与全球治理，改变小布什政府多年来的单边主义做法，但是金融危机以来，美国政府出于自身利益的考虑，还是采取了多种以邻为壑的做法，如强化贸易保护主义、采取量化宽松的货币政策、拒绝接受全球环境治理所制定的减排目标等，使得包括发达国家在内的国际社会对其做法产生质疑。应该说，美国政府对于国际经济、金融秩序的稳定具有不可推卸的大国责任，也是获得国际社会认可的重要基础。而危机之后，美国采取的种种做法，都降低了世界对美国的认可。因此，在未来的发展中，美国政府应更为主动地从全球均衡发展的角度出发参与全球治理。

第三节　发达国家与全球治理

新多边主义认为，全球治理已从国家中心向多中心方向转变，更多地通过国际合作解决全球问题。随着全球治理的推进，不仅仅有国际组织的加入，而且在主权国家中，也改变了过去美国超级霸权的治理模式，转变为多层次网络治理的综合模式。不同层次的国家都在全球治理中发挥着作用。除美国外的发达国家，虽然经济实力无法与美国相媲美，但是在很多国际问题上，仍然希望通过有效的治理，担负更多的大国责任，树立自己的大国形象，与其他国家形成更良好的伙伴关系，获得更多市场机会。

一、欧盟与全球治理①

欧洲是全球治理最坚定的倡导者。欧洲国家对全球治理与欧盟本身的治理相关。欧盟是世界上最具影响力的区域一体化组织，同时也是一个政治与经济的共同体，欧盟在参与全球治理的过程中，往往以统一的声音来维护其成员国的利益。这里将欧盟视为一个超国家治理的先行者，讨论其

① 欧盟是一个非常特殊的自成一体的政治系统，是一个政府间性质的国际组织和准联邦国家的结合体，具有很强的超国家性。因此，在主权国家与全球治理中，应对欧盟进行相应的分析。

在全球治理中的方式、方法与战略。

（一）欧盟的全球治理战略

欧盟参与全球治理的支持者认为，欧盟是多层次全球治理体系的一个重要组成部分，是承担国际体系变革的前驱力量。

1. 从单打独斗到团结一致参与全球治理

在参与全球治理进程之初，欧盟主要成员国都是以单个国家的身份参与全球治理，并将全球治理作为实现和扩展国家利益的契机。[①] 德国希望通过全球治理的平台，提高自身在国际事务中的地位。法国希望成为全球事务的欧洲代言人，以此防范其他大国趁机威胁法国在欧盟的地位。英国希望减慢一体化的进程，利用成员国在全球事务上的分歧削弱欧盟的凝聚力。科索沃战争暴露出欧盟在地区冲突问题上缺乏一致的立场，对国际问题无法形成独立政策。在全球治理过程中，欧盟只能以美国为中心，以跟班的角色发挥其作用。近年来，欧盟成员国认识到，单个国家无法在经济、政治上与美国相抗衡，相互拆台的内耗只会给美国实施霸权主义更好的机会；成员国之间相互依赖，在全球治理中以一个声音发声，才有可能形成与美国抗衡的力量。

2. 主导公益领域治理的进程

欧盟以全球公益领域的治理作为多边合作的突破口，以身作则联合其他国家向国际社会提供公共产品。与美国不同，欧盟在全球环境与气候治理中发挥了重要作用。

在1997年《京都议定书》谈判过程中，欧盟提出削减排放二氧化碳并将自身标准列为工业化国家之首。2001年欧盟部长理事会批准了《京都议定书》，同时鼓励日本、俄罗斯等国家对该议定书做出反应。此后，哥本哈根、坎昆、德班会议在环境与气候方面所取得的成果都没能超过《京都议定书》。应该说，在集体行动存在困难尤其是“搭便车”行为存在的时候，无论是作为超级大国的美国还是其他大国、强国都缺乏提供全球

① 杨娜：《欧盟的全球治理战略》，《南开学报》（哲学社会科学版）2012年第3期，第6—17页。

公共产品的动力。因此，欧盟在环境与气候方面所做出的努力值得肯定。当然，随着欧盟的扩大，由于新增的成员国经济实力相对偏弱，没有能力按照《京都议定书》的标准应对环境问题，因此，一定程度上限制了欧盟在全球环境治理中作用的进一步发挥。

欧盟选择全球环境与气候作为治理的突破口，主要原因有三：一是欧洲作为老牌的西方资本主义国家的发源地，经历了数百年的发展，对生态环境的破坏相当严重，耕地减少、森林缩小、环境恶化、气候变暖等问题严重影响了人类的生存，对环境的治理已经迫在眉睫；二是从全球层面上看，尽管美国一直在声称要领导全球的环境治理，但是几届政府在环境与气候方面的战略并不一致，主动放弃了环境领域的领导权，这给欧盟提供了全球环境治理的主导权，为欧盟树立良好的形象提供了机会；三是欧盟也确实在环境治理方面具有人才和技术优势，多年来环境治理累积的经验以及成熟的专家队伍为欧盟更好地承担环境与气候治理责任起到了积极的作用。

欧盟选择了公众非常关心的公益领域，成为全球环境及气候治理的核心领导，得到了欧洲公众的广泛支持，不仅进一步推动了欧洲一体化的进程，而且增强了欧盟的合法性，将这一分歧最少的政策领域的管辖权从成员国转移到了超国家机构。巩固了其在公益领域治理中的优势地位后，欧盟开始与其他国家和地区进行利益交换，逐渐将其影响力扩展到全球治理的其他“核心领域”。①

3. 以制度建设作为全球治理的主要目标

有研究认为，欧盟是全球最为强调国际法治的地区，它是联合国设立国际刑事法庭最积极的推动者；欧洲通过推广法律援助和培训项目，推动世界各国的法治进程，将制度化作为其推行全球治理的重点。2002 年欧盟委员会在《欧洲治理白皮书》中明确阐述了欧盟对全球治理的理解，“治理的核心不是组织或机构，而在于制度建设”，“治理要在各类制度的基础上运作”，“在实现社会目标和解决可能出现的冲突过程中各个行为主体及其责任，制度是具体的政策、公共政策的过程，或者自发行动”，“欧

① 杨娜：《欧盟的全球治理战略》，《南开学报》（哲学社会科学版）2012 年第 3 期，第 6—17 页。

洲治理的未来是要将欧洲‘善治’经验，推广到全球治理的进程中”。由此可以看出，欧盟参与的全球治理是要将欧盟的制度结构引入国际无政府的世界中。2001—2003 年欧盟密集出台了三份文件、报告，包括《在发展与人道主义事务上与联合国构建有效的伙伴关系》《财政与行政多边框架协议》《欧盟与联合国：多边主义的选择》。文件强调，只有通过制度框架约束相关国家的行为，才能更好地进行全球治理。

4. 逐渐重视与新兴经济体合作建立伙伴关系

2009 年欧盟爆发了主权债务危机。这一场债务危机使欧洲经济遭受巨大冲击，暴露出多边主义合作的诸多弊端。欧盟不得不从国际事务转向关注区域的经济发展。欧盟认识到在全球化的进程中，新兴经济体的地位已经日益突出，欧盟与新兴经济体的相互依赖日益增加，因此，欧盟在全球治理中越发重视与新兴经济体的合作。欧盟领导人巴罗佐等人在联合国大会上多次重申，欧盟强调“有效的多边主义”，强调包括新兴经济体在内的二十国集团是全球治理的重要平台。

（二）欧盟治理的特色

1. 国家意识的统一

欧盟成员国将与经济相关的国家大部分的专属权力，主要包括制定贸易政策、农业政策及制订市场规则和监管市场运行等权力，让渡给欧盟委员会、欧洲议会、欧洲法院等欧盟的超国家机构。随着欧洲经济货币联盟的建立，欧元区各国的货币发行权也交给了欧洲中央银行。这些主动的做法，都需要各个国家在主权意识上统一，才能够保证相关工作有效进行。

2. 制定完整的制度体系

欧盟在发展过程中关注制度体系的建设。由于欧盟是由不同的主权国家构成的，不同主权国家的政府、议会、相关利益集团都会参与到相关事宜的协商中，从而做出有利于欧盟整体发展的相关决定。经过多年的积累，欧盟形成了一套相对完整的制度体系。

3. 形成完备的司法体系

欧盟通过欧洲法院和成员国法院相互配合，形成了一套完备的司法体系，这一法律体系已经深入到欧盟各国的各个角落。目前，欧盟立法大约占所有欧洲国家新增立法的一半。[①]

4. 在治理过程中夹带“私货”，推广欧式民主

新成员入盟须事先接受欧式民主制度，对发展中国家的援助政策附加隐藏的政治条件，以全球治理的名义降低发展中国家对其“输出民主”的警惕性。

（三）欧盟全球治理的制约与挑战

在很大程度上，欧盟治理本身就是全球治理的缩影。欧盟既要对欧盟区内二十八国的事务进行协调，同时还要参与全球事务的治理，难免会受到各种制约。

1. 决策程序复杂，制约了欧盟的全球治理能力

由于欧盟理事会是欧盟的决策机构，在重要议题上采用全体一致的决策方式，成员国之间要经过讨价还价的过程。这种方式影响了欧盟在国际事务中的决策速度，也就极大地制约了欧盟在国际事务上的行动能力。不断扩大的欧盟的内部协调日趋困难。不考虑欧洲地缘优势所形成的文化背景的相似性，最初的六个成员的经济发展水平接近，各方在一些事务的处理上容易达成一致意见。随着成员国数量的不断增加[②]，由于各个成员国经济发展水平不同，各国的利益和立场更容易产生分歧。伊拉克战争曾经造成新老欧洲的分裂，军事打击利比亚的分歧也恶化了成员国之间的关系。另外，欧盟的轮值主席来自不同的主权国家，其所在国对于全球治理的态度对欧盟采取的全球治理行动具有极大的影响。因此，欧盟在对待不同的全球治理问题时，可能采取的态度有所区别，这种不一致性，使国际社会可能对其治理能力丧失信心。

2. 在全球治理与区域治理中的平衡问题

同国家治理一样，欧盟在参与全球治理中，同样面临着局部与全局的

① 赵晨：《中美欧全球治理观比较研究初探》，《国际政治研究》2012年第3期，第91页。

② 2013年7月1日，克罗地亚成为欧盟的第二十八个成员国。

利益平衡问题。欧盟一直倡导 WTO 框架下的自由市场与公平贸易，并实现了单一市场和共同货币，但是，为了保护欧盟的弱势产业，欧盟在国际市场上对某些国家的进口产品依旧设置高关税壁垒，提高产品质量标准，以发展援助为交换，要求受援国降低关税，与欧盟所倡导的法治的全球治理相悖。欧盟在国际组织中的代表权现状是“代表权过大”和“话语权不足”的矛盾。如果按照欧盟的人口、地区代表性等指标计算，欧盟国家的代表权在国际组织中比其他成员国高，但是欧盟又没有在国际组织中形成统一的代表权机制，当欧盟内部存在分歧时，很难在国际事务中以一个声音说话，使欧盟的影响力降低。目前，在世界贸易组织、经合组织中由委员会全权代表欧盟行使职权，但是在联合国大会、联合国安理会、国际货币基金组织、世界银行等机构中仍由各成员国派出代表表决，欧盟只是以观察员的身份参与其中。与此同时，欧盟面对新兴经济体在全球治理中的合理诉求必须要做出回应。在国际货币基金组织中，中国、印度、巴西三国的代表权之和（6.91%）低于意大利、荷兰、比利时三国（7.63%），新兴经济体在国际货币基金组织中的地位与其经济实力不能匹配。作为长期强调建立规则、规范的全球治理机制体系的欧盟，在道义上很难找到合适的理由反对发展中国家的合理要求。欧盟表示支持发展中国家更多参与该组织决策，但对通过份额改革大幅增加发展中国家代表性的建议则持观望态度。欧盟既在推动多边主义的国际法治，又在融入全球治理的良治；同时，在关键问题上又表现出阻碍国际组织有效性和合法性目标的实现。

3. 欧盟的全球治理遇到越来越大的阻力

全球金融危机和欧洲主权债务危机使欧盟经济雪上加霜，欧洲财力受到极大的影响。因此，有反对者认为，欧盟应该把有限的资源用在欧盟内部的治理上，应更多地关注成员国民众福利水平的改善，而不应该在全球治理上投入更多的精力。另外，由于各个成员国经济发展水平不同，对于公益领域治理的关注点也不同，使得由欧盟倡导的气候问题在欧盟范围内的落实停滞不前；从外部来看，欧盟倡导的法治理念及主权让渡等观点与其他国家的认知也存在较大的差别。因此欧盟的全球治理战略正逐渐收缩。[①]

面对新的国际环境，欧盟的全球治理正朝着更加务实的方向转变。一是欧盟虽仍坚持核心理念，但将更注重价值观与现实利益之间的平衡；二是在坚持多边主义原则的同时，将更注重多边主义的“有效性”“功能性”和“互惠性”，并加大对双边伙伴关系及非正式国际机制的构建力度；三是在地缘和议程选择上将更聚焦周边和优势领域。

二、其他发达国家与全球治理

（一）法国与全球治理

由于历史的原因，法国形成了中央集权的王朝特性和以天下为己任的普适主义[②]。1789 年发布的《人权与公民权宣言》中倡导全人类的权利和自由，法国坚信自己肩负着拯救、解放全人类的神圣使命，即使在失去经济霸主地位以后，法国依旧在全球治理的过程中表现出极大的责任感。

1. 在全球治理中以影响和互助为主要手段

法国在全球治理过程中，坚持以民主、人权为原则，表现出更多的大国责任感。法国政府积极支持非政府组织参与全球治理工作。1971 年法国人创建的无国界医生组织（Doctors Without Borders）在巴黎成立，作为全球最大的独立医疗救援组织，非营利地为非洲、战乱地区提供人道援助。作为政府部门参与全球治理的重要补充，法国的非政府组织在人道主义援助及开发援助领域非常活跃。1989 年开始，法国通过法国开发基金向最贫困国家提供资助。1992 年开发基金改为法国开发署，成为政府对外合作机构。作为法国与发展中国家展开合作及开发援助的核心组织，为非洲提供了大量援助，对非洲的城镇发展、基础设施、工业、金融体系、健康、教育体系的建设起到了积极的促进作用。为了达到联合国的“千年

① 杨娜：《欧盟的全球治理战略》，《南开学报》（哲学社会科学版）2012 年第 3 期，第 17—26 页。

② 普适主义是指帝国应当平等地对待不同的人和不同的民族，普适主义原则既代表活力又意味着稳定，是帝国的基本力量之一。

发展目标”，法国开发署还为受援国提供资金援助和优惠贷款。1994年法国成立了全球环境基金，以改善环境、可持续发展为目标，为和保护环境或可持续相关的项目提供援助。除了通过开发署的对外援助外，法国还与欧盟人道主义援助局（ECHO）、联合国难民事务高级专员办事处（HCR）、联合国儿童基金会（Unicef）、世界粮食计划署（PAM）、联合国巴勒斯坦难民救济署（UNRWA）、国际红十字委员会（CICR）等机构密切合作，参与联合国的各类援助活动。与此同时，为了扩大国家的影响力，法国非常注重法语的推广，海外法语教学总署协调世界268个法语学习机构，通过92个国家文化机构，促进法国文化的传播。尽管20世纪90年代以后，法国开始在综合国力上落后于德、日等国家，核力量的重要性也开始减弱，联合国安理会常任理事国的地位受到冲击，但是，法国依旧关心全球问题，促进全球问题的解决，体现大国责任。

2. 坚持独立的全球治理政策

第二次世界大战结束后，美国试图把西方国家置于自己的控制下，这种单边主义与法国的大国雄心相悖，引起了法国人的不满。戴高乐执政期间有一套完整的全球战略：“打破美苏两极格局，推动世界多极化。维护民族独立，力争大国地位。发展独立的核力量，坚持独立防务。对美既联合又独立，对苏既坚定又对话。既联合美国抗衡苏联，又借助苏联制约美国。建立以法德为核心、排除英国、以法国为领导的‘欧洲人的欧洲’。通过‘缓和、谅解、合作’逐步实现‘从大西洋到乌拉尔的欧洲’，最终走出‘雅尔塔’。打着‘独立’的旗号，以‘合作’的名义，扩大在第三世界的势力和影响，保住非洲，插足中东，重返东南亚，打入拉美。”①1966年法国退出了北大西洋公约组织，同时要求美国退出法国领土。1994年卢旺达爆发严重武装冲突。在美国等西方国家置若罔闻的情况下，大多数法国人认为法国肩负使命，支持政府向卢旺达派军执行人道主义干预。作为联合国常任理事国和欧盟的主要国家，法国反对美国的霸权主义。1990年9月25日美英主导联合国制裁委员会对伊拉克实行空中禁运，

① 张锡昌、周剑卿：《战后法国外交史》，世界知识出版社1993年版，第99—100页。

法国在谴责美国无视伊拉克人民的人道需要的情况下，于2000年9月24日允许飞机飞往伊拉克。2003年美国入侵伊拉克，法国公开与美国决裂。尽管2009年法国重返北约组织，但是，法国认为加入北大西洋公约组织将使法国变得更具影响力，法国必将成为北约的“共同领导人”之一。

3. 坚持与欧盟共同治理

法国作为欧洲大陆影响力最大的国家之一，是欧洲建设与一体化进程的创始国与火车头之一，对欧盟的构建及发展起到了重要的推动作用。在法国参与全球治理的过程中，法国经常借助欧盟力量。如在气候与环境问题的治理方面，在法国任欧盟轮值主席国期间，把能源、环境和气候作为优先考虑的问题，建议欧盟成员国以经济为杠杆，降低低能耗住房和清洁能源汽车的税负，推动欧盟环保事业的发展，借以提高法国在全球气候治理中的话语权。2007年法国提出“碳关税”概念，建议欧盟成员国针对未遵守《京都议定书》的国家征收进口税，避免欧盟国家生产的产品遭受不公平竞争。

4. 重视推动新生力量参与国际事务

2008年法国力促欧盟承认中国市场经济地位，积极与中国建立良好的外交关系。2010年法国倡议在G20中增加非洲席位，使非洲能够在国际舞台上拥有更大的发言权。同时法国也为非洲谋求联合国安理会常任理事国席位，帮助非洲能够在全球性事务中发挥更大的作用，并在多种场合表示希望在全球治理中更多地体现发展中国家的发言权。

（二）加拿大与全球治理

加拿大自从第二次世界大战结束以来，尽管有着强烈的参与国际事务的意愿，但是冷战期间两大阵营的对抗制约了加拿大参与国际事务，加拿大被迫在国际问题上追随美国的立场，被强制纳入超级大国的对外战略中，对外政策和行动的独立性受到限制。冷战结束后，加拿大积极参与全球治理，在联合国维和和环境问题上发挥了积极的作用。

作为发达的资本主义国家之一，加拿大是国际货币基金组织、世界银行、世界贸易组织的成员国，是西方农产品的出口国，在世界经济中有重要的影响。加拿大还是七国集团和二十国集团的成员。自联合国成立以来，十二次被选为非常任理事国。作为具有区域和全球影响力的国家，加拿大在全球治理中发挥着重要作用。

1. 充当全球治理的协调者角色

加拿大在全球治理中以妥协为主要特色。由于历史原因，加拿大对民族主义敏感度相对较低，在国际舞台上自然拥有调解和调停的能力和经验，通过扮演调停者的角色，实现了自身价值。在联合国的决议中，一旦美国不方便直接表达自己意见时，加拿大就会自觉地或被授意提出符合美国意愿的提案，来争取其他国家的支持。加拿大一方面具有丰富的国内政治的妥协谈判能力，同时加拿大也愿意承担这样的角色，来协助美国解决问题。加拿大前总理莱斯特·B. 皮尔逊（Lester B. Pearson）成功调解了1956年的苏伊士运河危机，帮助美国实现了地区稳定和削弱英、法等老牌殖民国家的目的。皮尔逊是联合国维和行动的创立者，加拿大也曾一度是为联合国维和行动提供兵员最多的国家。当然，有学者认为，加拿大参加联合国维和行动常常是为了迎合美国的利益。[①]

2. 奉行多边主义的全球治理

1997年，在加拿大的努力下，联合国签署了《禁止杀伤人员地雷公约》。2002年，联合国有关成立国际刑事法庭的谈判中，尽管美国政府强烈批评，加拿大不顾美国的反对仍然坚持立场，认为成立国际刑事法庭是国际事务人道主义非常重要的一部分。2005年，加拿大与法国、中国、巴西结成同盟，签署了《文化多样性公约》，授权国家在文化领域内可采取保护措施，抵制美国倡导的文化服务贸易自由化。分析加拿大的全球治理行动，可以认为加拿大正在由过去试图在美国和发展中国家中寻找平衡点，逐渐转向坚持独立的立场，形成自己的多边主义的全球治理模式。

3. 政府与非政府组织合作共同参与全球治理

除安全议程外，对于国际经济、政治和环境等问题，利益集团和非政

① 赵晨：《国内政治文化与中等强国的全球治理——基于加拿大的考察》，《世界政治与经济》2012年第10期，第80—96页。

府组织都已经广泛参与其中。[1] 加拿大政府对非政府组织持赞同态度，主要考虑非政府组织的参与，增加了政府决策的合法性，同时，将政策的设想外包给非政府组织也降低了财政支出。1997 年签署的《禁止杀伤人员地雷公约》，就是在国际红十字会、美国越战退伍老兵组织、国际禁止地雷运动组织等机构多年呼吁的基础上，加拿大政府与之通力协作，不断宣传地雷对人类安全的威胁，进而向其他国家政府施压，最终获得 122 个联合国成员国同意通过的。另外，加拿大的学者、商人、政客与国际社会联系广泛、协调能力强，能够找到新的议题，也有利于加拿大全球治理的参与。

4. 关注新兴国家参与全球治理

由加拿大前总理保罗·马丁提出，在应对亚洲金融危机基础上发展起来的二十国集团财政部长和央行行长会议成功的基础上，应建立二十国领导人会议。这一倡议在世界金融危机爆发后变为现实，目前的二十国领导人峰会基本上是在马丁的设想下建立的。由加拿大率先提出的建设以主权国家为基础的 G20 对话机制对于新兴经济体参与全球治理起到了重要的推动作用。

（三）日本的全球治理

第二次世界大战以后，日本经过经济、贸易、科技、教育、文化等领域的全球化发展，成为世界上高度发达的国家之一。在全球问题的治理中，由于不具备参与地区安全治理的能力，日本只能参与公共领域的全球治理，发挥局部和有限作用。日本的全球治理有以下几个特点。

1. "大国意识＋战略意识"的全球治理模式

日本经济与地区和世界经济的关系千丝万缕，日本的全球治理模式充满地缘战略意识，追求国家利益、社会繁荣和稳定。为了追求在亚洲的主导地位，日本积极推动、参与亚太经合组织和东盟地区论坛发挥作用，是亚洲发展银行的主要捐资国，并希望借助加入跨太平洋战略经济伙伴关系

[1] 赵晨：《国内政治文化与中等强国的全球治理——基于加拿大的考察》，《世界政治与经济》2012 年第 10 期，第 80—96 页。

协定（TPP）谈判保持其竞争优势。为确保海上航线的安全、扩大与南亚的融合并抑制中国，日本提出与印度建立“战略性全球伙伴关系”，提出与中东国家“建立和平与繁荣的走廊”的设想，还积极争取联合国安理会非常任理事国的地位。凡此种种，无不反映出日本参与全球治理的战略布局和大国意识。

2. 对外援助服务于本国的利益和美国的全球战略

1989—2000 年，日本作为全球最大的对外援助国，为发展中国家提供了大量援助贷款，充分展现了日本作为经济大国的实力。日本的对外援助与欧洲国家有很大的区别，欧洲国家尤其是北欧国家是人道主义的援助，而日本更注重援助的利益回报和战略价值。[①] 日本为了修复与世界的关系，同时促进本国产品的出口，通过对外援助，与其他国家建立友好关系。在第二次世界大战结束后相当长的时间里，东南亚是日本对外援助的主要地区，通过“贸易＋投资＋援助”的援助方式，获得在受援国的经济利益。冷战结束后，对东南亚的援助更加体现了其政治和外交的目的。

20 世纪 70 年代开始，日本对非洲的援助逐渐增加，以消除非洲国家对日本贸易顺差的不满。1979 年，日本成为非洲第一大捐赠国，在非洲获得的援助中占有重要地位。而这一变化的主要原因之一是迫于美国的压力。1993 年东京非洲国际发展会议上日本强调和非洲建立平等合作伙伴关系，标志着日本对非洲的援助开始从具体项目转向了制度设计，成为了国际社会对非援助的领导者。随着和非洲国家关系的修复，日本开始将非洲国家推向世界的对话机制中。2000 年在 G8 峰会上，日本邀请多个非洲国家元首出席。有学者认为这一现象“既有国际环境的制约因素，也有内政方面的考量；既有‘扶贫济困’的人道理念，也有争夺能源、资源的利己算盘；既有满足西方盟友促其加强对非外交的要求的成分，也有与中印

① 周玉渊：《从东南亚到非洲——日本对外援助的政治经济学分析》，《当代亚太》2010 年第 3 期，第 111 页。

等国争夺对非外交制高点的需要”。[①]

3. 在全球环境治理中发挥重要作用

1989年日本外务省发表《外交蓝皮书》，将环境问题提升到战略高度，希望通过环境治理来体现日本对国际社会的责任和贡献，发挥日本的国际影响力，同时将日本的大国意识加以推广。

2005—2009年，在国际开发援助委员会全球环境援助框架下，日本累计投入了20.18亿美元援助资金，占全球环境援助资金的17.8%。日本积极鼓励非政府组织参与全球环境治理。迄今为止，日本共有各类非政府环保组织4532个，这些组织分布在村社和小城市，通过跨国界的活动，参与到区域和全球环境治理合作中，涉及近500个国际环保活动，将日本的环保理念、技术推广到全球。

1997年12月，《联合国气候变化框架公约》缔约方第三次大会在日本京都召开。经过日本积极的斡旋，会议通过了《京都议定书》。这一具有法律约束力的约定，不仅在人类解决环境问题过程中具有重要作用，而且对于日本树立在国际社会的形象、参与全球问题的治理，具有重要的意义。

2010年10月，在联合国气候谈判会议上，日本明确放弃《京都议定书》，并要求建立一个包括发达国家和发展中国家的单轨新框架。坎昆会议上，日本拒绝承诺《京都议定书》第二阶段的任何减排目标。日本应对全球气候变化的立场出现严重倒退的主要原因包括：受到国内经济长期低迷不振的影响；日本在全球治理中也得奉行“美日同盟”的基本原则，当美国退出《京都议定书》以后，日本也不能完全背离美国的主张。

4. 以文化为手段，融入全球治理

日本在参与过程中，积极将文化元素融入全球治理。“动漫外交”成为让世界了解日本、构建日本形象的重要文化载体，提升日本的国际形

① 周玉渊：《从东南亚到非洲——日本对外援助的政治经济学》，《当代亚太》2010年第3期，第107—124页。转引自白如纯、吕耀东：《日本对非政策的演变与发展——以“非洲发展国际会议”为视点》，《日本学刊》2008年第5期，第20页。

象。[①] 通过国际教育交流与合作，培养全球精英对日本的好感。日本每年资助青年学者进行项目研究，在全球建立日语教育机构。此外，日本还积极参与世界文化遗产的保护，通过资助、派遣专家等方式，参与亚洲、非洲等国家的非物质遗产的保护和集成工作，以"文化合作"的方式显现出对世界文化事业的全球治理。

第四节　新兴大国与全球治理

随着亚洲金融危机的结束，新兴经济体[②]逐渐走上了全球治理的舞台。新兴大国[③]的崛起，正在改变西方国家主导全球治理的格局。然而，新兴经济体在公共管理、外交战略以及人才等方面的欠缺，导致新兴经济体在全球治理中的话语权一直未得到充分体现。本节重点讨论新兴大国参与全球治理的现状、特点及未来发展方向。

一、异军突起

（一）新兴经济体群体性崛起

近十余年来，新兴经济体迅速发展，经济规模的世界排名不断提升。

① 姚奇志、胡文涛：《日本文化外交的观念变革与实践创新——以国际形象的构建为中心》，《日本学刊》2009年第5期，第86—97页。

② 新兴经济体是指某一国家或地区经济蓬勃发展，成为新兴的经济实体。目前并没有一个准确的定义。英国《经济学家》将新兴经济体分成两个梯队：第一梯队为金砖国家，第二梯队包括墨西哥、韩国、南非、波兰、土耳其、哈萨克斯坦、埃及、沙特阿拉伯等"新钻"国家。

③ 新兴大国指具有较大国土面积、人口和市场规模较大、经济持续增长、在世界经济中的份额不断攀升并广泛参与地区与全球性事务、具有重要影响的地区性大国。新兴大国是新兴经济体的主要代表。参见宋玉华：《论新兴大国的崛起与现有大国的战略》，《国际问题研究》2004年第6期；杨洁勉：《新兴大国群体在国际体系转型中的战略选择》，《世界经济与政治》2008年第6期。

按照《金砖国家经济社会发展报告（2011）》统计，2000—2009 年十年间，新兴经济体的年均经济增长率超过 6%。其中，中国超过 10%、印度超过 7%、俄罗斯超过 6%，金砖国家整体平均增长率超过 8%，远高于发达国家 2.6%的平均增长率及 4.1%左右的全球平均增长率。按照世界银行统计的数据，2000 年七国集团在全球 GDP 中所占比重达到 66.75%，至 2009 年下降到 53.22%，同期中、印、巴西、俄罗斯、墨西哥和南非六个国家的比重由 9.79%提高到 17.49%。根据国际货币基金组织 2013 年 10 月份的最新预测，2013 年世界经济平均增速为 2.9%，发达国家经济体增速为 1.2%，其中美国 1.6%，欧元区- 0.4%，日本 2%，新兴市场和发展中国家增速 4.5%。国际贸易方面，2011 年中国已经成为全球最大的出口国，占全球出口比重的 10.4%，俄罗斯、巴西成为重要的能源与资源的出口国。外汇储备方面，截至 2011 年 6 月，拥有外汇储备排名中，前十位包括中国、俄罗斯、印度、韩国、巴西五个新兴经济体。中国拥有外汇储备 31975 亿美元，占全球总储备的 42.8%。

新兴经济体在经济迅猛发展的同时，也积极参与全球治理。在多哈回合谈判中，发展中国家充分展现出设定议程和阐明立场的能力。2009 年以来，新兴经济体作为重要的成员，以平等的身份参与二十国首脑峰会，历史上西方国家第一次遭遇非西方国家的整体挑战。在全球治理中，新兴经济体从经济到气候、从打击海盗到防止核扩散等问题上，都拿出了自己的行动方案，发出了更多的新兴经济体的声音。

（二）从边缘到中心

通过联合国、G20 发出自己声音的同时，新兴经济体也在探索建立自己的合作、协商机制。金砖国家领导人峰会就被美国经济学家迈克尔·赫德森认为是迄今为止 21 世纪最重要的会议。

2001 年，美国高盛公司首席经济师吉姆·奥尼尔（Jim O’ Neill）首度提出“金砖国家”（BRIC）概念，并于 2003 年在《与“金砖四国”一起梦想》研究报告中预测，世界经济格局到 2050 年将重新洗牌，“金砖四国”将超越包括英、法、意、德在内的西方发达国家，与美、日一起跻身全球新的六大经济体。高盛报告出台后，中国、印度、俄罗斯、巴西与后来加入的南非，作为新兴经济体领头羊、世界经济增长重要动力和全球治理的新兴力量而受到世界广泛关注，“金砖国家”概念风靡全球。目前，金砖国家国土面积占世界领土面积26%，人口占世界总人口的42%左右。近年来，金砖国家经济总体保持稳定快速增长，成为全球经济增长的引擎。金砖国家国内生产总值约占全球总量的20%，贸易额占全球贸易额的15%，对全球的经济贡献率约50%。①

2009年6月，金砖四国峰会在俄罗斯叶卡捷琳堡举行，讨论推动国际金融机构改革、提高新兴市场发言权、改善国际贸易和投资环境、遏制贸易保护主义等议题，形成了共同的全球治理目标。这是金砖国家的首次峰会。2011年4月，第三届金砖国家峰会在中国海南三亚举行，南非获邀加入并首次出席会议。这次具有里程碑意义的会议，象征着一个新的起点，一个关乎金砖五国辐射带动全球新兴经济体与发展中国家的平台开始出现在国际舞台上。会议就国际形势、国际经济金融问题、发展问题，以及金砖国家的合作深入交换了意见。会议通过的成果文件《三亚宣言》反映了各国领导人对国际金融和发展等领域全球治理的共识，对未来合作进行了规划。

2013年，国际形势继续发生深刻复杂变化，世界经济复苏面临诸多不确定因素，金砖国家在国际事务和全球治理中的地位和作用继续增强。在此背景下，金砖国家领导人第五次会晤3月在南非德班举行。五国领导人就世界经济形势、全球经济治理、金砖国家合作、加强金砖国家与非洲合作及其他国际和地区问题深入交换了看法，达成广泛共识。②

---

① 《背景资料：金融国家》，新华网，2012年3月28日，http：//news.xinhuanet.com/world/2012-03/28/c-111713004.htm。

② 德班会议的成果体现在五个方面：一是就共同关心的重大国际和地区热点问题协调各国立场，支持联合国在应对全球性挑战和威胁方面发挥领导作用；二是决定设立金砖国家开发银行、外汇储备库，宣布成立金砖国家工商理事会和智库理事会，在财金、经贸、科技、卫生、农业、人文等近20个领域形成新的合作行动计划；三是就完善全球经济治理达成新的共识，呼吁改革国际货币金融体系，增加新兴市场和发展中国家的发言权和代表性，特别是加快国际货币基金组织份额和治理结构改革进程，本着公开、透明、择优的原则遴选国际经济金融机构负责人；四是决定继续推动解决全球发展问题，强调要重视低收入国家面临的发展挑战，致力于维护粮食和能源安全、稳定大宗商品价格，支持联合国可持续发展大会成果，重申里约原则以及在消除贫困、实现可持续发展领域的政治承诺；五是推动构建金砖国家与非洲国家的伙伴关系。见《关于金砖国家领导人第五次会晤成果评价》，新华网，2013年3月27日，http：//news.xinhuanet.com/world/2013-03/28/c_115197964.htm。

几年来，金砖国家的合作机制不断完善，初步形成了以领导人会晤为引领，以部长级会议和工作组为支撑，在政治安全、经济发展、务实合作三个领域开展合作的大框架，已发展成为新兴经济体和发展中国家在经济、金融和发展等领域交流和对话的重要平台，成为维护世界和平稳定、带动世界经济增长、加强多边主义、促进全球治理的重要力量。金砖国家还建立了安全事务高级代表会晤、联大外长会晤、常驻多边机构使节非正式会晤机制，在国际事务和全球治理问题上保持密切沟通和协作。

金砖国家合作符合和平、发展、合作的时代潮流，有利于世界经济更加平衡、国际关系更加合理、全球治理更加有效、世界和平更加持久，金砖国家合作将继续向更高水平发展，继续在带动全球经济增长、完善全球经济治理、加强多边主义和国际关系民主化方面发挥建设性作用。

（三）新兴经济体全球治理尚无法取代西方国家

尽管新兴经济体已经在全球治理中发出了声音，但是仍然无法在短时间内超越西方七国。主要有以下原因。

一是新兴经济体内部结构仍存在严重的缺陷。巴西对于自然资源的高度依赖和投资能力不足，是制约其经济增长的主要原因；俄罗斯经济发展对资源也存在着高度的依赖性，因此世界能源价格对其产生重要的影响；印度的服务业和计算机相对发达，但是在基础设施和制造业方面又有明显差距，而且其社会治理中存在诸多问题；中国虽然有巨大的经济总量规模，但是产业结构调整和升级成为中国参与全球治理的制约因素。新兴经济体自身的问题在一定程度上制约了话语权，只有关注内外治理的联动和传导才能更有效地参与全球治理。

二是新兴经济体之间发展不平衡，彼此间存在巨大的差距。在新兴经济体中，有中国、印度、俄罗斯、巴西等第一梯队的超级发展中国家，也有南非、阿根廷、墨西哥和印尼等第二梯队的国家，不同国家的发展水平、发展模式不同，诉求不同，文化背景也不一致，互补性不强，必然影响彼此之间的合作。同时，各个经济体之间还存在相互的竞争。印度除了参加金砖国家领导人峰会以外，还组织了“印度巴西南非对话论坛”（IBSA），作为南方国家加强协作向发达国家施加政治和经济影响力的组织，表达对全球经济治理的不满。

三是西方国家在经济危机的时候，希望得到新兴经济体提振经济的支援以缓解其巨大的衰退压力。一旦衰退压力缓解，就会恢复其霸权面目。新兴经济体与发达国家在竞争与合作中相互支持和适应，应是主权国家全球治理的未来之路。

二、俄罗斯与全球治理

俄罗斯认为，全球性问题的解决有赖于国际社会的进步：防止全球核战争，为人类的发展创造和平环境；消除饥饿、贫困和文盲，缩减发达国家和发展中国家的收入差距；缓解发展中国家人口的快速增长和发达国家的人口减少趋势；预防技术革命的负面影响，确保人力资源需求的发展；防止环境污染，各国必须花费精力保护环境与生物圈，发展替代能源。全球性问题密切相关，孤立的解决方案不可能取得成功。世界各国尤其是大国，不仅要为本国经济繁荣和政治稳定负责，还要为解决全球问题出力，俄罗斯也要积极参与到这一进程中来。[①]

（一）在全球治理中重塑大国形象

作为前苏联的继承者，俄罗斯强调应以大国的身份参与国际事务。《俄罗斯联邦对外政策构想》明确指出，“俄罗斯拥有世界上获得尊重地位的实际能力”。因此，俄罗斯利用安理会常任理事国、八国集团、二十国集团等国际组织和多边渠道的成员国地位，积极参与全球治理。

在政治领域，俄罗斯强调建立自我协调的国际体系，倡导尊重联合国的中心地位，发挥大国的领导作用。俄罗斯支持全球问题要在联合国的主持下继续建立国际标准和规范。

在安全问题上，俄罗斯主张加强安全机制建设，集体预防和解决地区问题。俄罗斯承认伊朗享有和平利用核能源的权利，同时坚决捍卫不扩散核武器的国际制度。俄罗斯积极参与朝鲜半岛的多边外交活动，保持与朝

① 杨雷：《俄罗斯的全球治理战略》，《南开学报》（哲学社会科学版）2012 年第 6 期，第 38—46 页。

韩两国的建设性关系，促进区域经济合作，巩固东北亚地区安全。俄罗斯与美国在打击索马里海盗维护世界安全方面达成了共识，并决定采取联合行动。

在经济问题上，俄罗斯主张联合国、二十国集团，以及三大国际经济组织是全球经济治理体系的三角结构。联合国的最高权威性不容削弱，G20 和三大国际经济组织是参与全球经济治理主要的执行机构。作为 G20 2012—2013 年轮值主席国，俄罗斯向成员国提出积极的、内容丰富的、各国共同关心问题的建议。在圣彼得堡峰会上，俄罗斯继续关注全球经济增长与就业问题，并首次提出加强独立反腐机构建设的构想。

在能源安全问题上，俄罗斯强调在能源市场上要勇于承担责任，维护合作伙伴的声誉，在保障自身经济稳定发展的过程中，促进世界能源市场的平衡发展。俄罗斯将能源问题首次拿到 G20 首脑峰会上进行讨论。

在气候变化问题上，俄罗斯积极参与全球气候的治理，其总体立场是：合作是解决全球气候问题的重要方式，所有的国家都应采取行动，限制温室气体排放；后京都气候制度要在联合国框架下采取行动，一定要严格碳排放配额和对违法者制裁。1999 年 3 月俄罗斯签署了《京都议定书》，2004 年正式批准《京都议定书》。2006 年在八国集团首脑会议上，俄罗斯通过声明呼吁国际社会重视气候变化和环境保护。2009 年俄罗斯政府首次正式承认气候变化已经成为经济社会发展乃至国家安全的严重威胁，承认俄罗斯气候变化对全球气候的重大影响。2010 年坎昆气候大会准备会议上俄罗斯表示，拟在 2020 年前减少 1990 年温室气体排放量的 25%，将能源效率提高 40%。

（二）反对西方国家利用非政府组织对他国事务进行干预

俄罗斯对非政府组织参与的全球治理持反对态度。俄罗斯认为，非政府组织是西方国家对别国事务干预的主要渠道之一。近年来西方国家以“人道主义干预”“人类安全”和“保护的责任”等，干涉主权国家的内部事务，与非政府组织的推波助澜密切相关。《俄罗斯联邦对外政策构想》指出，俄罗斯的任务是“通过以人权公约为基础的建设性国际对话，尊重全世界所有人的权利和自由，利用其他的可能办法，其中包括地区级人权对话，禁止采用双重标准，尊重每一个国家在民主改造过程中的历史特性，不能把舶来的价值体系强加给其他国家”，坚决抵制以人权为名对他国事务进行干涉。

三、印度的全球治理

冷战结束后，印度积极改革开放，成为最具潜力的发展中国家之一。快速的经济增长使印度成为全球治理中的一个日趋活跃的国家。

（一）印度参与各类全球问题的治理

印度试图参与多种全球问题的治理活动。在联合国的全球治理中，印度是联合国开发计划署的最大捐资国之一，在促进性别平等和应对艾滋病方面发挥了重要的作用。[①] 在维和行动方面，印度是向联合国维和行动派出人员最多的五个国家之一。在赢得美国的支持后，印度寻求对联合国安理会的框架进行修正，为印度的领导角色提供制度支撑。在经济方面，印度在G20峰会上强调经济的均衡可持续增长，主张成员国应遵守承诺，对国际金融机构进行改革，对全球金融市场进行有效监管，反对在贸易、服务和金融领域的任何形式的贸易保护主义，呼吁关注发展中国家在全球经济低迷时期的经济发展和稳定，主张全球经济治理应当在充分听取印度、中国和巴西的立场基础上进行决策。此外，印度积极参与国际贸易组织的谈判以及规则的修改，以更好地融入全球经济治理。世界经济新秩序、能源、气候和全球金融组织改革是印度关注的焦点。

（二）在治理过程中充分体现民主理念

印度长期被殖民的历史对其参与全球治理的理念产生了深刻的影响，主要体现为印度更为强调民主的重要性。对于国际冲突问题，印度倡导以和平方式解决。在经济问题上，印度提倡经济自主。在气候问题的治理上，印度主张以平等的人均温室气体排放总量和配额作为环境排放治理的标准，在发展的基础上重视环境的代际平等。

---

① 刘兴华：《印度的全球治理理念》，《南开学报》（哲学社会科学版）2012年第6期，第47—54页。

（三）强调规则

印度始终坚持，参与全球治理，必须从“规则遵守者”（rule-taker）成为“规则制定者”（rule-maker），成为一个“利益攸关者”（stake-holder），而不仅仅是“搭便车者”（free-rider）。[①]

长久以来，印度始终关注自身利益的维护，避免被超级大国践踏主权。因此，在其实施全球治理的过程中，印度在学习和遵守规则的情况下，提出自己的全球主张。作为世界贸易组织争端解决机制中表现活跃的发展中国家之一，通过利用该机制维护印度的贸易权益。由于对现有的贸易规则有诸多不满，而又无法通过一己之力实现其改革，于是印度探索与中国、巴西等国家进行合作，通过增强与发展中国家的协商，来打破西方国家的垄断地位，争取更多的话语权。在多哈回合中，印度充当了发展中国家领导者的角色，在农业补贴问题上与发达国家据理力争。谈判最终成为印度和美国两个国家领导的两个阵营的较量，使得多哈回合谈判陷入僵局，印度也就此被称为“特立独行的国家”“蓄意制造障碍的国家”。

在印度的推动下，2003年WTO通过了《关于TRIPs协议和公共健康的多哈宣言第六段的执行决议》，允许发展中成员国和最不发达成员国在发生公共卫生紧急情况时（比如艾滋病、疟疾等），在未经专利人许可的情况下也可以实行“强制许可”制度，以生产必要的药物。2005年，WTO正式修改其知识产权规则，以符合前述要求。此次有关知识产权的修改也成为在发展中国家的要求下WTO修改知识产权规则的典型案例。[②]

（四）印度将自身定位为全球治理体系中东西关系、南北关系的媒介[③]

印度认为自身是一个极为重要的国家。从地理、历史以及经济社会发

① C. Raja Mohan，“India and the Changing Geopolitics of the Indian Ocean”，*Maritime Affairs*，Vol. 6，No. 2，Winter 2010.

② 刘兴华：《TRIPs与国内知识产权制度改革：中国与印度的比较研究》，《南亚研究》2010年第4期。

③ 刘兴华：《印度的全球治理理念》，《南开学报》（哲学社会科学版）2012年第6期，第47—54页。

展现状等方面看，印度连接着东西方、南北方、发达和发展中国家，印度更应该是一种弥合力量，这种力量，可以充当南北方的纽带，重新构建世界新秩序。印度拥有东方国家的历史文化和价值观，同时受到殖民地的影响，又融入了西方文化，所以能够接受来自西方的价值观，可以避免对西方国家的警惕和敌对态度。作为新兴的发展中国家，能够与发达国家、发展中国家保持良好的沟通，能够被两个世界的国家所接受。对于印度来说，需要利用经济资源、强制力、道德约束和对话等工具来说服不同利益诉求的国家，为本国、为发展中国家在全球治理中获得收益。

案例二　沙特阿拉伯与全球治理

沙特阿拉伯的新兴国家身份虽然存在一定的模糊性，但确定无疑。[①] 沙特之所以能在全球治理中占有一席之地，一是沙特是二十国集团（G20）中唯一的阿拉伯世界成员；二是沙特的多重身份和代表性使其在全球治理中具有特殊而重要的地位；三是沙特丰富的油气资源在全球政治经济中占据特殊而重要的地位；四是沙特巨额的“石油美元”是全球资本和金融市场中不可忽视的因素；五是温和、合作、亲西方的内外政策不仅使沙特保持了在阿拉伯世界的地位和在世界上的良好形象，赢得了美国等西方国家的支持，同时也为沙特参与全球治理奠定了良好的基础，赢得了更大的空间。

① 沙特基本满足了作为新兴国家的所有条件，一是沙特拥有中等国家的领土面积和人口规模；二是沙特拥有较大的经济规模，2011 年的 GDP 总量为 5775 亿美元，排名世界第 20 位；三是沙特经历了长期的高速经济增长和现代化进程；四是沙特经济的市场化和外向型特点明显；五是沙特一直以来都是中东地区和阿拉伯世界极具代表性和影响力的国家。

一、注重在伊斯兰和西方国家间建立均衡关系

第二次世界大战结束以后，面对来自前苏联、阿拉伯国家的威胁，沙特于 1962 年召开了国际伊斯兰会议，成立了世界穆斯林联盟。1970 年成立了伊斯兰会议组织，以泛伊斯兰主义政策来对抗外部威胁，维护沙特的政权和国家安全。与此同时，沙特利用其不断积累的财富开展对外经济援助，扩大了沙特在伊斯兰世界的影响力，确立了沙特在伊斯兰国家的盟主地位。

冷战时期，沙特认为受到了前苏联在中东地区的威胁，因此，十分注重发展与美国和西方国家的关系。在安全防务与经济上，美沙双方结成了相互依赖的关系，以应对前苏联与阿拉伯世界的激进民族主义。尽管在“9・11”事件中美沙关系受到了冲击，但是，由于美沙在石油、安全方面的合作基石没有改变，因此，彼此关系依旧亲密。

沙特一直在泛伊斯兰主义与西方国家之间寻找利益的均衡点，和两个群体保持适度的距离，为沙特无论在政治、经济、国家安全等多个方面赢得了良好的国际环境。

二、沙特参与全球治理的主要原因

沙特积极参与全球治理，基于以下几个方面的考虑。

一是推动国内经济的发展。从数据上看，长期以来石油收入占沙特出口收入的 90%以上，占财政收入的 80%～90%，应该说石油是沙特经济的命脉。但是，对资源的依赖性，也决定了沙特国内经济的脆弱性和不稳定性，国内经济对资源的依附性，决定了在世界经济的格局中，沙特只能是个被动角色。因此，依赖一个稳定的国际市场和世界经济，来维护自身利益，成为沙特参与全球治理的内在动力。

二是国际权利地位的需要。沙特作为全球最大的石油生产国和出口国，在国际能源体系中占有重要地位。而石油成为世界各国经济和社会发展必需的重要能源之一，因此，也就凸显了沙特在国际体系中突出的权力

资源。但是，随着经济技术的发展，国际能源结构发生着重要变化，生产和供应呈多元化的格局，沙特在全球石油权力格局中的地位与作用受到冲击，客观上就要求沙特要巩固自身在世界石油体系与经济体系中的权力地位，进一步突出自身的核心竞争力，利用 G20 等新的全球合作机制积极参与全球经济治理。

三是复合民族主义的理念与政策影响。沙特复合民族主义理念包括阿拉伯民族主义、石油经济民族主义与伊斯兰宗教民族主义三者的交叉融合，这深刻地影响到沙特的政治、经济、社会发展和对外交往。沙特的复合民族主义理念与政策既增强了其国际视野和对外交往的实力地位，也使其在受到发展制约的同时认识到融入全球经济进程对于自身发展的重要意义，为沙特以自主的姿态参与全球经济治理提供了一定保障和动力。①

三、沙特参与区域治理

由于中东地区特殊的宗教、民族特点，沙特首先注重阿拉伯国家的区域治理。1981 年海湾合作委员会成立，该组织包括沙特、科威特、卡塔尔、巴林、阿联酋、阿曼等六个海湾地区国家。沙特作为重要的成员之一，通过海合会对区域经济合作与协调、区域经济问题的应对与解决提供了大力支持。

2007 年以后，虽然海合会中的某些成员国放弃了单一盯住美元的汇率制度，但是沙特坚持本国货币与美元挂钩的政策不变，基本维持了海湾地区盯住美元的汇率制度。虽然沙特的坚持加剧了本国的通货膨胀压力，但保持本地区货币与美元之间的汇率稳定还是有利于海湾货币联盟的建立。

金融危机发生后，沙特依托雄厚的经济实力积极援助海合会其他国家，在对外投资与援助方面部分弥补了海湾其他国家出现的资金缺口。如阿联酋由于受到迪拜债务危机的打击资金流出减少，沙特则增加对外投资。2012 年 12 月，沙特向巴林提供 4.48 亿美元的援助，涉及住房、教育、工程、供水、供电等多个领域。

① 参见邹志强：《G20 成员沙特参与全球经济治理研究》，上海外国语大学 2013 年博士论文。

四、沙特参与全球治理

长期以来，沙特非常重视对外援助，无论自身经济如何波动，沙特始终坚持开展对外援助，在国际社会中塑造良好形象。1974 年沙特成立沙特发展基金（Saudi Fund for Development，SFD），该基金主要为发展中国家提供贷款，并负责监督沙特政府的赠款执行情况。截止到 2013 年 3 月，沙特对外援助金额达 3560 亿里亚尔（约 950 亿美元），涉及 95 个国家、494 个项目。

作为 G20 等全球经济治理机制的重要成员，通过兑现其 4000 亿美元的经济刺激计划，沙特赢得了各国的信任和尊重，为世界市场发展注入了活力。在 2011 年 G20 首脑峰会上，在沙特的推动下，G20 建议在全球范围内建设 11 个大型的基础设施项目，其中包括建设一条连接沙特、约旦、叙利亚、伊拉克四国的铁路项目，项目投资额约 50 亿美元。四国铁路网的建设将加强阿拉伯国家的往来，同时密切与世界的商贸关系。

在 2012 年 G20 议长协商会议上，沙特代表石油生产国特别是海湾国家宣称将与国际社会一道支持能源生产国与消费国之间的对话协商，服务于世界经济发展和能源市场稳定。沙特利用 G20 平台，从自身参与区域经济合作与治理的实践出发为全球经济合作与治理提供有价值的建议，既代表区域经济利益，也反映全球经济利益，正通过自身的实践在二者融合中发挥桥梁纽带作用。

五、沙特参与全球治理的局限

沙特参与全球治理也存在一些局限性。

一是石油经济的对外依赖度高。由于沙特资源禀赋与经济发展的独特性，导致沙特石油经济对国际市场的依赖性非常高，这就决定了沙特在全球经济体系中的影响力以及治理能力受到制约。一旦受到来自消费国的采购冲击，将极大影响沙特的石油收入，财政收入也将受到影响。金融危机发生后，沙特的贸易量受到一定的影响。

二是周边安全牵制沙特的精力。沙特首要的任务还是要维护国家利益，维护其政治制度和王族统治的稳定，因此，周边地区的安全，是沙特在全球治理中不得不关注的问题。

三是对西方国家的依赖。沙特的外交政策重视和西方国家的交往，在贸易、金融、军事安全等方面对美国具有极大的依赖性。沙特是国际体系下霸权依附型国家的典型，很难在国际事务的治理中表现出独立性。

第三章

国际组织与全球治理

- 联合国与全球治理
- IMF、WB、WTO 与全球治理
- 国际能源组织与全球治理
- G8、G20 与全球治理
- 非政府组织与全球治理
- 全球公共卫生治理

在全球治理中，国家并不是唯一的行为体。政府间组织、非政府组织和跨国公司等各类非国家行为体都参与了治理过程。在众多的行为体中，国际组织起着重要的作用。大卫·赫尔德从功能的角度对国际组织进行了分类，认为国际组织主要分为经济、福利、环境和安全四大领域，其中经济领域的国际组织主要包括：国际货币基金组织、世界银行、世界贸易组织、关税合作委员会（CCC）等；福利领域的国际组织主要包括：世界卫生组织（WHO）、世界妇女儿童基金会、联合国教科文组织（UNESCO）等；环境领域的国际组织主要包括：绿色和平组织（Greenpeace）、地球之友（FOEI）、国际科学理事会（ICSU）等；安全领域的国际组织主要包括：禁止化学武器组织（OPCW）、国际法院（ICJ）等。[①] 本章重点对主要政府间国际组织及非政府组织参与全球治理问题进行分析。

第一节　联合国与全球治理

19 世纪末，由于国际交往日益频繁，调整国家关系的要求日益迫切，

① David Held & Anthony McGrew, *Governing Globalization: Power, Authority and Global Governance*, London: Polity Press, 2002, pp. 64 - 65.

国际组织开始出现。1919 年，人类历史上第一个全球性的政府间国际组织——国际联盟成立。其宗旨在于全面裁减军备和平息国际纠纷。但是由于国际联盟未能阻止第二次世界大战的爆发，第二次世界大战后被联合国所取代。1945 年，联合国成立。此后的几十年中，联合国成员国数量不断扩大，目前共有一百九十多个成员国，总部设在美国纽约，是目前世界上最具权威性、广泛性和重要性的国际组织。作为由主权国家组成的国际组织，联合国致力于促进各国在国际法、国际安全、经济发展、社会进步和人权领域的交流与合作。《联合国宪章》为各成员国在政治、经济、军事、文化、社会、健康、公共安全等各个领域的合作提供了行动的准则。

1992 年，联合国专门成立了“全球治理委员会”，并创办了《全球治理》杂志。随着全球贫富差距加大、恐怖主义泛滥、核武器扩散等全球问题不断增多，联合国在全球治理中的核心位置日益突出。如果没有联合国这样的权威性国际组织，全球治理可能比今天更零散、更脆弱。

一、联合国的主要机构及作用

根据《联合国宪章》的规定，联合国设有联合国大会、安全理事会、经济及社会理事会、托管理事会、国际法院和秘书处等六个主要机构。其中，联合国大会是联合国所有成员国参加的主要议事和决策机构，每年 9—12 月举行常会。安全理事会的主要责任是维护世界和平与安全，安理会是唯一有权采取强制行动的联合国机构。经济及社会理事会主要协调联合国有关专门机构和委员会的经济和社会工作。托管理事会负责国际托管领土的相关事宜。国际法院依照国际法解决各国向其提交的法律争端，并就正式认可的联合国机关和专门机构提交的法律问题提供咨询意见。联合国的各项日常工作则由秘书处负责，既要管理维和行动、调停国际争端，又要调查经济和社会发展趋势和问题，也要编写关于人权和可持续发展问题的研究报告等。

联合国的宗旨是维持世界和平，发展国家之间的友好关系，帮助各国共同努力，改善贫困人民的生活，战胜饥饿、疾病和扫除文盲，并鼓励尊重彼此的权利和自由。在全球治理中，联合国所发挥的作用包括：

第一，为成员国通过外交努力、协调发展、促进合作，达成解决全球问题的共识，提供固定的论坛。各个国家往往喜欢通过联合国的平台，申明本国政府的政策和对国际事务的主张。

第二，针对全球性问题，搜集有关经济、人口、社会等问题的数据，为全球治理提供有价值的信息。

第三，构建和完善全球治理的网络。由于全球治理的主体是多元的、多层级的，因此在众多的利益主体之间建立联系并达成共识，全球治理才能发挥最大的作用。联合国为各国政府的互动与合作建立了国际治理网络。

二、联合国全球治理的主要方式

（一）建立国际机制

国际机制是全球治理有效开展的重要途径。联合国积极推动国际机制的创设。

一是以集体安全为目标，创设了维护世界和平和安全的机制，即联合国集体安全机制。联合国在处理地区性冲突事务中发挥着不可替代的重要作用。自 1990 年以来，通过联合国的协调或通过第三方在联合国支助下采取的行动制止了多种冲突，包括塞拉利昂、利比里亚、布隆迪、苏丹和尼泊尔的冲突。研究结果显示，自 20 世纪 90 年代以来，全世界冲突减少 40%。联合国的预防性外交和其他预防性行动，避免了许多战争的发生。①

二是以促进经济和社会发展为主要宗旨。除《联合国宪章》外，20 世纪 60 年代的《社会进步和发展宣言》、70 年代的《建立新的国际经济秩序宣言》、80 年代的《发展权利宣言》、90 年代的《发展纲领》以及 2000 年的《联合国千年宣言》等一系列发展纲要，对促进全球治理起到了积极作用。在经济和社会发展领域，联合国的治理方式以援助为主。1947 年以来，世界银行为发展中国家提供贷款和赠款，并在一百多个国

① 参见《联合国有所作为的 60 种方式》，联合国中文网：http：//www. un. org/zh/un60/60ways/pk. shtml。

家支持了一万一千多个发展项目。联合国儿童基金会在一百五十多个国家从事儿童保护、免疫接种、女童教育和防治艾滋病的工作。

三是以人类可持续发展为重点。在环境方面，联合国于1972年召开了人类历史上第一次关于环境问题的国际会议，会议通过了《人类环境宣言》，标志着联合国开始全面介入世界环境事务。此后的四十余年中，联合国通过了一系列的文件，确立了环境保护的基本原则和规范。在联合国的努力下，成员国签订了《京都议定书》等一系列对全球环境具有重要影响的文件。在人权方面，《联合国宪章》把“促进对于人权和基本自由的掌握”作为宗旨，促进人权保护。1945年成立联合国时，7.5亿人都生活在附属于殖民国家的非自治领土上。联合国为八十多个国家的独立发挥了作用，这些国家现在都已成为主权国家。

（二）建立完善的组织体系

联合国在不同的治理领域内有其比较完善的组织机构进行相关的工作。

一是在裁军方面特设了裁军委员会等机构，为世界裁军提供了开放有效的国际论坛与谈判场所。

二是在经济与社会治理问题上，特设了联合国计划开发署、联合国贸发会议、世界粮食计划署等。

三是在环境方面，联合国于1973年成立了环境规划署，成为全球环境保护的核心组织，此后设立的可持续发展委员会，进一步健全了管理和协调体系。

（三）采取行动实施治理

在安全方面，联合国通过维和行动，为最终解决争端创造条件或者监督落实已经达成的协议。维护国际和平与安全，是《联合国宪章》中阐明的联合国主要使命之一。在执行这一使命的过程中，维和行动是使用得最普遍的方式。

在经济方面，联合国注重发展援助机制，以无偿援助、技术援助为发展中国家的发展提供帮助。中国从1980年开始接受联合国的粮食援助，直到2006年1月世界粮食计划署才宣布停止对华粮食援助。2013年联合国为叙利亚提供额外的粮食援助。①

在人权方面，联合国帮助各成员国履行人权义务，还负责监测条约执行情况，专门设立了“人权热线”，供人权受害者、家属和非政府组织使用。

三、联合国完善全球治理的改革方向

当前，国际关系仍以民族国家为基础单元，并未脱离主权时代。在全球化的过程中，联合国要在充分尊重各国主权和国家利益的基础上，在公共领域问题和国际事务中发挥主导作用，是全球治理对联合国要求的前提。尽管联合国在和平与发展等问题上发挥了积极的作用，但是，联合国的现状显示出改革已经是当务之急。联合国改革已经成为国际社会的共识，关键问题在于怎么改，如何让这样的一个平台更多地体现公平、正义，在促进全球秩序稳定和各国发展的过程中又不失其效率。以下几个方面的问题尤其值得重视。

（一）美国化倾向

联合国很大程度上仍然是一个现实主义利益操纵的平台，在一些公共问题的国际协调上，没能充分发挥其功能。冷战结束后，美国长期奉行单边主义的外交政策，在未经联合国授权的情况下，公然入侵伊拉克，使联合国成为空壳，不但不能实现有效的国际治理，即便是国际协调的功能也不复存在。

目前学界形成的一个共识是，管理世界系统并不需要一个世界政府，只需要在治理世界的范围内有一个有实效的引导机构。这为联合国实现全球治理进一步明确了一个原则，即未来的全球治理应当坚持多样性和统一性的平衡，只有进一步赋予联合国充分的权力，才能更有效地发挥联合国的重要作用。

① 《叙利亚数万民众逃离交战重镇 联合国提供援助》，中新网，2013年2月16日 http://www.chinanews.com/gj/2013/02-16/4565100.shtml。

（二）面临其他国际组织多边对话机制的竞争

在 2008 年金融危机发生时，联合国及相关机构没有迅速做出反应，在危机治理中未能发挥主导作用。二十国集团（G20）被推到了全球经济治理的核心位置，G20 针对危机发生的具体情况迅速作出调整，通过密集的领导人峰会，出台相关措施来加速全球经济的复兴。G20 制定的相关政策由 IMF、WB 加以落实。另外，新兴经济体也在积极地进行多方合作，金砖国家在促进世界经济发展方面正在不断加强合作。虽然这些组织都是非正式的组织，但是它们却在某些问题治理的作用上超过了联合国，在某些领域甚至取代了联合国的位置，对联合国形成了一定的压力。

在未来的发展过程中，联合国一定要关注与其他国际组织、非正式组织的合作，避免边缘化的趋势。随着全球问题的日趋复杂，联合国要以更为开放的态度去接纳新的组织和力量，才能更有效地解决人类经济、文化、社会、福利等一系列问题。

第二节　IMF、WB、WTO 与全球治理

第二次世界大战结束后，西方各国认识到在全球进行大规模国际贸易和金融合作的必要性，因此建立了一系列国际金融和贸易的相关组织。20 世纪 40 年代分别建立了国际货币基金组织、世界银行和关贸总协定。1995 年 1 月 1 日，关贸总协定更名为世界贸易组织。这三大国际组织在全球治理中成为举足轻重的角色，随着经济活动在全球化进程中深入的领域愈加广泛，它们在全球经济治理中的作用越来越突出。

一、国际货币基金组织与全球治理

（一）国际货币基金组织的建立

1944年，联合国赞助的财金会议于美国新罕布什尔州的布雷顿森林举行并签订了成立国际货币基金的协议。1946年5月，国际货币基金组织正式成立，1947年3月1日正式运作。

该组织的宗旨：一是促进国际金融稳定和货币合作，二是推动国际贸易发展，三是促进就业和可持续发展，四是削减贫困。[①] 从具体的架构上来看，国际货币基金组织的最高权力机构为理事会，由各成员国派正、副理事各一名组成，一般由各国财政部长或央行行长担任。每年9月举行一次会议，各理事单独行使本国的投票权，投票权的大小主要根据各国所缴基金份额多少来决定。执行董事会由24名执行董事组成，负责日常工作，行使理事会委托的一切权力。24名执行董事，其中8名由基金份额最大的五个国家（美、日、德、法、英）和另外三个国家（中、俄、沙特）任命，其余16名执行董事由其他成员国分别组成16个选区选举产生。总裁由执行董事推选，负责基金组织的业务工作，执行董事每两年选举一次。

（二）国际货币基金组织的全球治理

国际货币基金组织以特定方式向成员国提供贷款，帮助其调整国际收支平衡，稳定货币关系。在布雷顿森林体系解体以前，在西方国家特别是美国的绝对控制下，国际货币基金组织为西方国家尤其是发达国家的经济利益服务，具有国际垄断的性质。在黄金与美元、各国货币与美元双挂钩的体制下，在一定程度上稳定了各国汇率，保证了国际投资与国际贸易的发展，促进了战后全球经济的恢复。随着科学技术的发展，社会化程度的提高，以及经济全球化的趋势日益加强，国际货币基金组织的经济功能逐步调整，形成了一套促进治理国际经济秩序的规则，对

① 《国际货币基金组织一瞥》，联合国中文网，http：//www. imf. org/external/np/exr/facts/chi/glancec. pdf。

国际经济的治理、扩大国际经济联系、促进世界经济发展均起到积极作用。

1997 年亚洲金融危机从东南亚各国迅速蔓延，国际货币基金组织以稳定外汇为目的，根据遭受金融危机的东南亚各国所提出的资金援助申请，通过谈判达成协议，为东南亚国家提供了贷款。其中，菲律宾、泰国、印尼、韩国从国际货币基金组织获得贷款额度分别为 11 亿、172 亿、400 亿、570 亿美元。国际货币基金组织对菲、泰、韩、印尼的贷款援助，缓解了这些国家在经济领域内的进一步危机，在短时间内对恢复投资者的信心、稳定国内经济发挥了重要作用。

在应对 2008 年爆发的金融危机以及随后发生的欧债危机中，国际货币基金组织实施了一系列的全球经济治理的方法。

1. 改变援助贷款框架

当金融危机和欧债危机发生以后，国际货币基金组织为了鼓励成员国尽快获得危机援助，制定了一系列的策略。它们包括：贷款条件根据借款人的基本面情况设立，对于宏观经济发展前景好的成员国采取了相对灵活的贷款额度，对于低收入国家也增加了援助的力度。为了迅速给借款国援助，国际货币基金组织还简化了贷款流程及期限结构。

2. 增加技术援助的效力

国际货币基金组织建立了专题信托基金，要求受援国缴纳一定的费用，为成员国提供更加个性化的服务，解决受援国的燃眉之急。同时，建立健全了国际货币基金组织技术援助的业绩衡量标准，对技术援助项目的一系列指标和实现效果进行系统追踪。

3. 加强金融市场监督

2009 年，国际货币基金组织执行董事会发表了《监督重点声明》，加强金融市场监管。《声明》将宏观经济与金融联系、风险评估、多边视角及外部稳定和汇率评估作为监督重点。一方面，加强具有系统重要性金融体系成员国的监督，编制金融部门评估规划；另一方面，通过编制各种报告，进行相关工作的评估，主要对重要经济体的政策溢出效应进行评估、对跨国或跨主题的报告进行编制。

4. 增资

金融危机发生以后，国际货币基金组织借助各种渠道弥补资金来源，增强贷款援助能力。2009 年 4 月，二十国集团首脑承诺向国际货币基金组织注入大约 5000 亿美元的额外资金；日、欧等发达国家成员也都先后承诺提高向国际货币基金组织的借款额度；2009 年 7 月国际货币基金组织向其成员国及其中央银行发行 1500 亿美元债券。截至 2012 年 4 月，国际货币基金组织已经获得成员国增资总额超过 4300 亿美元，这些新增资金为应对金融危机和欧债危机提供了支撑。

国际货币基金组织运行了六十多年，已经大大超出了原有设计的初衷，在世界经济和跨国政策的协调中一直发挥着举足轻重的作用。然而，由于国际货币基金组织的影响力和治理能力主要借助条件性博弈施加——即对借款国家的附加条款，就难免带有政治主观性和价值判断色彩，造成在应对全球治理的问题上，常常将政治意识附加于经济援助，因此其治理的规范化问题，一直是备受国际关系学界争议的领域。

（三）国际货币基金组织存在的问题及未来发展

随着经济及金融全球化的发展，国际货币基金组织在加强各国经济合作、应对金融危机、稳定国际金融秩序和管理国际资本流动中，已经越来越力不从心。作为历史的产物，国际货币基金组织仅仅是某些发达国家推行货币霸权的机构，它已经受到越来越大的争议，面临着一些亟待解决的问题。

1. 决策机制问题

国际货币基金组织的决策机制应关注其份额配给与投票表决两个方面。份额的大小与投票权的大小成正比，然而投票权的大小又决定了各成员国对于包括份额的调整、特别提款权（SDR）的分配、协定修正等重大决议的影响能力。其中份额是各个成员国在加入国际货币基金组织时认缴的资金，相当于企业组织运营的股本。每个成员国的份额由国际货币基金组织的份额计算公式得出，主要由成员国国内生产总值、储备余额、进出口变化额，以及出口额占国内生产总值的比例等因素决定。份额的计算非常重要，不仅显示成员国在组织中的地位，同时与成员国的利益相关。第一，与成员国获得的最高贷款限额相关。各成员国根据预备信贷和中期贷款安排向组织的借款累计不得超过其份额的300%。第二，与各成员国投票权相关。国际货币基金组织决策的一种方式就是投票表决。投票表决是在加权表决的基础上以多少票原则基础上的表决，包括51%简单多数、70%特别多数和85%特别多数三种比例通过，其中重大问题必须获得85%以上的特别多数票。根据1978年修订的《国际货币基金组织协定》，共有53项事件需要使用多数票制度进行表决。但是从国际货币基金组织份额决定的投票权比重来看（见表3-1），美国拥有表决权16.77%，日本6%，德国5.88%，也就是说美国在很多重大问题上具有一票否决权。从其决策机制上可以看出，国际货币基金组织的决策很容易受到一些国家的操纵，对国际货币基金组织公正、公平、有效地进行全球治理具有一定的阻碍作用，无法充分发挥应有的作用。

表3-1 IMF主要成员国投票权所占比重 （%）

国　家	美国	日本	德国	英国	法国	中国	韩国	墨西哥	土耳其
投票权比重	16.77	6	5.88	4.86	4.86	3.66	1.35	1.45	0.55

2. 干涉他国金融主权

从借款申请程序上看，各借款国在向国际货币基金组织提交贷款申请时，要将本国的经济信息提供给它，经其分析以后，会向借款国交出一份经济改革方案，作为借款的前置条件。也就是说，借款国只有先答应国际货币基金组织提出的条件，基金组织才可能向借款国伸出援手。从理论上说，国际货币基金组织出于对借款国的帮助，为其提供相应的危机治理方案，是一种标本兼治的做法。但是，往往在方案中要求借款国让渡出受援国国家危机治理的大部分主权，有可能出现国内金融秩序混乱的恶果。1997年亚洲金融危机发生后，韩国向国际货币基金组织提出贷款申请，国际货币基金组织要求韩国将国内利率提高到40%。韩国为了获得贷款渡过危机，被迫接受相关条件，导致韩国七个月内2.5万个企业倒闭，

110家金融机构倒闭，2000万的劳动力中10%失业。更为严重的是，外国资本借此机会控制了韩国的金融体系。其中，美国新桥银行购买了韩国第一银行，英国汇丰银行收购了韩国首尔银行。外国人在韩国企业的持股比例从20世纪90年代中期的10%到2004年增加到44%，是世界平均水平的两倍，2008年之前韩国银行业外国人持股高达73%，基本上已经属于外国人的银行，这样的情况在世界上比较少见。因此，国际货币基金组织在制定受援国的经济改革方案过程中，并没有从受援国的本土实际情况出发，而是通过硬性的主权干涉，往往加深了受援国的危机。

3. 不能平等对待受援国

1994年12月墨西哥发生金融危机后，国际货币基金组织迅速反应，在得到墨西哥政府有关宏观经济复苏的承诺后，不到半个月的时间内向墨西哥提供了400亿美元的银行担保和478亿美元的贷款援助，其中国际货币基金组织为墨西哥提供了178亿美元的贷款，占贷款份额的37%。由于措施的快速有力，墨西哥很快稳定了国内的金融秩序，大大缓解了经济危机。三年后，泰国发生了经济危机。起初，危机仅仅对泰国产生影响，对西方国家影响不显著，国际货币基金组织未给予足够的重视。一个月后，危机波及东南亚地区，国际货币基金组织才在东京召开援助会议。经过协商，国际社会为泰国提供了160亿美元贷款，其中40亿美元来自国际货币基金组织，占全部贷款的25%，120亿援助贷款来自亚洲其他国家和地区。

作为两个发展中国家，泰国和墨西哥得到国际货币基金组织的援助完全不同。作为美国重要的贸易伙伴，墨西哥的经济发展对美国会产生重要影响，但是泰国无足轻重，一定程度上在国际货币基金组织的援助过程中，受重视程度有所不同。

此外，欧债危机发生后，国际货币基金组织在给希腊提供贷款援助时并未提出苛刻条件，并且先后向其提供了多批次的援助贷款。回顾20世纪90年代的亚洲金融危机，亚洲各国获得总额超过1100亿美元贷款的前提，则附有极为苛刻的条件。

随着世界格局的变化，新兴市场国家的地位不断提高，发达国家在金融危机中要依靠新兴国家来摆脱危机，但是新兴经济体在国际货币基金组织中并没有获得与其经济相适应的地位，没有更多的投票权，长此以往，只能降低国际货币基金组织在全球经济治理过程中的地位，其职能运作大打折扣。因此，国际货币基金组织的改革势在必行。

一是改革决策机制。2010 年二十国集团财长和央行行长会上通过的国际货币基金组织份额改革方案，是国际货币基金组织改革的重要信号。该方案承诺，发达国家将向新兴市场和发展中国家转移超过 6％的国际货币基金组织份额。改革后，中国所持有份额从 3.72％升至 6.39％，投票权也将从 3.65％升至 6.07％，中国在国际货币基金组织中的份额跃居全球第三。新兴国家中，韩国、巴西、俄罗斯、印度、土耳其等国的份额也有所增加。这一改革方案，将加强新兴国家在国际货币基金组织，甚至是全球经济治理中的重要作用。尽管上述改革方案时至今日还未落实，但是，可以看到国际货币基金组织多年受争议的决策机制的改革已经提到日程上来，国际货币基金组织试图改变大国控制机构的局面，将取信于绝大多数国家，在今后的国际经济合作和协调中发挥重大作用。

二是通过信息公开，加强监管。近年来频发的金融危机要求国际货币基金组织必须加强金融监管。国际货币基金组织应加快在日常监督工作中对成员国金融信息的监管，要求成员国充分公开信息，以更有效地提高对风险信号的敏感度。国际货币基金组织应要求各国中央银行提供本国资本流通详细的信息，控制不利于资源配置的资本流动和大规模的投机性资本流动，通过对国际资本流动的严格监管，密切关注金融市场的动向，及时披露真实的金融信息。

二、世界银行与全球治理

（一）世界银行的建立

1945 年 12 月 27 日，世界银行成立。作为联合国的专门机构，世界银行与国际货币基金组织相互配合，为全球日益密切的金融往来提供相应的服务。国际货币基金组织以国际货币事务为主要业务，为成员国提供解决国际收支暂时不平衡的短期外汇资金，以消除外汇管制，促进汇率稳定和国际贸易的扩大。世界银行则主要负责经济的复兴和发展，向各成员国提供发展经济的中长期贷款。也就是说，国际货币基金组织主要以短期业务为主，以应急为中心，而世界银行更多地关注成员国中长期的发展问题。

国际复兴开发银行、国际开发协会、国际金融公司、多边投资担保机构和解决投资争端国际中心五个成员机构共同组成世界银行集团。其中，日常提到的世界银行仅指国际复兴开发银行（IBRD）和国际开发协会（IDA）。这五个机构分别侧重于不同的发展领域，协力实现减轻贫困的最终目标。

世界银行在成立之初，主要是以资助西欧国家恢复经济为主。1948年后，世界银行转向以为发展中国家提供中长期贷款与投资，促进发展中国家经济和社会发展为主要服务内容，为发展中国家的农业及农村建设、工业设施及环境保护、基础设施建设、教育、医疗等领域提供贷款。世界银行主要通过协助会员国的复兴与开发，实现较不发达国家生产与资源的开发；利用担保或参与私人贷款和投资的方式，来促进会员国的对外投资；以鼓励国际投资，开发成员国的生产资源来促进国际贸易的发展，维持国际收支水平；在提供贷款保证时，和其他国际贷款相互配合。

迄今为止，世界银行有 186 个成员国家。世界银行集团的所有组织都由一个由 24 个成员组成的董事会领导，每个董事代表一个国家或一群国家。董事由该国或国家群任命。

理事会作为世界银行最高的权力机构，每年举行一次会议。主要负责批准接纳新会员国，增加或减少银行资本，停止会员国资格，决定银行净收入的分配，以及其他重大问题等工作。由每一个成员政府选派一名理事和副理事，参与世界银行的决策。

世界银行的日常业务管理机构是执行董事会，行使由理事会授予的职权。执行董事会由 24 名执行董事组成。按照拥有世界银行的股金多少，来决定执行董事会的成员。其中 5 人由持有股金较多的美国、日本、英国、德国和法国委派。另外，中国、俄罗斯、沙特阿拉伯三个国家可单独选派 1 名执行董事，其余 16 人由其他会员国的理事按地区分组选举。

虽然世界银行的大多数成员国是发展中国家，但它主要受发达国家控制。在2010年4月25日世界银行通过的改革方案中，发达国家向发展中国家转移了世行3.13%的投票权，使发展中国家的投票权从44.06%提高到47.19%。中国的投票权从2.77%提高到4.42%。改革后的投票权，美国持有15.85%，日本从7.62%减少到6.84%，德国调整为4%，法国和英国分别持有3.75%。这一改革对世界银行在全球经济治理中发挥更为重要的作用有着积极的意义，新的框架更好地反映了发展中国家和转型国家在全球经济中日益突出的地位，有助于世界银行治理结构变得更为公平合理。

(二) 世界银行参与全球治理的成就

1998年，世界银行提出要以减贫、改善卫生与教育，以及环境保护等为战略目标。在1999年联合国大会上，149位首脑对这些目标达成了空前的共识，并发布了《千年宣言》，形成了著名的千年发展目标（见表3-2）。

表3-2 千年发展目标

目 标	具体内容
1. 根除极度贫困和饥饿	到2015年把极度贫困和遭受饥饿的人口减少一半
2. 普及初等教育	确保2015年前所有儿童能完成小学的全部课程
3. 促进性别平等和赋予妇女能力	到2005年消除中小学教育中的性别歧视，到2015年消除各级教育中的性别歧视
4. 降低婴儿死亡率	到2015年将婴儿死亡率降低3/4
5. 改善孕产妇健康状况	到2015年孕产妇死亡率降低3/4
6. 防止HIV/艾滋病、疟疾和其他疾病	到2015年遏制并扭转HIV/艾滋病、疟疾和其他主要疾病的蔓延
7. 确保环境的可持续	扭转环境资源流失，到2015年将不能持续获得饮用水的人口比例减少一半，到2020年显著改善至少1亿人生活
8. 建立全球发展伙伴关系	逐步建立开放、有序、可预测和非歧视的贸易与金融体系，满足最不发达、内陆和小岛国家的特殊需要，全面处理发展中国家债务问题；制定和实施为青年人提供体面的生产性就业战略；提供负担得起的基本药物，使人们从新技术中受益

资料来源：《2004年世界银行报告》

为了实现千年发展目标，世界银行多年来一直致力于以下工作。

1. 改善基础设施建设

基础设施的改善对于发展中国家至关重要，只有改善基础设施，才有可能形成比较好的投资环境，良好的投资环境才能鼓励更多的投资和提高劳动生产率带动经济增长。因此，世界银行关注发展中国家基础设施和服务的改善。

2. 发展清洁能源

世界银行制定了清洁能源投资框架，投资中尤其关注帮助发展中国家改进使贫困人口获得可负担能源的渠道，增加对清洁能源供给的投资；促进向低碳经济的过渡；帮助发展中国家适应气候多样性和气候变化不可避免的影响。因此，十余年来，世界银行不断扩大对发展中国家获得安全、现代和经济的能源的相关资助。2007—2010 财年对于高能效和可再生能源项目贷款增加了 300%，达到 34 亿美元。2010 年 4 月，世界银行集团成员之一的国际金融集团（IFC）发行了 2 亿美元的“绿色债券”，推动清洁工程投资，这 2 亿美元的专项债券账户仅用于对发展中国家可再生能源、能效和气候友好工程的投资。

3. 促进金融和私营部门发展

金融和私营部门对实现世行发展使命具有重要作用。解决就业问题是脱贫的有效方式。解决就业问题就需要有发展稳定的企业，而企业的稳定发展，离不开有利于企业发展的良好投资环境。因此，促进金融和私营部门的发展也是世界银行多年来主要的工作。2007 年世界银行成立了金融和私营部门发展局，旨在形成有效市场、促进市场开放和竞争的市场途径来支持社会保障网的发展。

（三）世界银行与中国

中国在改革开放过程中得到了世界银行最直接的经济援助①，为我国提供了有效的资金和项目支持，为推动中国的发展起到了重要作用。

迄今为止，世行向中国提供贷款近 478 亿美元，其中 378.76 亿美元

① 《世界银行与中国改革开放》，《求是》2009 年 8 月 17 日。

的硬贷款（低息贷款）和软贷款（无息贷款）99.47亿美元。世界银行援助的项目几乎遍布中国各个省、自治区、直辖市和国民经济各部门，主要集中在交通、城市、农村、能源等领域。到2011年为止，世界银行在中国为交通部门提供的援助最多，达67项，贷款额占世界银行贷款总额的26.85%，农业部门占23.95%，能源和城市建设占27.65%。

通过与世界银行的合作，中国学到先进的管理经验，提升了管理水平。世界银行在中国投资的第一个水电项目采用了国际竞争性招标方式，被誉为“鲁布革模式”的招标形式得到了充分的肯定，现今在工程领域广泛应用。世界银行为中国跨省市高速公路京津塘高速公路提供贷款时，采用了国际通用的菲迪克条款[①]，首次引进合同管理，建立监理机制，推动了中国公路建设管理体制的改革。通过世界银行引入竞争性招标制、工程师监理制度、业主负责制等先进方法，提高了经济运行效率。

合作中，世界银行注重经济与社会的均衡发展。1980年，中国恢复在世界银行的合法地位后获得了第一笔世行贷款——大学发展项目。世行贷款2亿美元，用于北京大学、清华大学等二十八所中国重点高校的实验室基本建设的技术援助，改善教学科研条件、提高教学科研水平，适当扩大办学规模。项目于1982年正式生效，1986年完工，取得了很好的社会和经济效益。20世纪90年代后，世界银行为了适应中国的发展战略，其贷款项目逐步转向农村贫困地区的基础教育项目，项目向西部倾斜，并关注职业教育的发展。1990—2005年世界银行与中国合作实施了三个职业教育项目，贷款总额达1.1亿美元。近些年，世行在中国广东、辽宁和山东开展教育项目，致力于提高当地11所职业学校的办学质量。

合作中，世界银行关注“以人为中心的发展”，关注环境、教育等全面发展的理念。在环境领域，世界银行从1992年起就为中国提供环保贷款。通过世行项目引进的供水、污水收费制度对中国相关制度的出台也起到了推动作用。在中国“八七”扶贫攻坚计划中，得到世行西南、秦巴、

① 菲迪克条款即国际咨询工程师联合会（International Federation of Consulting Engineers）。FIDIC下设许多专业委员会制订了许多建设项目管理规范与合同文本，已为联合国有关组织和世行、亚行等国际金融组织以及许多国家普遍承认和广泛采用。

西部三期扶贫贷款项目，援助总规模达 6.1 亿美元，覆盖 91 个贫困县的 800 多万贫困人口。

卫生方面，世界银行于 1984 年向中国提供贷款以援助农村卫生和医学教育项目。三十年来，世界银行向中国提供贷款总额达 9.4 亿美元，共计十一个项目。项目重点关注边远落后地区的传染病控制、妇幼保健以及基础卫生服务等，为当地政府相关的公益事业的发展提供了亟须的资金和技术。世界银行在支持中国政府改善卫生服务，特别是强调向弱势群体和农村人口提供服务方面做出了积极的努力。中国政府利用世界银行的项目，制定了全国特困医疗救助计划，为最贫困的家庭提供资金援助，使他们能够获得必要的医疗保障。其中，卫生服务项目覆盖艾滋病高危人群，结核病防治项目覆盖七亿人口，还在项目区实现了世界卫生组织提高结核病诊断率的目标等。与此同时，世界银行还将其他国家成功的经验和知识向当地政府传播，对人口素质的改进发挥了较大的作用。

三、世界贸易组织与全球治理

世界贸易组织作为全球经济治理的重要支柱之一，在协调各国贸易政策和平衡贸易关系方面具有重要作用。

（一）世界贸易组织的发展

世界贸易组织的前身是关税与贸易总协定，作为重要的国际组织之一，1995 年 1 月 1 日正式开始运作。截至 2013 年 3 月，世界贸易组织共有 159 个成员国，包括发达国家成员、发展中国家成员、转轨经济体成员和最不发达国家成员四类。

世界贸易组织主要治理世界经济和平衡贸易秩序，以提高成员国人民生活水平、保证充分就业、稳步提高实际收入和有效需求为目的，通过扩大成员国的货物与服务的生产与贸易，确保发展中国家，尤其是最不发达国家在国际贸易中获得与其经济发展水平相适应的份额和利益，通过实质性削减关税等措施建立多边贸易体制，消除各成员国在国际贸易中的歧视待遇。

世界贸易组织的主要原则包括以下内容。一是互惠原则。互惠是指两国互相给予对方以贸易上的优惠待遇。二是透明原则。明确成员方应公布所制定和实施的贸易措施以及变化情况，没有公布的措施不得实施，同时还应将这些贸易措施及其变化情况上报世贸组织。透明度原则对公平贸易和竞争的实现起到了十分重要的作用。三是市场准入原则。要求各国以开放市场为目的，有计划、有步骤、分阶段地实现最大限度的贸易自由化。世贸组织倡导最终取消一切贸易壁垒，包括关税和非关税壁垒。虽然关税壁垒仍然是世界贸易组织所允许的合法的保护手段，但是关税水平必须是不断下降的。四是促进公平原则。明确要求成员国不允许以不公正的贸易手段进行不公平竞争，特别禁止采取倾销和补贴的形式出口商品。五是经济发展原则。为了帮助和促进发展中国家的经济迅速发展，给予这些国家特殊优惠待遇。六是非歧视性原则。包括最惠国待遇和国民待遇。最惠国待遇是指成员不能在贸易伙伴之间实行歧视，所有成员享受一致优惠。国民待遇是对外国货物、服务以及知识产权应给予本地的同等待遇。非歧视原则是世界贸易组织的基石，是避免贸易歧视和贸易摩擦的重要手段，是实现各国间平等贸易的重要保证。

（二）世界贸易组织全球治理的运行机制

世界贸易组织全球治理最重要的运行机制是通过部长级会议进行决策。部长级会议是世贸组织的最高决策权力机构，由所有成员国主管外经贸的部长、副部级官员或其全权代表组成，讨论和决定世贸组织职能的所有重要问题。1996 年，世界贸易组织首次部长级会议在新加坡举行，会议审议了世界贸易组织成立以来的工作及乌拉圭回合协议的执行情况，确保多边贸易体制运行。但是，在会议上，发达国家与发展中国家斗争异常激烈，发达国家对农产品、纺织品等承诺的义务履行情况避而不谈，热衷于贸易与劳工标准、投资与竞争政策、推动信息技术产品的关税自由化等问题的讨论。最终在欧美国家的压力下，会议通过了《关于信息技术产品贸易的部长宣言》，并促成了《信息技术产品协议》。此次部长级会议的运行机制有两个特点，一是谈判不再像在关贸总协定框架下所有成员提议题，而是由少数几个国家拟订草案，再向世界贸易组织提出，成员国各方自主决定参加与否，当参加方的贸易额达到全球贸易额一定比例时，协议生效。第二个特点就是，强调部门自由化的谈判。

从日内瓦、西雅图的部长级会议成果来看，谈判尚没有进入实质性的阶段。2001年，在卡塔尔多哈举行的第四次部长级会议开始了新一轮多边贸易谈判，谈判包括农业、非农产品市场准入、服务、知识产权、规则、争端解决、贸易与环境以及贸易和发展问题等八个领域，涉及十九个议题。然而，在坎昆会议上由于发达国家与发展中国家分歧较大，会议无果而终。几年来，由于主要谈判国在农产品等一系列问题上争执不下，部长级会议在国际贸易领域的治理成绩并不显著。

表3-3　世界贸易组织历次部长级会议及主要内容

时　间	地点	内　容
1996年12月	新加坡	审议了世界贸易组织成立以来的工作及乌拉圭回合协议的执行情况，推动正在进行的谈判
1998年5月	瑞士日内瓦	讨论了已达成的贸易协议的执行情况、既定日程和未来谈判日程等问题，以及第三次部长级会议举行的时间和地点。会议的主要目的是为第三次部长级会议启动新一轮多边贸易谈判做准备
1999年11月30日至12月3日	美国西雅图	由于非政府组织的示威游行和干扰所产生的压力以及成员国在一系列重大问题上的意见分歧，会议未能启动拟议中的新一轮多边贸易谈判，最终以失败告终
2001年11月	卡塔尔多哈	会议启动多哈回合的新一轮多边贸易谈判，涵盖19个议题。其中农业和非农产品市场准入被认为是最关键也是世贸组织成员分歧最集中的两个议题
2003年9月	墨西哥坎昆	对世贸组织新一轮谈判进行了中期评估，同意接纳柬埔寨和尼泊尔两国为世贸组织正式成员，发表了《部长会议声明》。由于各方对《部长宣言草案》存在巨大分歧，大会未取得实质性成果
2005年12月	中国香港	规定发达成员和部分发展中成员2008年前向最不发达国家所有产品提供免关税、免配额的市场准入；发达成员2006年取消棉花的出口补贴，2013年年底前取消所有形式农产品的出口补贴
2009年11月30日至12月2日	瑞士日内瓦	会议的主题是“WTO，多边贸易体制和当今全球经济环境”，会议回顾了自2005年中国香港部长级会议以来，WTO各项工作包括多哈回合谈判的进展情况，同时讨论WTO对世界经济复苏和增长的贡献
2011年12月15日至17日	瑞士日内瓦	重点在发展问题上，研究对最不发达国家经济体进行贸易援助等具体问题

世界贸易组织全球治理的另一个重要机制是其争端解决机制（Dispute Settlement Mechanism，DSM）。争端解决机制是多边贸易体系的中心支柱和世界贸易组织对世界经济稳定最独特的贡献。[①] 争端解决机制是世界贸易组织全球治理的运行机制参与全球治理的重要部分。

争端解决机制的程序要求有关贸易争端要经过“磋商—专家组工作—上诉—执行—报复”五个步骤完成整个解决过程。首先双方要针对问题进行磋商协调，如果仍有争议，再进行以下步骤。如果争端解决机构对有争议的建议与裁决在合理期限内没执行，那么受损的成员国可以进行报复。

截至 2011 年 10 月 5 日，中国参与了 31 起世界贸易组织贸易争端，其中主动申诉 8 起。在合计的 427 件世界贸易组织贸易争端中，中国参与 7%。由于中国在 2006 年 12 月 10 日才结束入世过渡期，我们更为关注 2007 年以来的数据。2007 年以来，中国参与了 37%的世界贸易组织争端案件，中国在世界贸易组织体系内被申诉的 19 件，超过美国 17 件的总数。值得一提的是，美国是世界贸易组织争端解决机制最积极的使用者，世界贸易组织成立后近 50%的案件与美国有关。

表 3-4　中国参与 WTO 争端解决机制的情况（1995—2011 年 10 月 5 日）

	WTO 案件数	中国			
		申诉案件数	被申诉案件数	参与案件数	参与比例
1995—2011	427	8	23	31	7%
2002—2011	185	8	23	31	17%
2007—2011	71	7	19	26	37%

贸易争端解决机制的建立，对世界贸易组织框架下的成员更有效地遵守贸易原则起到了一定的促进作用，对规范贸易活动也具有重要意义。成员国使用贸易争端解决机制无疑是对世界贸易组织所制定的机制的最有效的肯定。该机制最大的威慑力在于成员对该机制的参与能力和自身的报复能力。争端解决日趋专业化和技术化。在解释和澄清协定现行规定时，世界贸易组织引入了国际公法的习惯规则。随着争端解决机制的实施，专家

① 田丰：《中国与世界贸易组织争端解决机制——评估与展望》，《世界政治与经济》2012 年第 1 期，第 128—148 页。

组和上诉机构裁决出现，而这些裁决又被以后的争端裁决所引用，因此对成员国具有相当大的震慑力。但是，多边贸易规则的最终实施严重依赖于争端方自身的贸易报复能力，强大的经济实力和进口成为国家有效使用争端解决机制的基础。

（三）世界贸易组织在全球治理中面临的挑战

2012 年全球贸易额仅增长 2%，是 20 世纪 80 年代以来的第二差成绩，低于全球经济增长率。当越来越多的国家和地区在全球化进程中彼此依赖程度加深，全球经济贸易迫切需要有力领导的时候，世界贸易组织在全球经济治理中所发挥的作用却越来越受到质疑。

多哈回合中，投资问题、环境保护问题、劳工标准以及竞争政策都是敏感问题，不仅在于这些问题容易产生隐蔽的贸易保护，更重要的是涉及各国的政治制度、价值观念等问题。世界贸易组织在参与这些问题的全球治理过程中，解决发展中国家与发达国家的争议问题，极具挑战性。

一是世界贸易组织面对经济问题政治化和大国操纵的问题。大国在世界贸易组织中有巨大的影响力，大国操纵的问题不可避免。世界贸易组织决策采用一国一票的投票表决机制和协商一致的规则，但是，很多发展中国家因为缺乏享受权利的财力，很难参与世界贸易组织的所有谈判会议。决定成员国在世界贸易组织中的影响因素包括成员国在世界贸易中的份额、外贸依存度与市场规模两个方面。2010 年世界货物贸易进出口总额前 20 名的国家除俄罗斯外都是世界贸易组织成员[①]，它们对世界贸易组织的影响相对较大，虽然有中国、印度和巴西等发展中国家，但是欧盟与美国对世界贸易组织的影响更大。[②] 因此，世界贸易组织也存在受大国操纵的问题。在经济发展领域的治理不可能存在政治的真空，这正是未来世界贸易组织发展中要解决的问题。

二是面临来自区域贸易组织、反全球化的挑战。由于多哈回合的停滞不前，很多经济体开始转向双边贸易和区域性自贸谈判，包括美国主导的

---

① 俄罗斯已于 2011 年加入世界贸易组织。

② 刘伟丽：《世界贸易组织利益再平衡研究——以俄罗斯入世为例》，《财经问题研究》2012 年第 8 期，第 78—86 页。

跨太平洋伙伴关系（TPP）、东盟主导的区域全面经济伙伴关系（RCEP）、中日韩进行的自贸协定谈判，等等。这些多边或双边的贸易协定与世界贸易组织所倡导的全球自由贸易相悖，对于非成员国的贸易的排挤问题，都是世界贸易组织在未来要关注的重要挑战。

三是均衡各成员国利益。世界贸易组织在权利与义务、贸易政策和议事规则上尚未能反映成员结构的变化。关贸总协定成立之初，成员国仅八个发展中国家，占成员数量的 1/3；到 1996 年世界贸易组织首次部长级会议，发展中成员增加到九十六个，占总数的 3/4。世界贸易组织未能根据成员结构的变化，关注发展中国家和最不发达国家的利益，尤其是最不发达国家的利益未能受到更多的关注，尽管世界贸易组织已经采取了大量措施，但是这些援助和这些国家的发展还有一定的差距。

第三节　国际能源组织与全球治理

能源问题也是全球治理中的重要问题。随着经济全球化程度日益加深，生产要素市场的相互依赖也日益紧密，20 世纪 70 年代因能源市场的巨大波动而引发的发达国家普遍的经济衰退，使得各国关注能源问题，全球能源资源问题在区域性经济合作组织、政治联盟、国际性机构中的重要性日益突出，各国对加强能源市场的波动预警和应对机制日益重视，保障集体安全成了国际社会的共同追求。

一、参与能源治理的组织

1960 年，伊朗、伊拉克、科威特、沙特阿拉伯和委内瑞拉五国为了对付西方国家的石油垄断，以维护石油收入为目的，成立了石油输出国组织（Organization of Petroleum Exporting Countries，OPEC）。如今，石油输出国组织成员已经遍布亚洲、非洲和拉丁美洲，成为主要石油生产国的国际性组织①。石油输出国组织以协调和统一成员国的石油政策，维护各自的共同利益为目的。

1973 年中东战争爆发，阿拉伯国家决定利用石油对抗西方大国，石油输出国组织的阿拉伯成员国于当年 12 月宣布收回石油标价权，将原油价格从每桶 3.01 美元提高到 10.65 美元，因此触发了第二次世界大战之后最严重的全球经济危机。这场危机使所有工业化国家的经济增长都明显放慢。1974 年为了应对能源危机，经济合作发展组织成立了国际能源署（International Energy Agency，IEA），该组织主要致力于预防石油供给的异动，同时也提供国际石油市场及其他能源领域的统计情报。

2004 年联合国成立了综合性的能源协调机制（UN-Energy），但是因为缺乏资源和权力形同虚设。②

当前，国际能源市场仍然处于油气时代，主权国家仍然是全球治理最重要的影响力量和相关利益代表，因此在全球能源的治理过程中，既有能源供应、经济效率和环境保护的多重价值的竞争，也有国家和个人利益的博弈。因此，有学者认为，在全球能源的治理中，占主导地位的是国际能源署（也称国际能源组织），主要代表了欧美发达的消费国家的利益；其次是石油输出国组织、天然气输出国论坛等代表中东主要石油生产国和世界天然气生产国的利益；影响力最小的是在联合国框架下的以发展议程和世界银行为中心的能源扶贫与能力建设机制，主要代表发展中国家的利益。

二、全球能源治理的举措——以国际能源组织为例

国际能源组织是世界上最重要的国家间能源经济合作发展组织，有二十六个成员国。一直以来，该组织致力于协调国际能源政策、加强各国间

① 石油输出国组织现有十二个成员国，包括沙特阿拉伯、伊拉克、伊朗、科威特、阿拉伯联合酋长国、卡塔尔、利比亚、尼日利亚、阿尔及利亚、安哥拉、厄瓜多尔和委内瑞拉。

② 叶玉：《全球能源治理：结构、调整及走向》，《国际石油经济》2012 年第 3 期。

能源信息交流、开展国际技术合作与提高全球能源安全性。

（一）制定相应机制，应对可能出现的石油价格波动

在国家之间石油储备再分配体系的发展过程中，国际能源组织制定了补充措施，保障对石油供应不足时予以补偿，以降低石油的消费水平。1990—1991年海湾战争时期，国际能源组织成员国在面对伊拉克和科威特石油供应减少的情况下，从本国的石油储备中向世界市场大量“抛出”石油，在必要的限度内满足需求，从而保障了价格的稳定。西方国家没有因为供应减少而受到石油价格的冲击，各国无需完全启动集体能源安全体系。这种对市场冲击最小的应急石油储备共享机制，成为其防范石油输出国组织的重要手段。

此外，国际能源组织还积极推动成员国实施能源市场化政策，通过金融衍生品掌握全球能源定价权。

（二）国际能源组织注重全球能源问题

作为全球能源治理的重要机构，国际能源组织积极筹备和举办了八国集团能源部长会晤，促进多方在能源问题上的交流与合作。在生产国和消费国全球对话的框架下，国际能源组织越来越得到关注。

（三）为各国提供相应的信息

1991年国际能源组织成立了联合石油输出国组织、亚太经合组织等全球几大国际经济组织的论坛机制，同时依托该论坛的平台优势，建立了覆盖全球范围的石油数据共享机制，国际能源组织密切关注世界石油生产、石油进出口、石油储备规模与变化、石油消费、世界海洋石油储量、石油炼制过程等数据，以帮助成员国、国际组织、跨国公司迅速有效地对市场条件变化做出反应。

（四）关注环境与能源的关系

在关注环境与能源的关系方面，主要是限制汽车、工厂和燃煤的火力发电厂的排放物，对较干净的燃料进行研究。另外，国际能源组织还对世界能源市场的趋势变化等作出预测，供各国政府、机构参考。

三、全球能源治理的问题及未来发展

由于能源关系到各国的经济命脉，因此，受到各国普遍的关注。由于能源问题的特殊性，在能源治理中，存在诸多问题。

一是现有的全球能源治理机构的代表性和影响力不足。每个能源组织都在试图扩大自身的影响力，通过各种方式纷纷邀请新兴经济体和能源资源供应国加入。国际能源组织一直积极邀请中国加入该组织。另外，国际能源组织还举办全球范围的能源资源论坛，推进更广泛的多边合作。然而，迄今为止的国际能源合作组织的代表性和影响力都不足，甚至有的彼此之间还存在对抗性，如国际能源组织和石油输出国组织之间的对抗性十分明显。

二是现有的全球能源机构之间存在利益竞争。目前的国际组织和研究机构，只要参与到全球能源的产业链条中，就是一个寻求利益最大的市场主体，不可避免地要去争夺利益，因此，难免损害他方利益。从全球能源治理的层面上看，要确保参与的每个利益主体权益得到保障，不受到损害，一定要有中立性质的机构，能够平衡供应国和消费国的利益，保证能源资源市场的有效性和稳定性。

三是仅仅依靠单一的能源组织无法实现有效的全球能源治理。随着全球的融合，没有任何国家能够完全依靠本国的资源禀赋来实现经济的发展，必须通过广泛的国际间的贸易、投资来实现经济的发展。但是，全球化的进程同样会对国内经济带来冲击，因此各国又在全球化的过程中存在贸易保护的倾向。能源作为各国经济发展的基础前提，能源的全球化更为突出，各国无论是生产国还是消费国，都希望能够在世界贸易组织框架下实施公平合理的自由贸易，寻求全球能源资源等要素的自由流动。而这种公平合理的自由贸易，不仅仅依靠世界贸易组织的制度约束，还需要有能够从供给方、需求方利益均衡角度考虑，能够更具约束力的治理机构来参与全球能源治理，单一地依靠某一个组织实现有效的全球能源治理是不现实的。因此，在全球能源治理过程中，需要更多的组织参与，才能有效解决能源问题。

四是国际能源治理缺少具有可操作性、有约束力的全球性规则。目前，有关全球能源治理的规则只是局域性的，很多有关能源的议题仅仅停留在讨论层面，很多国际组织仅具有论坛性质，缺乏约束力和实质治理作用。全球范围的能源技术标准、产业政策、管理制度和交易规则都相对缺乏，一旦在能源领域出现贸易纠纷、投资争端很难在统一的框架下得到协调。另外，2008年金融危机发生后，能源供需受到较大冲击，很多国家陆续放开能源的贸易投资限制，积极推进在多边合作框架下的贸易投资合作，但效果有限。国际能源资源的公平、合理、自由的贸易秩序，亟须约束力更强的国际合作机制来实施和保证。

此外，由于环境保护的压力，能源结构也面临着变革的压力，《京都议定书》所规定的减排义务，为当前以石化燃料为基础的全球能源治理体系带来转变压力。这也要求能源治理机构不仅要关注能源国际合作机制的构建，还要促进能源消费结构的调整。

因此，在面对全球能源转型和市场变化的过程中，需要更多的公共治理机制的建立，来解决能源问题。如何在现有的框架下，通过能源消费大国和生产国、西方国家与新兴市场国家相互适应、相互调整，展开多边、双边的合作，更有效地进行能源的监管，平衡各方利益，将是一个漫长的过程。

第四节　G8、G20与全球治理

近年来，全球治理领域里的一个重要现实是非正式集团不断涌现。世界上第一个非正式集团是创始于20世纪70年代的七国集团。近年来，以印度、巴西、南非组合而成的三国对话论坛（IBSA），中国、印度、巴西、俄罗斯、南非“金砖国家”（BRICs）峰会，八国集团（G8）+5进程，以及势头正旺的二十国集团（G20），这些区别于单纯国际组织的非正式集团，已成为全球治理体系中新崛起的重要力量。

非正式集团不同于传统国际组织，一是它的“非正式性”，它们不具有严密的组织章程，领导人通过定期或者不定期的峰会，就有关问题进行协商；二是议题的开放性，针对各国目前面临的迫切的、需要多国协调的问题，进行磋商。议题的选择包括政治、经济乃至社会各个层面；三是决策过程往往以协商方式达成协议，而不是像正式的国际组织一样以选票的形式进行表决；四是非正式集团所达成的协议在法理上的约束力较小，多是以宣言、报告的形式，属于集体承诺。但是，正是非正式集团相对松散的组织结构，使得在议事日程的灵活性上、对外承诺的软约束上适应了当今全球治理的需要，符合全球化的发展趋势，有利于国际体系的稳定。

从目前的非正式集团的结构情况来看，主要有以发达国家为主的八国集团、发达国家与新兴市场大国平等参与的二十国集团和以新兴市场大国内部协调的金砖国家组织三类。本节重点讨论八国集团、二十国集团与全球治理。

一、八国集团与全球治理

（一）八国集团的建立

20 世纪 70 年代初，石油危机严重影响了西方国家的经济发展，西方工业国家陷入第二次世界大战后最为严重的经济衰退。在法国的倡议下，1975 年 11 月，美、日、英、法、德、意六大工业国成立了六国集团。1976 年加拿大加入，七国集团（Group of Seven，简称 G7）就此诞生。1997 年俄罗斯加入，八国集团（G8）正式诞生。

随着全球化程度的加深，从 1996 年起八国集团加强了与其他国家、国家集团或机构的对话。自 2003 年后，历次首脑峰会中都会穿插举行八国集团与发展中国家领导人非正式对话会议。

八国集团作为特殊的国际组织，不具备法人资格，没有常设秘书处。在实际参与全球治理的过程中，不能采取任何强制性措施。更恰当的描述是，G8 是工业化国家的俱乐部，通过定期或非定期的会晤与磋商，协调成员国对国际政治和经济问题的看法和立场。会晤或磋商后发表的公报，代表 G8 在政治或金融方面的承诺。

（二）八国集团与全球治理

八国集团参与全球治理的主要运行机制有三。一是首脑会议。各国首脑具有经济的重要决策权，能够摆脱官僚体系的束缚，直接进行面对面的沟通和磋商，是全球治理中非常有效的途径。二是部长级会议。起初部长和首脑一起参加会议，但是在不同的会场进行不同议题的讨论。1998 年以后，外长和财政部长在首脑峰会前进行磋商。有关财政、金融、汇率等宏观经济政策的问题是通过财长与央行行长会议机制进行协调，为各国领导人随后参加的首脑峰会提供直接服务。财政部长与央行行长会议为国际经济、财政金融走势、规则和制度的制定提供了重要的平台。三是领导人私人助理会议、专家小组、工作小组。各国元首指派私人助理进行磋商，以筹备首脑会议。这些私人助理会定期进行会晤磋商，了解各国的政治经济状况，提出能够让各方接受的议题。私人助理还要督促达成协议的落实。一旦首脑峰会上提出的议题没被其他国家接受，那么专家小组和工作小组就要在会后进行研究。

随着八国集团广泛参与到全球治理的进程中，其治理领域几乎到了无所不包的程度，但治理的重点主要集中在金融、债务、基金贷款、贸易、能源、贫困、非洲问题、信息技术、环境问题等领域。

1. 金融问题

八国集团成立初衷就是解决复杂的金融问题，这一核心问题在 20 世纪 70 年代和 90 年代都是峰会的聚焦点。八国集团关注不同国家的需求。其中针对欠发达国家支持世界银行和三个小地区开发银行设立软贷款基金，补充国际开发协会的资金；针对较先进的发展中国家，关注日益增长的商业贷款需求，鼓励政府与私人为多国开发银行提供资金；另外，在发达国家、石油输出国组织和其他发展中国家共同努力的基础上，建立发展农业的国际基金。八国集团首脑会议通过国际货币基金组织和世界银行，创建二十国集团和金融稳定论坛，利用各种渠道加强工业化国家的金融管制，加强新兴市场国家的宏观经济政策调控，对稳定全球金融体系发挥了一定作用。

2. 债务问题

1984年伦敦首脑会议明确制订了解决债务危机的时间表，历经1988年多伦多首脑会议制定的对低收入国家实行多伦多项目、1996年里昂峰会的"重债穷国计划"，1999年在科隆首脑会议上最终将"重债穷国计划"落实。八国集团将债务国政府的发展置于全球治理的框架中，推动债务国的发展。

3. 贸易问题

八国集团在推动东京回合与乌拉圭谈判，以及世界贸易组织的创建上发挥了积极的作用，也通过世界贸易组织推动了多边贸易自由化规则的建立。

4. 能源问题

八国集团强调能源安全消费理念，强调各国应协调行动，密切合作，来建立全球开放、透明的能源市场，以应对挑战，保障全球能源供应、消费和过境安全。

5. 环境问题

1981年七国集团在渥太华首脑会议上首次提出保护环境和资源的议题。1989年再次将环境问题作为首脑会议的议题，把环境问题作为世界面临的挑战之一。2000年八国集团郑重声明要为《京都议定书》早日生效加强合作。

6. 非洲问题

从七国集团到八国集团，非洲问题一直受到关注。1985年，法国在波恩首脑会议上率先提出了援助非洲计划，并得到了其他成员国的同意。八国集团关注非洲国家的基础设施建设、农村地区发展、粮食安全、环境保护等问题。2002年，八国集团签订了非洲发展新合作伙伴计划，促进非洲国家的自我发展，并鼓励西方国家提供援助。

表 3-5 2000—2009 年八国集团首脑峰会议题

时间	地点	议 题
2000 年	日本	关注全球信息产业发展不平衡、贫穷国家债务、地区冲突、传染病防治等问题
2001 年	意大利	围绕全球经济发展速度放慢和世界贫困问题进行讨论。全球艾滋病健康基金和热那亚非洲计划，是此次峰会的两项主要内容
2002 年	加拿大	援助非洲、反对恐怖主义、中东和平问题以及世界经济形势等议题
2003 年	法国	经济增长、团结和国际安全三大议题
2004 年	美国	峰会的主题为“自由与合作通向繁荣和安全”，尽管世界经济和油价问题是国际关注的重点，但美国力主讨论伊拉克重建、中东国家改革以及非洲安全问题。美在此次峰会上正式推出“大中东计划”
2005 年	英国	关注援助非洲和改善环境问题
2006 年	俄罗斯	一是能源安全问题，二是预防和控制严重传染性疾病问题，三是在教育领域展开国际性合作等
2007 年	德国	就全球化进程中世界经济、气候变化和非洲等关键性挑战展开讨论，并在应对气候变化和对非洲援助等问题上取得进展
2008 年	日本	会议就环境和气候变化、世界经济和世界食品安全等多项议题发表声明。八国集团领导人就温室气体长期减排目标达成一致
2009 年	意大利	金融危机、气候变化、非洲及发展中国家、核不扩散、粮食安全问题

（三）八国集团参与全球治理存在的问题及发展

八国集团成员国具有强大的经济规模、政治实力和全球影响力，在近三十余年的发展中对全球问题的治理起到导向作用，通过机制协调这一平台，通过“压制与示意”将信息传递给其他国家，向这些国家表明自己的立场。尽管八国集团在世界经济平稳发展中起到了重要的作用，但是在全球治理中仍存在诸多问题。

1. 机制范围内国家间利益的博弈

无论是七国集团或是八国集团，成员国之间都存在着利益的博弈与协调，在一定程度上削弱了该集团发挥影响的基础。集团内部存在的矛盾和碰撞增加了集团内部协调的难度。另外，当集团协商无法满足本国利益时，主权国家往往采用单边行动。

2. 缺乏战略性的协调机制

八国集团在全球治理中面对经济问题时，往往都是采取临时性措施，缺乏长远性、战略性的计划。一旦问题出现，就临时达成协议；一旦渡过危机，同时各国在利益上出现分歧，协议就会失去作用。

3. 缺乏监督机制

由于自身定位的缺陷，八国集团缺乏约束力，对于承诺的执行没有权威的机构监督，协议往往流于形式。

随着世界格局的变化，发达国家集团越来越重视与发展中国家的对话。首先是在七国集团的基础上将俄罗斯纳入集团，而后为提升非正式组织的国际包容性又逐渐产生了 G8＋5 的情形，在峰会期间邀请中国、印度、巴西、南非与墨西哥五国参与对话。虽然这些新兴经济体不是八国集团正式成员，但通过 G8＋5 平台为新兴经济体与八国集团成员间提供了商讨和磋商的机会。中国已经同 G8 在全球可持续发展、国际安全等问题上进行了多次沟通协商，同时还同新兴经济体参与了知识产权、发展投资、能源环境等议题的讨论。

从八国集团到 G8＋5 的演变进程中可以看出当今世界格局的变迁，大国的相对势力也随着时间的发展而逐步发生变化，同时也可以看到传统西方发达国家在应对现有全球问题时的乏力与困境。面对国际权力格局的变迁，中国积极参与对全球问题的讨论与治理，联合巴西、南非、印度、墨西哥等新兴市场国家，成为国际政治舞台的一股新的力量。在新兴国家的配合下，有关全球问题的全球治理也更加有效和具有针对性。

二、二十国集团与全球治理

（一）二十国集团的产生

1997 年爆发的亚洲金融危机，沉重地打击了新兴经济体国家，欧美等国家也受到一定的影响。为避免危机再度发生并“扩大有影响国家间在重大经济和金融政策问题上的对话，加强合作，以实现有益于全球的世界经济稳定、持续增长”，1999 年 12 月 16 日，十九个国家及欧盟的财长在德国柏林举行会议，二十国集团宣告成立①。

二十国集团成立后，世界经济发展相对比较稳定，金融秩序较好，因此，在全球经济治理中一直处于边缘位置，未能得到足够重视，没有充分发挥其作用。2008 年由美国次贷危机引发的国际金融危机使发达国家成为重灾区，危机所产生的影响之深、范围之广、后果之严重，刷新了 20 世纪 30 年代大危机以来创造的“世界经济记录”。面对波及全球的危机，西方国家无法再自恃其经济优势、金融优势、制度优势、西方共同体优势，无法再求助于八国集团，世界银行、国际货币基金组织也变得束手无策。因此，二十国集团的作用立刻凸显出来，这一包含了发达国家、新兴经济体的国际经济合作论坛从幕后走到台前，从边缘走向中心，引起了全球的关注。

（二）二十国集团参与全球经济治理的方式

二十国集团自成立以来，由非正式的部长级会议发展成为“部长级会议＋首脑峰会”的形式，通过高层的会谈，保证其权威性，通过“领导人声明”发布相关的政策建议。

其中，非正式的部长级会议作为一种例会形式，每年与八国集团财长会议相衔接，在年末举行。二十国集团无常设秘书处，会议每年由主席国及国际机构（如世界银行和国际货币基金组织）和外国专家提供相应的秘书服务和支持。由于参会的部长级例会官员的级别和权力的限制，也一定程度上影响了 G20 在全球经济治理过程中的作用。

2008 年，由于国际金融危机的影响，非正式的部长级会议转变成为“部长级会议＋首脑峰会”的形式参与全球治理。

2008 年 11 月 15 日，二十国集团在美国华盛顿举行了首次金融峰会，会议以应对由美国次贷危机升级的全球金融危机为主题，就金融危机的起源、加强合作反对贸易保护主义、支持经济增长等问题达成共识，就应对

① 二十国集团除了西方七国集团成员即美国、日本、英国、德国、法国、意大利和加拿大之外，还包括欧盟、中国、巴西、印度、俄罗斯、韩国、阿根廷、澳大利亚、印度尼西亚、墨西哥、沙特阿拉伯、南非和土耳其。

世界面临的金融和经济问题达成了行动计划，主要包括提高金融市场透明度和完善问责制、加强管理、促进金融市场完整性、加强国际合作、改革国际金融机构。

此次峰会具有历史性的意义。新兴经济体第一次成为峰会关注的焦点，第一次与西方国家一样拥有了平等的发言权，第一次由国际规则的被动执行者变成新规则的参与者和制订者。峰会的宣言中也充分表达了新兴国家的意见，承诺支持新兴市场经济的发展，采取措施帮助在危机中受到严重打击的发展中国家。

2009 年 4 月 2 日，二十国集团在英国伦敦举行第二次金融峰会，会议以恢复经济增长和就业、加强金融监管、巩固全球金融机构、反对保护主义和促进全球贸易及投资、确保所有经济体公平而持续地复苏为主要议题。

同年 9 月，二十国集团在美国匹兹堡再次举行峰会。与会领导人就金融体系改革等一系列问题达成共识，发表了领导人声明。声明指出："各国领袖核准二十国集团成为商讨全球经济合作的首要论坛。这一决定将为需要建立更稳固和更平衡的环球经济、改革金融体系，以及改善最贫困人民生活的国家，提供一个平台"；承诺"将新兴市场和发展中国家在国际货币基金组织的份额提高到至少 5%以上，决定发展中国家和转型经济体在世界银行将至少增加 3%的投票权"；"各方将注资超过 5000 亿美元，用于扩大国际货币基金组织的'新借款安排机制'"；"各方将共同反对贸易保护主义，致力于在 2010 年成功完成多哈回合谈判"；"承诺在 2010 年年底前制定为各国所能接受的规章制度，改善银行资本的数量和质量，将在 2012 年年底前将其全部付诸实施"。

匹兹堡峰会的历史意义更为突出，首先是明确了二十国集团的地位，二十国集团峰会也将机制化；其次峰会的主题从金融扩展到贸易，重申反对贸易保护主义；第三，在推进世界经济平衡发展方面取得了一定共识；第四，更为重要的是，承诺了给新兴市场和发展中国家在国际货币基金组织的份额和世界银行投票权要增加。

2010 年多伦多峰会召开，各国在保证经济增长上达成共识。与以往三次峰会不同，这次峰会允许各国根据不同情况“量身定做”各自应对政策。峰会发表的声明反映了不同国家不同的政策主张，是世界经济秩序合理的良好开端。

在同年11月首尔召开的第五次峰会上，各方通过协商、合作，取得了积极的成果。首先，各国领导人通过宣言承诺，将加强二十国集团作用，妥善应对国际经济金融领域的新风险、新挑战，携手推动世界经济强劲、可持续和平衡增长；其次，各国领导人承诺继续推动国际金融机构改革，尽快落实将国际货币基金组织份额向新兴市场和发展中国家转移6%以上，体现了新兴市场和发展中国家经济力量有所上升；第三，各国领导人赞同将发展问题确定为二十国峰会的长期议题，有利于凝聚各方共识，缩小南北发展差距；第四，各国领导人在继续加强国际金融监管、反对贸易保护主义等方面确立一系列新举措、新步骤，反映出各国在缓解世界经济不平衡方面试图做出的积极努力。这些共识都有利于世界经济的长期健康稳定发展。

在欧债危机引发国际金融市场剧烈动荡、主要经济体经济增速明显放缓、世界经济复苏面临新的复杂问题的背景下，二十国集团领导人第六次峰会于2011年11月4日在法国戛纳举行，会后发表了领导人公报、戛纳峰会宣言和行动计划三份成果文件。此次会议重点讨论了欧洲国家的主权债务问题，强调在全球经济困难的时期，二十国集团需要进一步加强宏观经济政策协调，共同支持经济复苏，恢复市场信心。峰会还讨论了国际货币金融体系改革、大宗商品价格波动、国际贸易和发展等问题，达成了一些重要共识。

2012年6月18日，二十国集团领导人第七次峰会在墨西哥洛斯卡沃斯举行。与会领导人讨论了世界经济形势、国际金融体系以及就业、发展、贸易等议题，并发表了《二十国集团洛斯卡沃斯峰会领导人宣言》。宣言指出，二十国集团的首要任务是寻求强劲、可持续、平衡的经济增长，通过支持经济增长和促进金融稳定，来创造高质量的就业机会。

2013年9月6日，二十国集团领导人第八次峰会在俄罗斯圣彼得堡举行。此次峰会在协调宏观经济政策、加强全球经济治理等方面达成多项重要共识。圣彼得堡宣言涉及的内容相当广泛，内容涵盖世界经济发展现状、促进经济增长、创造就业、投资融资、完善多边贸易体系、打击逃税、国际金融体系改革、金融监管、能源政策、促进全球发展、应对气候变化和反腐败等议题。

自 2008 年金融危机爆发以来，二十国集团在维持世界经济稳定与增长、促进国际金融体系改革等方面扮演了重要角色，自身也在这一过程中得到发展。一是作为全球经济治理的重要平台登上历史舞台，二是成为全球新型国际关系转变的重要载体，三是成为推动全球经济增长的重要推手，四是自身组织运行机制取得重大突破。总体看来，二十国集团顺应了世界经济形势的发展，在全球经济治理中的作用将日趋重要。

（三）二十国集团参与全球治理存在的问题与未来发展

首先是关于二十国集团的合法性。根据美国学者的研究，一个全球治理机制的合法性取决于其代表性、决策效率和实施效力三个要素。① 从代表性来看，二十国集团虽然在人口、经济总量、贸易总量方面在全球中占有绝对优势，但对于全球一百九十多个主权国家而言还是少数，无法代表大多数国家在重大全球治理问题中的观点和立场。因此，一些中小国家质疑二十国集团的合法性和代表性。有人提出，在治理方式上，联合国更能体现“主权平等”的原则，二十国集团无法充分代表主权国家的利益。在决策效率方面，二十国集团在全球治理的问题中，在面对全球性经济衰退时，各方利益和诉求比较容易接近，通过谈判和妥协易于达成共识；但是一旦经济出现好转，各方在谈判中，决策效率就无法得到保障。在效力方面，理论上二十国集团形成的决定，各相关经济体和国际组织应参与落实，但在贸易问题的治理上停滞不前。虽然每次峰会宣言中都会提及反对贸易保护主义，但是成效甚微。

其次是关于二十国集团的决策机制。目前，二十国集团采取的决策机

① Colin I. Bradford, Jr. and Johannes F. Linn, “Reform of Global Governance: Priorities for Action”, Policy Brief No. 163, The Brookings Institution, Oct. 2007.

制是通过协商达成共识，没有正式的投票机制。这就增加了协商的难度，决策效率相对较低，会议的成果往往是比较原则性的意见，缺乏具体的操作内容和措施。随着危机结束，矛盾就会越来越多，难以形成一致性的意见。

最后是关于二十国集团议题的选择。由于二十国集团是亚洲金融危机发生后产生的应急组织，美国的金融危机再次将二十国集团在全球经济治理中从边缘推向了核心位置。从早期峰会来看，以应对金融危机为主要内容。从全球经济治理的层面上看，治理不仅仅是针对突发的危机进行的治理，而是针对全球经济发展过程中可能或者已经出现的问题进行管理。尽管从近两年的议题选择上看，针对发展、就业、能源等问题也有所涉及，但是还应有具体的可操作意见出台。

（四）二十国集团中的中国角色

随着实力的提升和国际影响力的扩大，中国在全球经济治理中的作用越来越突出。中国支持国际关系民主化，重视 G20 作为全球经济治理平台的地位、作用及发展前景。在历次峰会上，中方始终是积极的合作者，做出若干重大贡献，推动 G20 机制健康发展。

在技术层面，中国通过 G20 推动全球经济治理的有效性。中国认为 G20 是全球经济治理的主要平台，应发挥其在危机应对、政策协调、议程设置、实现共同发展方面的主导作用。G20 在应对 2008 年国际金融危机方面发挥了主导作用，需要在后危机时期延续和扩大其效应，促进世界经济复苏，推动可持续发展，对国际金融进行有效监管。

在规制层面，中国推动 G20 成为国际体系朝着更加公正合理方向发展的重要推动力。中国认为，G20 体现了对多边主义和国际关系民主化的支持。中国希望 G20 继续加强自身机制建设，不断提高代表性和平等性，充分听取非成员国的意见和关切。

在当前世界经济形势下，中国号召 G20 成员国应本着同舟共济、互利共赢的精神，通过深化合作促进世界经济强劲、可持续、平衡增长。

第五节　非政府组织与全球治理

作为国际社会的新兴行为体，非政府组织（Non-governmental Organization）在全球治理中扮演着重要角色，广泛参与了全球治理过程。自20世纪80年代以来，作为全球治理机制的重要主体和新兴力量，国际非政府组织在数量、规模和参与范围上都有着惊人的增长，它们广泛活跃于诸如全球环境保护、国际社会救济、促进国际合作、人道主义援助等多个领域的国际舞台上，彼此协调、沟通、达成共识，通过集体行动在国际事务中发挥着重要的作用，为解决一系列全球性问题提供了新的选择和可能，在世界格局中确立了自身的重要地位。非政府组织的称谓多种多样，英国官方和大众媒体近年来较为通用的是“志愿和社区组织”，美国则称其为非政府、非营利组织，学术界称之为介于政府与市场之间的第三部门。目前各方较为认同的是萨拉蒙对非政府组织进行的五个方面的定义，即组织性、民间性、非营利性、自治性、自愿性。[①] 我国学者王杰等人在此基础上，把全球治理中的国际非政府组织的特征归纳为八个方面，即组织性、民间性、非营利性、自治性、志愿性、非宗教性、非政治性和国际性。[②]

一、非政府组织的发展

一般认为，非政府组织兴起与发展的原因在于两个“失灵说”，即

① ［美］莱斯特·萨拉蒙等：《全球公民社会——非营利部门视界》，贾西津等译，社会科学文献出版社2002年版。

② 王杰等主编：《全球治理中的国际非政府组织》，北京大学出版社2004年版。

“政府失灵说”和“市场失灵说”。人类社会最初处于无政府的自然状态下，人们为了实现和平与稳定、社会公平与公正，就要让渡自己的部分“自然权利”给“天赋人权”的政府与市场，由政府与市场来给人们提供管理和服务，此即“社会契约论”。然而，政府与市场固有的弊端无法满足人们的基本生活需求和自身利益的保障，不能实现和平稳定、公平公正，导致政府和市场两个“失灵”，为非政府组织的出现和发展提供了动力和活动空间。

非政府组织从无到有、从弱到强、从区域化到全球化、从自觉发展到自觉建立的产生与发展需要一个过程，大体可分为四个发展阶段。

（一）产生阶段

非政府组织的产生阶段可以追溯到人类社会的初期，人们为了实现和平稳定，公平地享受社会待遇和公共物品，保障自身的利益不受损害，通过“社会契约”的方式，将自己的部分权力让渡给政府和市场。然而，由于政府和市场具有其自身固有的难以克服的缺陷，非政府组织作为一个民间团体或者作为一个利益代表出现在人类社会中，来代表人们行使权力从而使人们的利益诉求得到表达。在这一时期，非政府组织只是作为一个利益表达的渠道，没有形成严密的发展模式，但为后来非政府组织的进一步完善奠定了最初的基石。

（二）初步发展阶段

非政府组织的初步发展时期，大致开始于 17 世纪，基本上与资本主义发展的早期阶段同步。当时资本主义作为一种新兴的生产方式和社会制度，极大地促进了科技的进步和大机器生产以及生产力的迅猛发展。在这一时期，社会财富迅速积累，资本主义社会进入了历史发展的繁盛期。马克思曾经指出，资本主义发展模式具有其自身难以克服和解决的缺陷和弱点，频繁的周期性经济危机，悬殊的贫富差距和国家、区域、行业发展严重不平衡，最终必定会导致严重的社会矛盾和社会问题频出，这种情况下，政府和市场再次“失灵”。在这一阶段，以救济社会贫困、反对社会不公平、保护工人阶层利益为宗旨的协会和组织如雨后春笋般发展起来。

国际非政府组织在这一时期得到了初步的发展。

（三）创新式发展

19世纪末，资本主义发展进入垄断阶段，垄断成为资本主义社会的主要特征。在这一时期，资本主义世界出现了新的社会矛盾，相应地，非政府组织也有了新的特点。一方面，非政府组织此时注重推动社会的发展和进步，保障基层民众的利益，针对当时社会存在的制度性缺陷和组织性弱点，纷纷提出改进和变革的措施，各主要资本主义国家致力于社会变革与社会改造的非政府组织不断涌现。在资产阶级占主导地位的世界里，这些非政府组织的宗旨主要是维护处于基层弱势地位的工人阶级的权益，并与资本家及其既得利益集团和政府展开斗争，反对对工人阶级的压迫和剥削。非政府组织在这一阶段虽然在形式上有了很大的进步与创新，但依旧坚持着最初的特点，即为了实现社会的公平和公正。另一方面，一些致力于社会公益事业的非政府组织也蓬勃发展起来，在世界各地开展各类慈善事业和救济活动，客观上有助于缓和尖锐的社会矛盾。另外，在当时还出现了大批活跃于战场救护和科学、教育、卫生等领域的非政府组织，满足了这些行业最迫切的需要。这一时期非政府组织逐渐实现多样化和创新性，更加活跃地致力于全球治理。

（四）突进式发展

非政府组织实现突进式增长，是在第二次世界大战之后。在这一阶段，非政府组织在世界上呈“爆炸式发展”，不仅数量急剧增多，规模迅速扩大，而且涉及的领域越来越广，国际影响也空前深远，在世界各个角落，几乎无处没有非政府组织的身影。根据国际协会联合会（UIA）2004—2005年《国际组织年鉴》的数据，全部国际组织有57 964个，其中，政府间国际组织（IGOs）7 306个，国际非政府组织（INGOs）50 658个，分别占全部国际组织的12.6%和87.3%。此时，各种形式、各种规模的社群组织层出不穷，在社会重建、社会变革与社会救济中扮演着越来越重要的角色，特别是在联合国的扶持下登上国际舞台，成为国际政治和全球治理中的活跃因素。在战后恢复重建的过程中，又涌现了一大批致力于慈善、救助的非政府组织。与此同时，人权问题也被提上日程，反战、节能等相继被人们所关注。

二、非政府组织参与全球治理的方式

政治机会结构是一个只包括国家和国内社会运动的排他系统，一般情况下，只有国家才是能为根植于主权国家背景之下的社会运动提供机会的最稳定的要素。然而，与社会运动发生必然或偶然联系的，不是主权国家本身，而是在不同层次中的权力中心。哪里存在着国际或国内的权力中心，社会关注的矛头就会指向哪里，而更高一层级权力中心的出现，也必然会丰富或者决定社会运动的行动指向目标。民族国家的出现，将国内范围的社会行为体的活动空间从地方扩展到了国家层面。随着区域性和全球性的政府间国际组织和非政府组织政治制度的出现，政治机会结构便延伸到跨国层面，非政府组织通过与政府间国际组织或者各主权国家互动发挥作用，参与全球治理，其方式有以下几种。

（一）提供服务

非政府组织常常超越政府在资源和价值方面的优先秩序限制，深入基层，为民众提供普遍、细致、周到和多样化的产品和服务。近年来，非政府组织在全球范围内的扶贫、教育、减贫救灾、卫生保健、人道主义救援和基础设施建设等领域的服务工作取得了很大的成功。非政府组织的这些服务项目或由其单独提供，或与其他机构合作提供，如各国政府和政府间组织将一些具体的发展项目转包给国际非政府组织来完成。

（二）影响政策

非政府组织在活动中更易于发现社会的即时需求，从而具体促成社会改革，引发政策与法规的制定或修正。非政府组织已经不满足于作为政府或市场“失灵”的“弥补者”，而是希望通过更为积极主动的方式推进社会政策的改变。它们往往通过直接对话、媒体宣传、个人游说等来动员舆论，施加压力，影响政府的决策。事实上，越来越多的政府和国际组织也正通过咨询等方式吸纳非政府组织参与到政策制定的过程中来。

（三）监督行为

非政府组织不仅参与政府和国际组织的决策过程，而且积极地对国际条约、承诺、计划和项目的落实过程进行监督。许多国家政府在做出了发展承诺或签署了国际宣言和协议之后，也常常处于非政府组织的监督之下。非政府组织通过其全球网络的合作机制，进行及时准确的信息收集和发布，对政府及政府间国际组织的行动过程施加影响和压力，从而起到监督的作用。非政府组织是不同于官方的信息渠道，在许多情况下它们所提供的信息往往是官方不喜欢和不愿意公布于众的。在非政府组织与官方意见相左、且无法直接制约官方的行动时，非政府组织甚至会考虑发起示威、抗议等全球性社会运动来表示自己的不满。

（四）促进合作

在全球治理的过程中，横亘在不同国家、不同部门之间的利益、见解的鸿沟往往导致误解和冲突，从而使得合作成本变得昂贵、困难重重，甚至难以为继。非政府组织一般被认为能超脱权力政治的纠葛，容易得到各方的理解和支持。非政府组织及其盟友在长期的活动中，通过自上而下或自下而上的联合，牢固树立了结盟意识，因而增进了合作的可能性。非政府组织在对话、协商和谈判方面的丰富经验和实践也有助于国际间合作的展开。

（五）调解冲突

冷战结束以来，全球性武装冲突的可能性变得很小，但区域性、种族和民族冲突却仍是当今世界的现实。非政府组织不仅对冲突地区和人民及时地提供人道主义援助，而且还直接参与维持和平和解决冲突，其方式全面多样，如在冲突前建立冲突预防和预警机制，在冲突中充当调解、游说劝服的角色，并实施监控，在冲突后帮助重建。

三、非政府组织参与全球治理存在的问题

与政府间国际组织不同，国际非政府组织不是主权国家的派生物，对

国家主权的影响也不同于政府间国际组织。该行为体凭借的不仅是权力，而且还凭借对独特资源的拥有、塑造国际共同价值观及规范的能力，在国际政治舞台上对和平、民主、自由等价值规范重塑，培育了生态的正义、人权的平等、和平的维护等更高一层的人类理想目标。由于非政府组织涉足的领域众多，能体现公众的意志并得到公众的支持，也有西方学者把非政府组织称为“压力集团”。人们的政治认同感因为国际理念的趋同性越来越从国家层面转移到全球层面和国际社会层面。另外，由于国家不能对日益脆弱的全球性问题做出适当的反应，从而导致非政府组织接受更多任务和资源方面的特权。

国际非政府组织对人类共同利益的关注在全球范围内赢得了越来越广泛的支持，但国际非政府组织在参与全球治理的过程中也暴露出其自身还存在着一些至今难以克服的问题。

（一）合法性问题

非政府组织必须在主权国家依据法律通过合法渠道注册。也就是说，在特定的主权国家内部，非政府组织的活动拥有相应的合法性。但是，非政府组织作为典型的跨国行为主体，其活动范围不仅仅局限于主权国家，还在国际社会层面广泛参与某个问题领域内政府间国际组织的活动；而且，传统的国家法认为绝大部分非政府国际组织不能被作为国际法主体来看待。作为国际行为体，在享受一定权利的同时，也必须有能力承担相应的国际义务，而国际非政府组织恰恰没有承担相应义务的能力，也就是说，它们不能在国际关系领域以国际行为体的名义从事活动。总的来看，虽然非政府组织在国际社会得到了广泛的认同，但是其在国际法方面的合法性问题依旧没有解决，其在国际关系领域的根基依旧不牢固。

（二）公平性问题

公平性是非政府组织能够得到国际公认的最基本前提。然而，在当前国际舞台上，非政府组织的公平性问题却不容乐观。从一个非政府组织的成长过程来分析，非政府组织的产生就是依照某个或某些主权国家的法律来注册的，这本身就体现了一种不平等性。国家法律本身就是为维护本国的国家利益而设定的，而一个跨国行为体的“行动方针”要依照这个国家的法律来制定，由此可见一斑。一旦这个组织的行为具有主观偏向性，必定会影响这个组织在全球事务中的价值判断，也就是说，这样的非政府组织就没有实现创立的宗旨，也就无法赢得国际上的认可，这个问题迟早会影响非政府组织在国际社会的立足。

（三）独立性问题

独立性是决定非政府组织能否独立参与国际事务不受大国强国干涉的基础。一旦失去了对国家和政府间国际组织的批判性视野，那么国际非政府组织对这些机构的监督与建议，也就只能是纸上谈兵。与公平性相关，国际非政府组织的产生就是建立在特定主权国家的意愿之上，为这一国家的既得利益集团服务，这样既会威胁到非政府组织的公平性问题，也会严重阻碍非政府组织对国际事务独立的判别能力，成为这些国家政治权力延伸的工具。另一方面，国际非政府组织的维持经费是由对这一组织认同的国家和国际组织承担。“拿人钱财，替人消灾”，对相关资源的依赖性，必然会影响非政府组织判别是非的能力，甚至会决定非政府组织的“选材”角度。还有一个方面，在当今世界无政府状态下，霸权主义与强权政治横行于世，强权大国完全可以左右一个组织的运行方向。

（四）干涉内政问题

非政府组织的参与促进了全球治理的有效性、规范性、广泛性和民主性。但是，全球治理中非政府组织的活动也有其负面性。国际非政府组织在发展中国家的活动，难免会带来西方文化的传输和价值观念的渗透。借助非政府组织的力量，一些别有用心的政府或组织可以达到全面文化渗透、政治制度移植、动摇甚至颠覆发展中国家政府执政基础的目的。过去二十多年来世界各地爆发的“颜色革命”就有此背景，部分国际非政府组织事实上也充当了西方发达国家“民主传销”和“柔性革命”的先锋。

案例三　全球公共卫生治理

未来中长期全球公共卫生安全可能呈以下几个发展趋势：一是未来人类健康及疾病控制压力将继续加大，因为全球化使传染性疾病大暴发的威胁上升，非传染性疾病（慢性与精神疾病）难以遏制，疾病控制与世界公共卫生体系比较脆弱。二是流感大暴发、艾滋病、生物武器和生物恐怖的潜在威胁等挑战使得未来全球公共卫生安全趋势不容乐观。其国际政治影响包括：传染疾病的全球流行最可能打乱并逆转全球化进程，艾滋病的蔓延对南部非洲国家将继续构成严峻挑战，气候变化对全球公共卫生安全的影响将更加突出。加强国际合作是维护全球公共卫生安全的有效途径。

世界卫生组织将全球公共卫生安全定义为旨在尽可能减少对一个国家的不同人群、不同团体、不同区域以及跨国性的群体健康的紧急公共卫生事件发生的可能性而采取的预见性和反应性行动。我们正生活在一个以高度流动性、经济相互依赖和通过电子手段相互连接为特征的全球化世界之中。在全球化背景下，人类社会、微生物界、自然环境和人类行为不断变化，这一切都使未来十年全球公共卫生安全形势面临前所未有的挑战。[①]

一、未来全球公共卫生安全趋势

疾病等公共卫生安全问题将严重影响人类的发展。2000 年 1 月，联合国安理会就艾滋病对非洲的和平与安全的影响举行辩论。这是安理会历史

① 案例参考了程春华、杨久华：《未来中长期全球公共卫生安全：发展趋势及其国际政治影响》，《社会科学》2012 年第 11 期。

上首次将健康问题作为一个安全的威胁来进行讨论。从此，公共卫生问题开始与国际安全相关联，被列入全球安全议程。2008 年世界前十位死亡原因为：缺血性心脏病（死亡人数 725 万，占总死亡人数的 12.8%），中风和其他脑血管疾病（死亡人数 615 万，占总死亡人数的 10.8%），下呼吸道感染（死亡人数 346 万，占总死亡人数的 6.1%），慢性阻塞性肺病（死亡人数 328 万，占总死亡人数的 5.8%），腹泻病（死亡人数 246 万，占总死亡人数的 4.3%），艾滋病毒/艾滋病（死亡人数 178 万，占总死亡人数的 3.1%），气管癌、支气管癌、肺癌（死亡人数 139 万，占总死亡人数的 2.4%），结核病（死亡人数 134 万，占总死亡人数的 2.4%），糖尿病（死亡人数 126 万，占总死亡人数的 2.2%），道路交通事故（死亡人数 121 万，占总死亡人数的 2.1%）。2030 年，全球年死亡人数可能升为 7300 万，人口老龄化将增加世界癌症、心血管病等非传染病在死亡因素中的比例，其致死亡人数将占总死亡人数约 70%。①

（一）未来人类健康及疾病控制压力增大

1. 全球化使传染性疾病大暴发威胁上升

与 20 世纪 50 年代相比，现在的疾病传播发生了巨大变化。当时，疾病情况相对稳定。人们的关注集中于霍乱、鼠疫、回归热、天花、斑疹伤寒和黄热病等六种检疫疾病，新的疾病很少。如今，在全球化加速发展的时代，疾病情况却是极度不稳定。2011 年世界民航客运量达到 28 亿人次，2014 年有望增加到 33 亿人次，② 全球人员流动大大增加传染因子及其传病媒介在国际上传播的速度和机会。因此世界上任何一个地方一旦暴发疾病或流行传染病，仅仅几小时后就会使其他国家和地区大难临头。不但传染病的传播速度史无前例，新病种出现的速度也超过了过去的任何一个时期。自 20 世纪 70 年代开始，新的传染病即以每年新增一种或多种的

① "AIDS to be one of top 3 causes of death by 2030", 11/28/2006, http://www.msnbc.msn.com/id/15922956/ns/health-aids/t/aids-be-one-top-causes-death，转引自《未来 20 年上亿人夭折于艾滋病》，http://www.wtai.cn/info/3695-1.htm。

② 《2014 年国际航空旅客运输量将新增 8 亿人次》，2011 年 2 月 22 日，http://www.5166.tv/Public/News_Show.asp?ArticleID=2263。

空前速度出现。现今约有40种疾病在一代人以前是不为人所知的。在过去五年里，世界卫生组织已经发现了超过1100种包括霍乱、小儿麻痹症、禽流感等在内的传染病病毒。

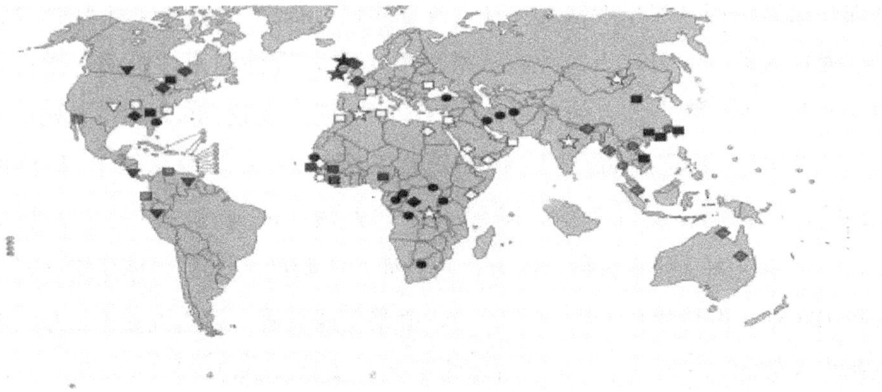

图3-1　1996—2004年部分新发和再发传染病

资料来源："The World Health Report 2007-A safer future：global public health security in the 21st century"，2008，http：//www.who.int/whr/2007/whr07_en.pdf

自1981年发现首例艾滋病病例以来，艾滋病迅速传遍全球。根据联合国艾滋病规划署公布的《2009年艾滋病流行报告》和《2010年艾滋病防治前景展望》，艾滋病流行至今，全球大约已有6000万人感染艾滋病病毒，2500万人死于艾滋病相关疾病。2010年全球艾滋病防治大约需要250亿美元。艾滋病已经成为全世界面临的主要威胁。世卫组织因此强调，全球处在史上疾病传播速度最快、范围最广的时期。

艾滋病对人类的威胁将继续加大。如果不从根本上加强预防措施，即便80%的人未来享受到抗逆转录病毒治疗，艾滋病致死人数仍将不断上升。在2006—2030年的二十五年里，全球死于艾滋病的人数将高达1.17亿。2030年，全球因患艾滋病而死亡的人数将上升至680万。但根据乐观预测，人们有望在今后得到更好的艾滋病防治方法，从而使得2030年艾滋病致死人数降至370万。①

① "AIDS to be one of top 3 causes of death by 2030"，November 28，2006，http：//www.msnbc.msn.com/id/15922956/ns/health-aids/t/aids-be-one-top-causes-death。转引自《未来20年上亿人夭折于艾滋病》，http：//www.wtai.cn/info/3695-1.htm。

2. 非传染性疾病（慢性与精神疾病）难以遏制

非传染性疾病与慢性病的危害不可小觑。导致大多数非传染性疾病死亡的是四组重大疾病：心血管疾病、癌症、糖尿病和慢性肺病；更广义的非传染性疾病还包括胃肠道疾病、肾病、神经系统疾病和精神疾患等健康问题。[①] 非传染性疾病是世界上最大的死因，在 2008 年使 3600 多万人失去生命，其中心血管疾病占 48%，癌症占 21%，慢性呼吸系统疾病占 12%，糖尿病占 3%。全世界有 3.46 亿人患有糖尿病，尤其在低收入和中等收入国家危害更大。[②] 将近 80%死于非传染性疾病的人来自低收入和中等收入国家。在非洲国家，非传染性疾病也在快速增长，预计到 2030 年将超过传染病、孕产妇疾病、围产期疾病和营养性疾病，成为最常见的致死原因。[③] 2030 年，非传染性疾病的致命率，预料将比传染性疾病高 5 倍。到 2030 年，非传染性疾病预计将夺走 5200 万条生命。据世界卫生组织预测，到 2030 年糖尿病的危害将会上升，全球患者或达 5 亿人，健康饮食、经常锻炼身体、保持正常体重和避免使用烟草，可预防或推迟二型糖尿病发病。[④] 发展趋势表明，许多高收入国家采取的降血压和胆固醇的行动正在产生效果，但是需要在体重指数以及处理糖尿病方面做更多工作。预计 2030 年中低收入国家新增癌症病例约 400 万例，高居世界榜首，形势让人堪忧。到 2030 年，几乎有 2360 万人将死于心血管病。预计它们将继续成为死亡的一个主要原因。[⑤] 据预测，慢性病引起的总死亡人数在今后十年内将进一步增加 17%，而同期传染病、孕产妇和围产期疾病和营养缺乏引起的总死亡人数则有望下降。[⑥] 2030 年，全球因吸烟致病死亡

① 世界卫生组织：《2010 年全球非传染性疾病现状报告》（摘要），2011 年，第 5 页。

② 世界卫生组织：《拟订所有国家的非传染性疾病发展趋势》，2011 年 9 月 14 日，http://www.who.int/mediacentre/news/releases/2011/NCDs_profiles_20110914/zh/index.html。

③ 世界卫生组织：《2010 年全球非传染性疾病现状报告》（摘要），2011 年，第 1 页。

④ 世界卫生组织：《糖尿病专题》，2011 年，http://www.who.int/diabetes/zh/index.html。

⑤ 世界卫生组织：《心血管病》，《实况报道》第 317 号，2011 年 9 月，http://www.who.int/mediacentre/factsheets/fs317/zh/index.html。

⑥ 世界卫生组织：《预防和控制非传染病：实施全球战略》，2007 年 4 月 5 日，http://www.ctc-health.org.cn/file/A60_15-ch.pdf。

的人数将增加53%，达830万人。[1]

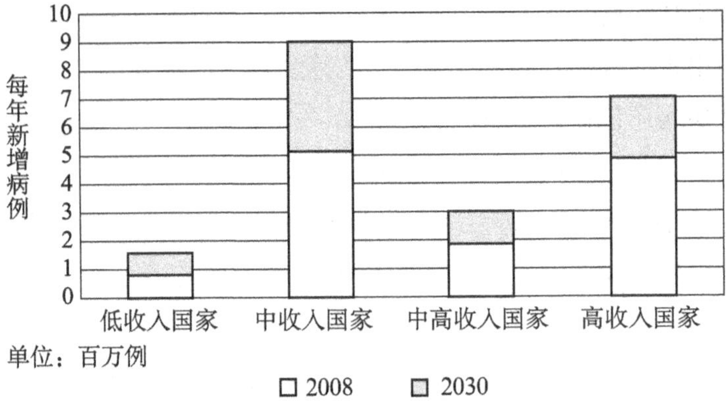

图3-2　2008年新增癌症病例及2030年趋势预测（按世界银行收入数据）

资料来源：WHO，"Chapter 1-Burden：mortality，morbidity and risk factors"，p. 13，2010，http：//www. who. int/nmh/publications/ncd _ report _ chapter1. pdf

非传染性疾病对未来发展产生一定负面影响。非传染性疾病造成的经济成本"将在未来二十年演变成惊人的经济负担"，对经济发展和扶贫都会带来巨大冲击。[2] 为所有低收入和中等收入国家提供最合算的个体非传染性疾病干预措施，总成本约为每年100亿美元。联合国估计，全球有近三分之二的人死于非传染性疾病，2005—2030年之间的二十五年，一些主要的非传染性疾病将带来35万亿美元的经济损失。2011年6月2—3日有110多个国家、大约20个联合国或地区组织和民间社会组织在东京出席的千年发展目标后续会议认为，非传染性疾病不仅在2015年以后日益构成全球性挑战，也对实现国际商定的发展目标构成威胁，包括千年发展目标。[3] 要实现卫生千年发展目标（MDGs）中49个低收入国家对非传染病的控制，这些国家到2015年人均（未加权）需要投入60多美元，远高

① "AIDS to be one of top 3 causes of death by 2030"，November 28，2006，http：//www. msnbc. msn. com/id/15922956/ns/health-aids/t/aids-be-one-top-causes-death；《未来20年上亿人夭折于艾滋病》，http：//www. wtai. cn/info/3695-1. htm。

② 《联合国报告：全球死者三分之二死于非传染性疾病》，2011年7月13日，http：//www. cxcdc. org. cn/typenews. asp? id=312。

③ 世界卫生组织：《加强非传染性疾病政策，促进积极老年生活》，2012年1月19日，http：//apps. who. int/gb/ebwha/pdf _ files/EB130/B130 _ R6-ch. pdf。

于目前投入的 32 美元。[①] 2011—2025 年之间，个体非传染性疾病干预年人均成本：在低收入国家为 1 美元，在中低收入国家为 1.5 美元，在中高收入国家为 2.5 美元。[②] 这将为中低收入以下国家经济社会发展增加沉重负担，贫穷与疾病或仍将在某些地区伴生共长。

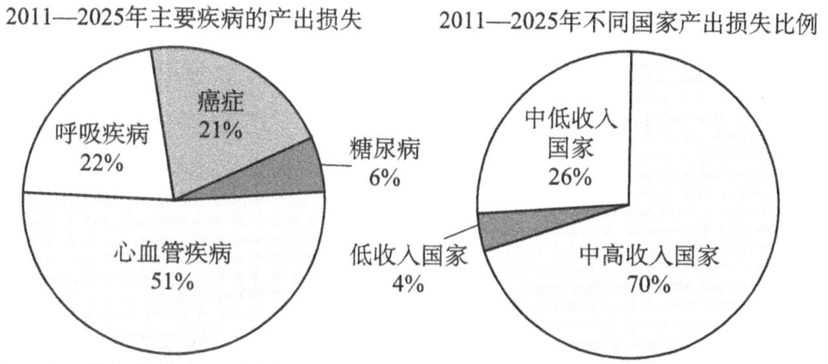

图 3-3　非传染性疾病对中低收入国家发展的负面影响程度（按疾病与收入类型）

资料来源："Based on The Global Economic Burden of Non-communicable Diseases", Prepared by the World Economic Forum and the Harvard School of Public Health, 2011; WHO, "From Burden to 'Best Buys': Reducing the Economic Impact of Non-Communicable Diseases in Low-and Middle-Income Countries", p. 5.

老龄化是非传染性疾病发生率和流行率上升的主要成因之一，而非传染性疾病又是导致可预防的患病和死亡的主要因素。全世界 60 岁及以上年龄人口增长速度是总体人口增长速度的 3 倍以上，到 2025 年将达到约 12 亿，这将带来人口结构变化。人口老龄化会产生公共卫生和经济影响，包括非传染性疾病比例上升，因此，能够预防或延缓诸如非传染性疾病的出现和严重程度，对促进健康老年生活至关重要。[③]

未来经济社会、生物学和环境因素，使精神卫生安全的压力很难降低。世界逾 4.5 亿人患有精神疾患，精神卫生症状常常导致相关个人和家庭陷入贫困，并妨碍国家经济发展。未来给精神卫生带来威胁的因素包括：日益增加的社会经济压力、快速变革、工作压力大、性别歧视、社会

① 世界卫生组织：《2010 年世界卫生报告》，2011 年，第 12 页。

② 世界卫生组织：《遏制非传染性疾病态势的低成本解决方案》，2011 年 9 月 18 日，http://www.who.int/mediacentre/news/releases/2011/NCDs_solutions_20110918/zh/index.html。

③ 世界卫生组织：《加强非传染性疾病政策，促进积极老年生活》，2012 年 1 月 19 日，http://apps.who.int/gb/ebwha/pdf_files/EB130/B130_R6-ch.pdf。

排斥、不健康的生活方式、面临暴力和身体健康不良的风险以及违反人权、特定的心理和个性因素、生物学病因，如遗传因素以及大脑中的化学品失衡等。① 未经治疗的精神障碍代价巨大，占全球总疾病负担的13%。单相抑郁是造成疾病负担的第三大原因，占全球疾病负担的4.3%，在低收入和中等收入国家则分别占3.2%和5.1%。到2030年，抑郁将成为全球疾病负担的最主要原因。如果在计算疾病负担时只考虑残疾因素，则精神障碍在低收入国家和中等收入国家分别占伤残损失健康生命年的25.3%和33.5%。今后二十年，精神障碍带来的全球经济产出损失将累计高达16万美元。②

3. 疾病控制与世界公共卫生体系将在艰难中进步

到2020年抗生素耐药性日益严重，超级细菌频繁出现，全球传染病控制的核心工作面临很大困难。2010年8月11日，国际权威医学杂志《柳叶刀》的网络版发表文章称，新发现一类具有很强抗药性的细菌“新德里-金属-β-内酰胺分解酶”菌（NDM-1）。这是一种能够对多种常用抗菌药具有抗性的细菌，方法是把抗菌药分解掉。目前为止临床最常用的抗生素——青霉素与头孢菌素，以及新发展的头霉素类、甲砜霉素类、单环β-内酰胺类等其他非典型“β-内酰胺”类抗生素，都含有“β-内酰胺环”结构，所以携带这种酶的细菌可以使几乎所有抗生素失效。当前滥用抗生素已成为全球性问题，一份研究显示，在蒙古对40%以上的儿童施用无处方的抗生素治疗呼吸道感染。③ 抗生素的滥用有多种原因。一是错误的认识，即以为抗生素对一切感染都有效。二是在发展中国家，药房不用处方就出售抗生素，因为其收入取决于销售额。制药公司为追求利润，促销抗生素，而不顾患者的需要。最后，多数抗生素由于其安全性和疗程较短等优点，很容易造成滥用；患者常常自行服用抗生素。面对这一严峻挑

① 世界卫生组织：《精神卫生：加强我们的应对活动》，2010年9月，http://www.who.int/mediacentre/factsheets/fs220/zh/index.html。

② 世界卫生组织：《精神疾患全球负担以及国家层面的卫生和社会部门进行综合性协调应对的需求》，2011年12月1日，http://apps.who.int/gb/ebwha/pdf_files/EB130/B130_9-ch.pdf。

③ 《世界卫生组织简报》，2010年12月第88期，第878页。

战，在《世卫组织控制抗菌素耐药性全球战略》发表近十年之后，世界卫生组织宣布把控制抗菌素耐药性这一问题作为2011年世界卫生日的主题。

随着经济社会与科技进步，未来世界公共卫生体系很可能在曲折中发展。到2030年，将在克服大规模流行病的后果、饥饿及其他紧急状况上取得一定进展。发达国家在老年医学、基因技术、纳米芯片和微感应控制设备[①]、器官移植、神经细胞（干细胞）、视网膜等方面的长足进步，将大幅提高人类的平均寿命，退休年龄将会提高。由于生活水平和病人医疗花费的上升，以及国家卫生健康支出的增加，亚洲、非洲和拉美国家医疗技术、公共卫生服务和药品的“新市场”将不断扩大。[②] 从现在到2015年，如果在49个低收入国家缩小贫富人群卫生服务覆盖率的差距，将能够挽救70多万女性的生命。[③] OECD预计，2030年微芯片已能有效检测出细菌性污染。[④] 世界卫生组织的疾病控制计划目标有望实现，到2015年使结核发病率停止上升趋势并逐步下降，2015年结核病患病率和死亡率比1990年降低50%，到2050年消除结核病。[⑤]

（二）未来全球公共卫生安全形势不容乐观

1. 21世纪以来新出现的三大威胁公共卫生安全的事件需要高度警觉

2001年“9·11”事件后不久发生的美国炭疽邮件导致22人受到致命性炭疽孢子的感染，其中5人死亡。有潜在暴露危险的32000人得到了紧急药品。2003—2004年美国政府为此耗费了17亿美元。这一事件使生物恐怖活动进入现代社会的现实生活，造成巨大的经济损失和公共卫生的危害。近年来西方世界一直生活在生物恐怖主义的恐惧之中。

2003年暴发的SARS是21世纪人类首先遭遇的新型严重疾病——严

---

① 美国布朗大学的研究人员称在十五年内，人类可以通过在大脑中植入一枚芯片，直接操作电脑。芯片接收了大脑神经的指令信号后，还能通过无线传递，将信息送到电视、音响、电动轮椅等电器上。

② A. A. 登金等：《2030年全球战略预测》，莫斯科：俄罗斯科学院世界经济与国际关系研究所，2011年，第21页。

③ 世界卫生组织：《2010年世界卫生报告》，2011年，第10页。

④ 陈政忻：《全球食品安全发展趋势》，《农业生技产业季刊》2011年第27期。

⑤ 世界卫生组织：《控制结核战略》，2011年，http://www.who.int/tb/strategy/stop_tb_strategy/zh/index.html。

重急性呼吸道综合征。SARS 的快速传播暴露了国际社会防控能力的薄弱。在短短五个月内疾病传播到 32 个国家，造成 8098 人感染和 774 人死亡，病死率 11%左右。SARS 的暴发引起国际普遍的恐惧和焦虑，显示一种新的、对之不熟悉的病原体可对国内和国际的公共卫生安全和经济产生重大影响。

2006 年一艘发自欧洲的货船将 500 余吨化学废物非法运入科特迪瓦阿比让市的多个地点，结果导致 85000 人患病，69 人住院，其中 8 人死亡。该事件引发科特迪瓦骚乱，政府下台，产生了严重的卫生、政治和经济后果。显然，大规模倾倒有毒化学废物正在对公共卫生安全构成显著威胁。

2. 流感大暴发将是全球公共卫生安全的最大威胁之一

世界卫生组织预警系统发出警告，未来十年可能面临一场流感的大流行。世界可能面临一种新型致命疾病的威胁，其危害程度将远超艾滋病、非典型性肺炎、“埃博拉”① 等疾病。根据以往流感大流行的经验，专家们认为世界 25%的人口将会受到感染，即可达 15 亿人。而再度发生的流感大流行，通过呼吸道传播、潜伏期较短的传染性疾病扩散，不会给人们太多的反应时间。如果这一预言应验，21 世纪的第一场流感大流行将对全球范围内的公共卫生和经济政治安全产生巨大影响，可能会带来毁灭性的后果。这极易使人联想到类似 1918—1919 年导致全球 2000 万人死亡的流感事件。因此，世界卫生组织将流感大流行称之为未来“最严峻的国家安全威胁”之一。

3. 艾滋病的流行很可能仍是全球公共卫生系统的严峻挑战之一

根据联合国艾滋病规划署的《2008 年艾滋病流行状况报告》，全球防治艾滋病的努力取得了显著进展，预防措施得到了加强，新增艾滋病病毒感染者的数量和死于艾滋病人口的数量都出现了下降，艾滋病的流行状况

---

① 埃博拉（Ebola），指一群属于纤维病毒科埃博拉病毒属下的数种病毒，以非洲刚果民主共和国的埃博拉河命名（该国旧称扎伊尔），可导致埃博拉病毒出血热，患此病可致人于死，包含数种不同程度的症状，包括恶心、呕吐、腹泻、肤色改变、全身酸痛、体内出血、体外出血、发烧等，具有 50%至 90%的致死率，致死原因主要为中风、心肌梗死、低血容量休克或多发性器官衰竭。

首次得到缓解。全球2008年新增艾滋病感染者人数已经比八年前下降了17%，其中撒哈拉以南非洲地区防控艾滋病进展最为明显。撒哈拉以南非洲地区的新增感染者人数已经下降了大约15%，东亚地区下降近25%，南亚和东南亚地区则下降10%。不过，尽管全球艾滋病患者在人口中的比例出现下降趋势，但总患病人数仍有所上升，全球目前仍有3300万人感染了艾滋病，其中67%集中在非洲撒哈拉以南地区，包括230万儿童。艾滋病仍然是非洲人的最大死亡原因。中国、印度尼西亚、肯尼亚、莫桑比克、巴布亚新几内亚、俄罗斯、乌克兰、越南、德国、英国、澳大利亚等许多国家的新增艾滋病病毒感染者的数量也都出现了上升的势头。因艾滋病死亡的人数仍在200万上下。未来这种状况不会得到改善。世卫组织预计，2030年因艾滋病死亡的人数将增加到650万，届时艾滋病将与缺血性心肌病、脑血管病、阻塞性肺气肿一起，成为人类死亡的四大杀手。

4. 生物武器和生物恐怖的潜在威胁将大大增加

其主要原因有三。

首先，一些国家和地区可能仍在继续研发生物武器。

其次，生物技术的迅速发展大大增强了生物武器的潜在威胁和生物恐怖的巨大风险。这主要表现为以下内容。第一，生物技术将使基因武器成为现实。通过基因改造可使战剂微生物毒力更强，对环境的抵抗性更大，对抗生素产生抗性，使原本有效的检测、治疗和预防措施失去作用，甚至可以人工制造出新的微生物、毒素和战剂。第二，生物技术使种族基因武器成为可能。随着人类基因组计划的完成以及对人类基因背景的认识，有可能针对不同种族的基因差异，设计出攻击特定人种的种族基因武器。第三，生物技术可以大大提高生物战剂的生产能力。近年来，大规模发酵技术、毒素生产及储存技术、气溶胶分散技术等生物武器相关技术取得了很大进展。应用微生物工程可生产公斤量级的生物毒素，计算机控制的续流发酵器可使一间普通实验室具有一家大型生物工厂的生产能力。

最后，以美国“炭疽病事件”为标志，生物恐怖对国际安全已经构成了现实威胁。据国外报道，目前全世界大约有15个国家和地区可能拥有生物武器研究发展计划，这些国家和地区大多处于不稳定的热点地区及我国周边地区。2001年12月，美国在《禁止生物武器公约》执行情况第五次审议会议上，公开指称伊朗、伊拉克、朝鲜、利比亚、叙利亚、苏丹六国违约研发生物武器。近年来，美国“生物武器计划”也浮出了“冰山一角”，表明美国正利用最新技术研发新型生物战剂，并从物剂特性到施放装置进行了全程部署和系统研究。相对于核武器、化学武器，生物武器技术要求低、投入少、杀伤面大、施放简便、难于侦检，是较理想的恐怖主义手段。

二、未来世界公共卫生安全的国际政治影响及其应对

如今，全球公共卫生安全问题已成为人类面临的重大全球性挑战，也被公认为当今世界非传统安全议题的重要组成部分。全球公共卫生突发事件对国际政治产生巨大的影响，成为政治家面对的重大问题。防治艾滋病扩散成为国家间合作的重要议题，预防大规模传染病流行牵动各国政府的神经。未来十年，全球公共卫生问题与国际安全的关联将更加明显和密切。2020年的国际政治和安全形势将受到全球公共卫生问题日益深刻的影响，必须加强世界公共卫生安全问题的防范与应对。

（一）未来世界公共卫生安全的国际政治影响

有学者归纳了世界公共卫生安全对国际政治影响的特点。一是跨国性，疾病传播无国界。二是不确定性，传染性疾病的发生和造成的危害往往难以预料。三是转化性，疾病社会传播后迅速超越卫生领域，易造成人们的恐慌而转化为社会经济和政治问题。四是协作性，应对疾病等卫生问题需要加强部门间配合和地区间乃至国际合作。研究处理国际政治中的卫生问题，必须从政治、经济、社会、文化、科技、心理、医学等多学科跨学科研究，从国内问题与国际政治相联系的角度考察。[①]

① 尹力：《重视国际政治中的卫生问题》，《学习时报》2005年12月。

1. 传染疾病的全球流行最可能打乱并逆转全球化进程

冷战结束以来，全球化加速发展，正在深刻影响国际关系的进程。在全球化发展的进程中，南北差距扩大、气候变化、金融危机和恐怖主义等一系列全球性问题更加突出，反全球化的潮流也应运而生。相比之下，2020 年最可能打乱并逆转全球化进程的事件就是传染疾病的全球流行。从历史上看，传染疾病的全球流行曾屡次改变人类历史。发生在 14 世纪的鼠疫在全世界造成了大约 7500 万人死亡，其中 2500 万为欧洲人，欧洲历史从此改写。在 1918—1919 年间，世界上几乎 1/ 3 的人感染了流感，造成 1 亿人死亡，人类早期的全球化进程由此逆转。今天，传染疾病的影响依然致命，人类依然脆弱。以 SARS 为例，2003 年 SARS 的流行是有可能成为导致数百万人死亡的全球性大流行。虽然通过利用经典的监测和应对流行病学的方法，这次流行得以有效控制，但此次流行导致亚洲国家 2003 年的 GDP 损失约 200 亿美元，若按总支出和商业损失计算则高达 600 亿美元。据研究，如果 1%的世界人口被感染，GDP 会降低 5%。患病人口每增加 1%，经济损失就会再多 1 个百分点。[①] 当前每年人类流感通过季节性流行迅速在世界范围内传播，已造成大约 300 万～500 万的重症病例和 25 万～50 万的死亡病例。而季节性流感的暴发一般首发在地球的东部，然后传播到西方。

2. 艾滋病的蔓延很可能扩大南北差距，威胁国际安全

撒哈拉以南非洲地区是目前全球艾滋病感染率最高的地区，高达 67%，其中包括 230 万儿童。未来十年内这一趋势将继续保持。该地区的一些非洲国家由于较高的艾滋病感染率，导致经济发展举步维艰。即使从传统的国家安全角度来看，艾滋病也对该地区的和平与稳定构成现实威胁。该地区一些国家军队中的感染率高达 50%以上，而马拉维和津巴布韦的军队感染率已经达到 75%～80%，南非军队感染率则高达 90%。

① “The World Health Report 2007：A safer future：global public health security in the 21st century”，August 2007，http：//www. who. int/whr/2007/whr07 _ en. pdf.

表 3-6 撒哈拉以南非洲地区部分军队的艾滋病病毒流行情况

国 家	估计的艾滋病病毒流行率（%）
安哥拉	40—60
刚果民主共和国	40—60
坦桑尼亚	15—30
刚果（布）	10—25
科特迪瓦	10—20
尼日利亚	10—20
厄立特里亚	10

资料来源：DIA/AFMIC，1990. 转引自徐丽娜：《艾滋病病毒损害国家安全》，2001 年 8 月

如果一个国家的军队半数以上感染了艾滋病，那么国防力量如何保卫国家的安全和公民的生活呢?

一些研究表明，艾滋病将在很大程度上继续削弱非洲一些国家的国家能力，导致政府的合法性降低和国内局势的不稳定，促使更多失败国家的出现，并因此滋生恐怖主义，最后助长国际生物恐怖主义活动。由于艾滋病暴发而导致的难民问题已成为该地区的不稳定因素。

艾滋病对联合国维和行动的影响也引起联合国的高度关注。维和部队部署的大部分地区都是艾滋病高发区。因为面临感染艾滋病的风险，维和人员成为艾滋病的载体并且将疾病传播到其他地区。如果大量维和人员感染艾滋病，那么维和部队的作用就会大打折扣，从而影响国际安全。

此外，值得我们关注的是，由于中国在非洲的投资越来越多，该地区的动荡与不安将对中国的海外投资与人员安全构成日益严重的威胁。

3. 全球公共卫生安全与气候变化问题互动影响全球治理

进入 21 世纪以来，气候变化对全球公共卫生安全的影响受到世界卫生组织的高度关注。根据 2002 年世界卫生组织报告的估计，气候变化对 2000 年全球腹泻病例的贡献率大约是 2.4%，对一些中等收入国家痢疾病例的贡献率大约是 6%。[①] 2009 年，世界卫生组织发布一份报告明确指出，气候变化将对维持健康的一些基本要素，如清洁的空气和水、足够的粮食和住所产生严重的负面影响。在大气方面，极端高温天气可以直接致人死

① WHO, "World Health Report 2002: Reducing risks, promoting healthy life", Geneva, 2002.

亡。据估计，欧洲2003年夏季的一场热浪使70000人失去生命。温度升高还将加重大气污染，如光化学烟雾事件将更加严重。目前全球城市空气污染导致120万人死亡，其中主要是心血管疾病和呼吸道疾病。在水资源方面，气候变化导致降雨带的变化、蒸发量的增加和冰川融化，加剧水资源紧张局势。缺水人口将从1990年的15亿增加至2050年的30亿～60亿。在粮食方面，2020年温度上升和多变的降雨可能导致许多赤道地区的发展中国家粮食减产达50%。这将加重发展中国家营养不良的形势。当前，世界每年有350万人因营养不良而死亡。在居住方面，2020年气候变化导致的极端气候事件将明显增加。这一趋势将使与天气有关的自然灾害造成的损失更加严重。20世纪90年代前，这方面的自然灾害曾夺去60万人的生命，使无数人失去家园。

与此同时，2020年气候变化还将对传染性疾病的控制构成新的挑战，因为许多病毒对温度和湿度高度敏感，比如霍乱和腹泻等。所以，气候变化可能使国际社会控制传染病的努力受到严重打击。① 若全球公共卫生突发事件与气候异常灾难并发，给全球卫生治理带来的不利影响不堪设想。如何防范气候大灾之后的大疫，并避免大乱，成为各国政府治理能力的重要考验。

展望2020年，伴随全球化的进程，全球公共卫生问题将在全球安全与全球治理议程上占据更加重要的地位，如何应对全球公共卫生问题将继续成为国际政治的重要内容。

（二）全球公共卫生安全的应对

加强国际合作是维护全球公共卫生安全的有效途径。《世卫组织战略议程（2008—2013）》提出一系列国际卫生合作的目标与措施。

1. 卫生系统发展的目标是基本卫生服务的普遍可及

要对以下方面提供支持：开展卫生改革，改善卫生筹资，提供卫生服务，卫生人力资源，药物的提供、可及和合理使用，实验室安全，中医药

① WHO，“Protecting Health from Climate Change：connecting science”，*Policy and people*，Geneva，2009.

研究及临床检测以确保质量和标准。①

2. 实现与卫生相关的千年发展目标（MDG）

具体目标如下：消灭极端贫困和饥饿，重点关注贫困和脆弱人群（特别是低收入流动人口、贫困少数民族及偏远地区人群），将其作为《国家合作战略》各规划领域的跨领域问题和共同目标，尤其是在卫生系统发展领域；促进男女平等并赋予妇女权利；通过利用各规划领域的性别分层数据、性别分析和应对工作，以及在妇幼保健、乙肝、艾滋病、结核病、控烟领域开展目标明确的活动，将男女不平等作为一个跨领域事项来解决；降低儿童死亡率和改善孕产妇健康；对防治疫苗可预防疾病和扩大免疫规划工作提供支持，减少乙肝，消除麻疹，保持无脊灰状态，引入新疫苗以及管理接种后不良反应等；加强妇幼保健干预措施：妇女保健和生殖卫生综合服务的可及性，质量可靠的产前、产科和新生儿基本服务包，儿童生存，儿童疾病综合管理，青少年健康，妇幼保健的监测及数据质量，基本妇幼保健服务的成本测算、监督和评价，婴幼儿喂养和营养，出生缺陷的预防；防治艾滋病、疟疾和结核病；加强艾滋病预防、监测、检测、咨询、治疗和关怀，重点为流动人口的耐多药和广泛耐药结核问题，以及结核-艾滋病双重感染问题，确保环境的可持续性；加强用水质量、改水、改厕工作，加强跨部门政策，以符合国家环境卫生重点。②

3. 减少非传染病（NCD）及相关死亡的高负担

对非传染性疾病国家防治战略及计划的实施、监测、预防等工作，以及政府和私营部门间的协调和沟通等工作提供支持。支持控烟工作及《世界卫生组织烟草控制框架公约》的实施工作。③

4. 应对新发公共卫生威胁

传染病及新发传染病：加强监测及反应措施，强化实施《国际卫生条例》和《亚太地区新发疾病防治战略》，完善协助管理公共卫生突发事件

①②③ 世界卫生组织：《国家战略合作概览》，2008 年 5 月，http：//apps. who. int/iris/bitstream/10665/1758/1/WHO _ DGR _ CCO _ 08. 05 _ CHIna _ CHI. pdf。

的“全球疫情警报与反应系统（GOARN)”。保障食品安全，支持《国家食品安全监管框架》的实施；加强国家立法，提高食品安全管理和监督的能力。促进药品安全，支持建立一个全面的国家药品安全体系，提高药品监督、管理和监测的能力，加强假药方面的国际信息交流。应对环境卫生威胁，开展脆弱性评估，制定适应、减轻气候变化及空气污染的卫生战略，提高执行《国家环境与卫生行动计划》中与气候变化和能源有关条款的能力。①

《2007 年世界卫生报告》提出了维护世界公共卫生安全的六项指导性和启示性建议。一是全面实施《国际卫生条例（2005)》。该条例于 2007 年 6 月 15 日正式生效，为世界各国、首先是 WHO 成员国维护和促进公共卫生安全提供了国际法律依据。二是动员全球全社会参与与合作。国际组织、各国政府、媒体、企业等各种主体，应当在疾病监测、疫情报告和应急反应等方面进行全球合作，共建全球公共卫生安全体系。三是加强知识、技术和物资资源共享。相关方有效沟通交流，及时共享疫情信息、病原微生物及其他实验室样本、疫苗、诊断方法、治疗方案和设施设备等资源。四是提高预测、预报和决策能力。加强公共卫生机构能力建设，有效预测和应对风险。五是政府各部门通力协作，提高公共卫生安全工作的效率。六是加强公共卫生体系内涵建设。调动全球和国家资源，增加公共卫生人员培训，提高监测水平，加强设施建设，提高实验室能力，强化应急反应网络，做好科学研究和开发，持续推进疾病预防工作。②

全球化时代的国际卫生合作任重道远。正如世界卫生组织总干事陈冯富珍博士所言：“在一个全球贸易和旅游广泛发展的时代，新的和已有的疾病能够超出国家边界，威胁我们的集体安全。我们只有通过发达国家和发展中国家之间大力合作并更加注重信息分享和加强公共卫生系统与监

① 世界卫生组织：《国家战略合作概览》，2008 年 5 月，http：//apps. who. int/iris/bitstream/10665/1758/1/WHO _ DGR _ CCO _ 08. 05 _ CHIna _ CHI. pdf。

② “The World Health Report 2007-A safer future：global public health security in the 21st century”，2008，http：//www. who. int/whr/2007/whr07 _ en. pdf.

测，才能遏制这些疾病的传播。”[1]

如今，尽管预防、控制和治疗传染病的手段越来越高明，但传染病仍对公共卫生安全构成巨大威胁。这主要有两方面原因。第一，某些疾病仍在发展中国家肆虐，但发展中国家发现和应对传染病的能力有限，这很有可能导致疾病在全球的快速传播。第二，人类与动物间物种屏障被打破导致新发传染病的散发、微生物从动物宿主迁移到人类宿主导致的疾病爆发均可能带来疾病在全球范围的流行。未来十年，这两大原因将依然存在。在与传染性疾病进行长期斗争的过程中，世界卫生组织提醒世人，完全杜绝传染性疾病的发生是不可能的。因此，在与不断进化和适应性不断增强的微生物的斗争中，在维护全球公共卫生安全方面，要永远警钟长鸣。

展望未来，随着全球化的发展，世界变得越来越复杂并日益相互依存，微生物的世界因其生存环境的改变也使它们的毒力、传播方式和耐药能力发生改变。那些威胁全球卫生安全的突发事件将继续出现。应对的有效方法是建立快速反应和高效的全球体系。这个全球体系以强大的国家公共卫生基础设施和能力为基础，能够对特别的健康威胁做好充分准备，具备有效的降低风险、协调预警和应对行动的能力。

---

① 世界卫生组织：《总干事致词》，http：//www. who. int/world-health-day/previous/2007/activities/dg _ message/zh/index. html。

第四章

当代中国与全球治理

- 和谐世界与全球治理
- 全球治理的中国担当
- 国际组织中的中国责任
- 贫困治理的中国道路

走过三十五年改革开放道路的中国，与国际社会的关系发生了历史性变化。国际社会对中国在全球治理中发挥更大作用持有较高的期待。日益全球化的中国需要进一步参与全球治理，这不仅是维护中国自身发展和安全利益的需要，也是中国作为大国的责任所在。

第一节　和谐世界与全球治理

20 世纪 90 年代后，全球治理理论开始在西方兴起，引起国际社会的广泛关注。全球治理是西方学者对人类未来发展的思考，面对日益增多的全球性问题，西方的理论家认为应当提倡在全球的范围内对这些问题进行治理。中国作为全球具有影响力的国家之一，必然要对这一命题有所回应。从全人类的角度出发，中国提出了“和谐世界”的理念，这一理念蕴含了东方的智慧，进一步丰富和发展了全球治理理论。

一、中国参与全球治理的过程

1980 年可以视为中国参与全球治理的起点，因为在这一年世界上的两大国际金融机构国际货币基金组织和世界银行分别恢复了中华人民共和国的合法席位。中国是国际货币基金组织和世界银行的创始国，但由于种种原因合法席位一直未能恢复。1980年4月17日，国际货币基金组织恢复中国合法席位。1980年9月13日，世界银行恢复中国合法席位。从1980年至今，中国参与全球治理的程度也在不断发生变化。

（一）开始参与时期（1980—1990年）

伴随着改革开放的进程，中国明确了以经济建设为中心的发展战略。这一战略的确立对中国外交战略的调整产生了重大影响，使中国的外交战略开始淡化意识形态因素，而开始重视经济利益。也正是在这种大背景下，中国对国际组织的态度趋于积极，开始积极参与国际事务。除了加入世界银行、国际货币基金组织外，中国在20世纪80年代陆续加入世界知识产权组织等多个联合国专门机构，并为恢复关贸总协定的缔约国地位积极努力。

另一方面，意识形态因素在中国外交中的影响力开始减弱，打开了中国外交的思路，在政治安全和人权等领域，中国的态度也发生了转变，开始参与安理会应对有关热点问题，并开始参与联合国维和行动、联合国裁军谈判会议、联合国人权委员会等。对待联合国维和行动的态度，中国由最初的不关心转为成为联合国维和行动的一员。在1981年的第三十六届联合国大会上，中国对联合国维和行动在缓和国际紧张局势方面发挥的作用表示肯定；从1982年起，中国开始积极支持联合国维和行动，为联合国观察员部队和联合国驻黎巴嫩部队费用摊款；1986年，中国首次派考察组前往中东对联合国维和行动进行实地考察；1988年12月，中国正式成为联合国维和行动特别委员会的成员。1982年，中国当选为联合国经社理事会人权委员会成员，并于1985年再次当选；从1982年开始，中国每年派代表团参加该委员会的届会。

（二）全面参与时期（1991—2001年）

冷战结束后，各国相互依赖性加深，中国对参与国际事务和全球治理的态度也更加积极，进入了全面参与时期。20世纪90年代初期，中国对参与国际组织态度的转变与当时要打破西方国家对我国的封锁有关，一些别有用心的西方国家借“六四事件”对我国进行外交上的孤立，而我们借助参与国际组织粉碎一些国家的阴谋。这只是一方面，中国参与全球治理更为重要的一点是：中国必须依靠国际组织框架下的多边合作来解决或协助解决日益增多的跨国共同问题（如跨国犯罪、能源安全、环境、毒品走私、跨国金融风险、大规模杀伤性武器扩散、贸易保护主义、跨国疾病传染、地区安全等）。[①] 因此，无论是在地区层次上还是在全球层次上，中国都积极参与到全球治理的过程中。中国先后参加了 APEC、亚欧会议等区域合作机制，并发起成立了上海合作组织、10+1 合作等机制。2001 年中国加入 WTO。到世纪之交，中国加入了 130 多个国际和地区组织，参加了 300 多项多边条约。就国际组织的参与数量而言，中国已接近发达国家和世界其他大国的水平。[②]

（三）深入参与时期（2002 年至今）

一是积极开展峰会外交。中国领导人出席了 APEC 峰会、亚欧峰会、G20 峰会等峰会。二是发起或参与发起朝核问题六方会谈、金砖国家等机制。中国同非洲、拉美、中东等地区建立了多个经贸合作论坛。三是中国缴纳的联合国会费从 2003 年的 1.532%上升到 2013 年的 5.148%，达 1.07 亿美元，排名第六，在发展中国家中排第一。四是中国是联合国维和行动第六大出资国和第十五大出兵国。自 1990 年以来，中国共派出 2 万余人次参加联合国维和行动。2008 年起，中国连续派出海军护航编队赴亚丁湾参加打击索马里海盗行动。

这一时期，中国已不仅仅是参与全球治理的普通一员，而是在全球治理过程中发挥重要作用的一员。特别是 2008 年金融危机发生以来，以中国为代表的新兴大国话语权开始上升，要求对已有的规则进行修订，增加新兴国家投票权的比重。

二、中国参与全球治理的特点

中国作为一个正在崛起的大国，面对全球治理的迅速发展，必然会有

① 苏长和：《发现中国新外交——多边国际制度与中国外交新思维》，《世界经济与政治》2005 年第 4 期，第 12—13 页。

② 江忆恩：《中国参与国际体制的若干思考》，《世界经济与政治》1999 年第 7 期。

自己的思考和回应。全球治理理念源于西方，由于各自发展阶段、历史文化传统和国际地位的不同，中国在参与全球治理的过程中有其自身的特点。

（一）中国和西方国家对全球治理的理解不同

中国和西方国家对全球治理的理解不同，主要有以下几个方面的原因。

第一，中国进入国际社会的时间较短，对许多领域的国际规则、机制都不是非常了解，需要有一个学习适应的过程。此外，中国的综合国力还不是很强，属于正在崛起中的国家。这种状态决定了中国在处理国际事务时低调、谨慎的风格，希望依靠现有的国际制度处理全球公共问题。

第二，中国作为一个发展中国家，经过艰苦卓绝的民族独立运动才获得国家主权，因此对主权有特殊情结。一般而言，发展中国家多是经过艰苦的民族独立斗争才取得国家独立，对国家主权非常珍视，将其视为民族独立政治成果的表现。另外，当今国际政治经济秩序的不公平现象进一步刺激发展中国家，只有国家强大才能在国际社会获得认可和尊重，真正摆脱西方发达国家的控制。导致发展中国家对有可能削弱国家主权的全球治理的内容保持警惕。

第三，中国是一个社会主义国家，中国对自身在国际社会中属性的定义有强调特殊性的一面，例如中国共产党领导、中国特色社会主义道路、社会主义制度。东欧剧变、前苏联解体后，社会主义阵营大大削弱，中国作为经济取得重要成就的社会主义国家，为其他社会主义国家的发展树立了榜样，同时也不能对西方国家对社会主义国家的颠覆活动放松警惕，尤其是一些西方国家借全球治理之名干预国家内政。

很显然，上述因素使中国在参与全球治理的过程中，一方面感受到全球治理的必然性和合理性，从而加深了对国际事务的参与力度和与国际规则接轨的自觉性；另一方面对西方国家借全球治理的名义干预国家内政保持警惕，对突破多边主义和现有国际体制在全球层面推动全球治理持谨慎的态度。由此决定了中国全球治理最大的特点：在国家层面参与全球治理。

(二) 中国参与全球治理的特点

基于以上分析，中国参与全球治理有以下几个方面的特点。

1. 全球治理必须是针对全球性问题的治理

全球治理范围非常广泛，包括政治、经济、文化、社会等人类生活的方方面面，而中国视野下的全球治理针对的是具体的全球性问题。主要表现为两方面。一方面，全球性问题是具有全球性、公共性的问题，比如生态、资源、环境、人口等问题既关系到全体人类的发展，又与每个个人息息相关，最典型的特征就是公共性。全球性的问题必须通过全球层面的对话、协商、合作，进而建立有效的机制和制度加以解决，但也必须重视全球性问题在国家或地区层面的表现，重视国家或地区在治理全球性问题过程中的作用。全球性问题在具体国家或地区的表现或程度不同，但由于其全球性和公共性，为全球治理提供了平台。一个国家借助国际社会力量治理本国存在的全球性问题是推动全球治理的一种方式。另一方面，全球性问题必须具有超越意识形态性。全球问题的超意识形态性是指其存在的普遍性、挑战的共同性、利益的相关性。① 无论是社会主义国家还是资本主义国家，在全球性问题面前都是平等的，不因是社会主义国家就存在，也不因是资本主义国家就可以避免。全球性问题是全人类面对的共同问题，威胁全人类甚至子孙后代的利益。全球性问题的这一特性有助于国际合作的达成，尤其是针对超意识形态性较强的问题的合作。简言之，中国的全球治理以全球性问题为导向。

2. 全球治理主要是国家层面的跨国合作

全球治理指的是多个行为主体在全球层面以对话、协商、合作的形式应对全球性问题，对人类公共事务进行管理，像艾滋病、跨国犯罪、环境保护、打击恐怖主义，等等。在全球治理的诸多领域中，中国已经参与其中并将发挥积极作用，但中国参与全球治理主要是以国家或政府的身份参与的，这就决定了中国参与的全球治理是在国家层面上进行的。

---

① 蔡拓：《全球治理的中国视角与实践》，《中国社会科学》2004 年第 1 期，第 100 页。

这里有两个需要探讨的问题：全球层面与国家层面的关系、跨国合作与国际合作的关系。在一个日益相互依赖的世界，人们不仅在全球层面对某些问题达成全球性的规范、制度，以加强人类公共事务的有效管理，维护全人类共同利益，而且也会对虽然在一国之内存在但却有全球影响的问题进行治理。虽然这种治理活动是在国家层面，但却有全球性影响，因此也属于全球治理的范畴。例如，中国在环境保护、打击恐怖主义和预防金融危机方面，与国际社会存在广泛合作，既包括发达国家，又包括国际政府组织、全球公民社会等非政府组织。中国在以上领域取得成就符合全人类的共同利益，也将推动全球治理的发展。因此，全球治理不仅包括全球层面的治理还包括国家层面的治理。关于跨国合作与国际合作，有学者认为："跨国合作是突破国家中心、国家主体的合作，它必须包括非国家行为体，特别是非政府组织。只有国家、国际政府间组织和全球公民社会三大主体共同参与的合作，才称其为跨国合作，同时也满足国内层面的全球治理要求。如果仅有国家间或国家与政府间国际组织的合作，那只是传统的国际合作。"① 我们认为，传统的国际合作与跨国合作的区分不在于参与主体的区别，而是由合作内容决定的。国际合作的内容是传统的国际问题，比如两国间的边境纠纷，这类问题的影响范围有限，而跨国合作的内容是全球性的问题，像臭氧层保护、全球金融危机、艾滋病等具有全球影响的问题。换言之，传统的国际合作与跨国合作的区别是跨国合作的内容是全球性问题。

3. 全球治理是新兴国家积极参与国际事务、提升国际影响力的途径

进入21世纪后，以金砖国家为代表的新兴经济体逐渐崛起，经济保持了快速增长的势头。尤其是2008年金融危机以来，在西方国家经济普遍疲软的情况下，新兴国家尤其是金砖国家经济仍然保持稳定增长。据国际货币基金组织统计，2011年发展中国家占全球GDP的比重将达到52%，首次超过经合组织国家。② 新兴国家是目前全球发展动力最强劲的

① 蔡拓：《全球治理的中国视角与实践》，《中国社会科学》2001年第1期，第100页。

② 夏安凌、唐辉、刘恋：《新兴国家的崛起与国际格局的变化》，《教学与研究》2012年第5期，第70页。

国家。随着实力的增强，新兴国家要求在国际社会有更多的话语权和代表性，而全球治理则为新兴国家积极参与议题设置和规则设定提供了平台。换言之，全球治理是新兴国家把自身实力转换为国际影响力的途径。以国际金融秩序改革为例，新兴国家通过参与国际金融秩序改革，提升了在国际金融秩序中的地位和发言权。2010 年 4 月，世界银行的投票权改革方案获得通过，发展中国家和转轨国家在国际复兴开发银行的投票权提高了 3.13 个百分点，从 44.06%升至 47.19%；在国际金融公司发展中国家和转轨国家的投票权提高 6.07 个百分点，从 33.41%升至 39.48%，其中，中国在世界银行的投票权从 2.77%提升至 4.42%，成为仅次于美国和日本的第三大股东国。[①] 如果说新兴国家的代表是金砖国家的话，那么中国则是金砖国家中“含金量”最大的国家。中国的崛起是在促进世界和平中实现崛起，是在促进全球稳定中实现崛起，是在坚持不称霸、不谋霸中实现崛起。[②] 另外，G20 的崛起也是新兴国家在全球治理的平台上提升国际影响力的体现。2009 年 9 月 25 日，G20 匹兹堡峰会发表的领导人声明宣布，G20 将取代 G8 成为永久性的全球经济主要协调和合作机制，一直以来被称为“富人俱乐部”的 G8 逐渐将其组织功能转移到 G20，G8 的功能将大大弱化。同时 G20 同意将发展中国家在国际货币基金组织中的投票权提升 5%，发展中国家的发言机会也会增加。

三、中国参与全球治理的主张：和谐世界

“和谐世界”的理念由时任中国国家主席胡锦涛在联合国成立 60 周年首脑会议上首次提出，主要内容是以平等开放的精神，维护文明的多样性，从而促进国际关系民主化，努力构建各种文明兼容并蓄的和谐世界。2006 年 4 月 21 日，胡锦涛主席在美国耶鲁大学发表的重要演讲进一步扩

① 谢旭人：《世行投票权改革具有示范效应》，中国新闻网，http：//www.chinanews.com/cj/cj-gncj/news/2010/04-26/2246197.shtml。

② 林利民：《对“奥运后时代”中国国际战略的思考》，《现代国际关系》2008 年第 9 期，第 79 页。

展了和谐世界理论的内涵。[①] 2006年6月15日，在上海合作组织上海首脑峰会上，“和谐地区”概念的提出使和谐世界理论进一步系统化、理论化。[②] 而在同年8月23日中央外事工作会议上，和谐世界理论得到了全面总结。[③] “和谐世界”理念作为中国提出的一项关于构建世界新秩序、解决全球性问题的国际主张，既有对全球治理理论的补充和完善，同时也包含了中国对于全球治理所作出的创新性理解和阐释。

（一）和谐世界的基本内涵

“和谐世界”理念是中国在全球化时代基于国际关系多元化的现实而提出的一项全球治理新范式。中国主张的和谐世界，就是一个各国在尊重不同文明、不同历史文化传统差异，尊重各国、各民族自主选择社会制度和发展道路权利的前提下，以平等开放的精神，共同致力于维护世界和平与发展，维护文明的多样性，促进国际关系民主化，实现人与自然和谐相处。和谐世界的基本内涵包括以下内容。

1. 和睦互信，共同安全

和平与安全作为人类社会发展进步的基础性条件，是和谐世界的首要前提和根本保障。“没有和平，不仅新的建设无以推进，而且以往的发展成果也会因战乱而毁灭。无论对于小国弱国还是大国强国，战争和冲突都是灾难。”[④] 因此，各国应该彻底摒弃冷战思维，通过建立公平、有效的集体安全机制，防止冲突和战争；坚持以和平方式，通过平等协商和谈判解决国际争端；根据公正、合理、全面、均衡的原则，实现有效裁军和军备控制，防止大规模杀伤性武器扩散。总之，“要尊重各国的独立和主权，尊重各国人民自主选择社会制度和发展道路的权利，树立互信、互利、平等、协作的新安全观，坚持通过和平方式解决国际争端，促进世界各国和

① 参见胡锦涛：《在美国耶鲁大学的演讲》，《人民日报》2006年4月23日，第1版。

② 参见《上海合作组织峰会在上海隆重举行，胡锦涛主席主持会议并发表重要讲话》，《人民日报》2006年6月16日。

③ 参见《中央外事工作会议在京举行，胡锦涛温家宝作重要讲话》，《人民日报》2006年8月24日。

④ 胡锦涛：《努力建设持久和平、共同繁荣的和谐世界——在联合国成立60周年首脑会议上的讲话》，《人民日报》2005年9月16日。

睦相处”。[①]

2. 民主平等，协调合作

在国际关系领域，民主平等的体现就是国际关系民主化，它是国际关系发展的客观要求，也是和谐世界的基本内涵。和谐世界，应该是一个民主平等、协调合作的世界。无论大小、强弱，各国都是国际社会的平等成员，应该相互尊重，平等相待。反对霸权主义思维和强权意识，不应把自己的意志强加于他国，把本国的安全与发展建立在牺牲他国利益的基础之上。另外，各国内部的事情应由各国人民自己决定，其他国家不得干预，国际事务应由各国平等协商解决。在处理国际关系时，应坚持从各国人民的共同利益出发，努力扩大利益的交汇点，在沟通中增强了解，在了解中加强合作，在合作中实现共赢。[②]

3. 公正互利，共同发展

发展，是人类共同的主题，是人类社会进步的根本动力和维护世界和平的重要保障。和谐世界应该是一个普遍繁荣、共同发展的世界。各国通过推动全球和区域经济合作，解决全球经济发展中面临的问题，建立一个利益共享、共同发展的世界，建立健全公正、合理、非歧视的国际多边贸易体制，进一步完善国际金融制度，使世界各国在自由贸易中实现优势互补，互利共赢。作为发达国家本身来说，由于本身处在更高的发展阶段，应该为实现全球普遍协调和均衡发展承担更多的责任，进一步对发展中国家开放市场，转让技术，增加援助；发展中国家要充分利用后发优势和挖掘自身潜力，积极开展南南合作，深化南北合作，推动社会全面进步；在能源领域，各国要加强对话与合作，共同维护全球能源安全和能源市场稳定，为世界经济增长提供充足、安全、清洁的能源；在国际人权领域，要积极促进和保障人权，使人人享有平等追求全面发展的机会和权利，使21世纪真正成为“人人享有发展的世纪”。

---

① 胡锦涛：《在纪念中国人民抗日战争暨世界反法西斯战争胜利60周年大会上的讲话》，《人民日报》2005年9月4日。

② 刘镇江、胡正东：《哲学视域中的和谐世界研究》，《南华大学学报》（社会科学版）2006年第6期。

4. 包容开放，文明对话

和谐，指的是一种和而不同的状态，不是普遍性的统一，是一种多元性共生共存。和谐世界应该是一个包容各种文明形态、兼容并蓄的世界。由于本身历史发展的不同，各个民族都形成了具有本民族特色的文明形态。文明多样性是人类社会的基本特征，也是人类文明进步的重要动力。“在人类历史上，各种文明都以自己的方式为人类文明进步做出了积极贡献。存在差异，各种文明才能相互借鉴、共同提高；强求一律，只会导致人类文明失去动力、僵化衰落。各种文明有历史长短之分，无高低优劣之别。历史文化、社会制度和发展模式的差异不应成为各国交流的障碍，更不应成为相互对抗的理由。”①

作为一种对世界秩序理论上的描述，“和谐世界”理念摒弃了西方国际关系理论中的霸权主义的特性，认清了西方所谓“自由民主制度”背后的强权政治的影子，确立了一种以民主、和睦、公正、包容为核心的全新世界秩序的价值取向。“和谐世界”理念基本内涵的四个方面是一个相辅相成、不可分割的有机整体。其中，共同安全是构建和谐世界的根本保障，民主平等是构建和谐世界的基本前提，共同发展是构建和谐世界的根本途径，包容开放是构建和谐世界的价值基础。四者相互促进、共同发展的过程，就是“和谐世界”理念逐步实现的过程，也是全球治理的具体实践。

（二）和谐世界与全球治理的相通点

“和谐世界”理念与全球治理理论有相通点，内在的相通性在以下几个方面得到了体现。

1. 两者都是面向全球，都是全球性的理论

冷战结束后，国际社会由于面临共同的危机导致了利益的相互依存，这就要求“必须逐步形成全人类的价值认同与凝聚力，逐步确立全球意识和全人类利益优先的原则，以超越国界的全球视角和全球合作去应付这一

① 胡锦涛：《努力建设持久和平、共同繁荣的和谐世界——在联合国成立60周年首脑会议上的讲话》。

严重挑战”①。全球治理理论针对的是全球性问题，其理论的解释范畴一定是全球的。而“和谐世界”理念是“和谐社会”在国际层面的延伸，其内容框架也是全球范围的。“环境污染、毒品走私、跨国犯罪、严重传染性疾病等跨国性问题日益突出”，② 世界和平与安全面临着“反对国际恐怖主义、防止大规模性杀伤性武器扩散、保护人类生存环境、打击跨国犯罪”③ 等新课题，这些国际现实是全球治理和“和谐世界”理念生成的背景和发展的动力。

2. 两者都追求建立国际新秩序

正像罗西瑙所说的，“作为设计用来调整维持世界事务的制度安排的活动，治理显然塑造了现存全球秩序的特质。”④ 全球治理的目标是建立世界新秩序，要在全球范围内资源与价值分配方面体现公平、平等，要使治理成为国家间关系的新范式。这种以治理为主要内容的新秩序是全球共治的秩序，而不是霸权或强权统治下的秩序。而“和谐世界”理念不仅仅是一个理想境界，更是一个具体的价值目标，一种秩序的追求：主张和平，反对冲突和战争；主张发展，消除饥饿与贫困；主张合作，反对剥削与压迫。⑤ 这与全球治理的要旨——“健全和发展一整套维护全人类安全、和平、发展、福利、平等和人权的新的国际政治经济秩序”——是相一致的。

3. 两者都重视国际规则

国际规则是维护国际社会正常秩序、实现人类普世价值的重要保证。“和谐世界”理念从不同侧面强调了国际规则的作用：首先是大力提倡和平、公正、有效和民主的多边治理理念，发挥联合国在全球安全规制制定中的核心作用，保障世界的和平与安宁；其次是通过倡导建立开放、公平、非歧视的多边贸易规则，以及进一步完善国际金融规则，促进共同发

① 俞正樑、陈玉刚、苏长和：《21世纪全球政治范式》，复旦大学出版社2005年版，第188页。

②③ 胡锦涛：《在美国耶鲁大学的演讲》。

④ [美] 詹姆斯·罗西瑙：《没有政府的治理》，张胜军等译，江西人民出版社2001年版，第8页。

⑤ 胡锦涛：《努力建设持久和平、共同繁荣的和谐世界——在联合国成立60周年首脑会议上的讲话》。

展，努力消除贫富差异，确保每个国家都享有发展的权利；第三，坚持包容精神，尊重世界文明的多样性，坚决反对歧视不同文明、文化和制度，加强不同文明的对话和交流，从而增进信任和了解，以此为基础推进各国之间的、区域的和全球的合作；第四，围绕全球性的问题，例如，军备控制和裁军、反恐、能源与环保、控制重大流行性疾病，以及其他全球性、区域性的重大问题等，开展有效的国际合作，消除各种不利于合作开展的干扰因素；第五，积极促进和保障人权，人权是每个人享有的基本权利，要使人人享有平等追求全面发展的机会和权利。①

（三）“和谐世界”理念对全球治理理论的发展

“和谐世界”理念不仅体现了全球治理的思想要旨，还对全球治理理论作了补充、完善和升华。

1. “和谐世界”理念中蕴涵的包容思想更符合当今国际社会日益多元化的现实

包容思想源于中国传统文明中“和而不同”的理念，尊重各国自主选择社会制度和发展道路的权利，反对干预别国内政、把本国的发展道路强加于其他国家；强调在相互尊重的基础上，各个国家、各个地区、各个民族、各种文化、各种宗教信仰开展对话与沟通，以实现相互借鉴、共同发展；提倡以开放、自信的心态，维护文明的多样性，促进国际关系民主化，努力构建各种文明兼容并蓄的和谐世界。当前的全球治理理论有一个很突出的问题，就是全球治理的国际规则往往由发达国家主导，主要体现这些国家的价值观与意图，具有一定的片面性。在这样一个多元并存、差异显著、问题丛生的全球社会，要促进人类整体的发展，实现长治久安，蕴涵包容思想的“和谐世界”理念显然更合理。

2. “和谐世界”理念更强调以联合国为代表的正式的、政府间的国际组织的作用，更重视国际法和国际关系的基本准则

关于三种治理主体的地位和作用，全球治理理论并没有进行明确的区

① 陆晓红：《“和谐世界”：中国的全球治理理论》，《外交评论》2006 年第 6 期。

分，而“和谐世界”理念则明确提出要把联合国作为全球治理的核心主体，比较具有针对性。当前，联合国要想真正担当起全球治理的重任，很多方面还需要进一步加强。因此“和谐世界”理念强调必须通过改革维护联合国权威，提高联合国效率，加强联合国在国际层面作用的发挥，强化联合国的权力，使联合国真正成为处理国际事务、实施全球治理的有效机构。

3. “和谐世界”理念的现实可操作性更强

全球治理理论主要侧重在理论层面，其设想过于理想化。当前的现实是，世界处在动荡不安、贫富悬殊的状态下，霸权主义和单边主义仍然挥之不去，全面推行全球治理存在很大的困难和障碍。相比之下，无论是在目标的设定、治理主体的确定，还是治理方法的选择上，“和谐世界”理念无不体现出更强的实用性和针对性，现实操作性更强。例如，国际规制更为合理、管理主体锁定为联合国、治理的方法更加立足实际等，[①] 这些内容都为应对全球治理的新挑战提供了有益的思路和可行的途径。

第二节　全球治理的中国担当

随着近几年中国综合国力的进一步提升和参与全球治理程度的深入，中国在全球治理中发挥的作用越来越重要，无论是在联合国的地位和作用，还是在应对国际和地区热点问题方面，中国所发挥的作用都是无可替代的。而实际行动也充分表明，中国承担了与其地位相匹配的责任，为世

① 崔艳红：《试论中国和谐世界思想对全球治理理论的意义》，《广东外语外贸大学学报》2006年第3期。

界的和平与发展做出了贡献。

一、充分发挥联合国安理会常任理事国的地位和作用

联合国是当今世界上最大、最具普遍性的多边机构，拥有 194 个成员国，是最重要的国际讲坛和多边外交舞台。作为民族国家开展国际合作的一种稳定的组织形式，联合国比其他国际组织都更具有广泛性、有效性和全球性。

(一) 中国支持联合国发挥重要作用

国际形势正在发生深刻复杂变化，世界多极化和国际关系民主化深入人心，经济全球化、社会信息化深刻改变着世界，国与国相互依存更加紧密。与此同时，国际社会仍面临诸多挑战。各种传统安全威胁和非传统安全威胁相互交织。南北发展差距依然突出，全球治理机制有待完善。解决全球性难题和挑战，需要联合国广大会员国携手努力。联合国作为最具普遍性和代表性的政府间国际组织，是各国维护和平、共谋发展、互利合作的大舞台，也是世界人民共同追求梦想的大舞台。《联合国宪章》的宗旨和原则是当代国际关系的基石，国际社会应继续维护战后和平秩序，继续推动联合国在国际事务中发挥重要作用。

中国是联合国的创始国和安理会常任理事国之一，在当今国际舞台具有举足轻重的地位，理应发挥重要作用。中国恢复在联合国合法地位后，每年都派出高级代表团参加联合国大会，就全球和地区性问题阐述中国的立场和观点。随着联合国在冷战结束后作用的增强，中国领导人参加了联合国框架内所有重要的国际会议。

2000 年中国国家主席江泽民参加联合国千年首脑会议，全面阐明了中国政府支持联合国发挥作用的立场。江泽民指出，在新形势下，联合国的积极作用只能增强而不能削弱，联合国的权威必须维护而不能损害。中国将坚决维护《联合国宪章》的宗旨和原则，继续发挥联合国及其安理会在处理国际事务、维护世界和平方面的积极作用，确保全体会员国平等参与国际事务的权利。会议期间，在中国的倡议下，举行了首次安理会常任

理事国首脑会晤。

2005年，胡锦涛主席参加纪念联合国成立60周年大会。胡锦涛主席提出，要充分发挥联合国及其他多边机制在解决国际争端、维护和平以及人道主义援助等方面的建设性作用，并系统阐述了中国“建设持久和平、共同繁荣的和谐世界”的外交理念和主张。

（二）中国重视并积极参与联合国维和行动

维和行动是联合国维护国际和平与安全的重要手段。当前，联合国维和行动规模不断扩大，授权日趋广泛，面临的挑战也在增多。中国一贯主张联合国维和行动应严格遵守安理会有关决议授权，始终坚持“当事国同意、中立、非自卫和履行授权不使用武力”的哈马舍尔德维和三原则，加强任务规划，明确优先目标，协调一致行动，形成整体合力。联合国维和行动应加强同缔造和平、建设和平的衔接及统筹，重视与区域和次区域组织加强合作，更加关注非洲国家的需求。中国重视并积极参与联合国维和行动。1982年1月，中国开始承担联合国维和费用。1989年4月，中国参加联合国维持和平行动特别委员会会议。1989年11月，中国首次派文职人员参加联合国维持和平行动。1990年4月，中国首次派遣成建制的非作战部队参加联合国维持和平行动。2000年1月，中国首次派出民事警察参加联合国维持和平行动。2002年2月，中国正式加入联合国一级维和待命安排机制（一级机制规定所派遣人员和装备必须在九十天内完成部署）。2007年9月，赵京民少将正式就任联合国西撒哈拉公民投票特派团部队司令，成为首位担任联合国维和部队高级指挥官的中国军人。

迄今中国共向联合国维和行动派出军事人员、警察和民事官员20000余人次。目前有近2000名中国维和人员在九项维和行动中执行任务，是联合国维和行动第十八大出兵国，在安理会五常任理事国中位居第一。

（三）积极参与和推动全球治理体系改革

面对全球化挑战和世界形势的深刻变化，国际社会对联合国有更高的期待。中国将坚定不移地推进以联合国为核心的全球治理体系变革。中国希望联合国与时俱进，通过加强自身建设，积极回应国际社会期待。联合国改革应有助于增强联合国协调各国努力、应对全球性挑战的能力，有助于提高发展中国家在国际事务中的发言权。改革应是全方位的，应在安全、发展、人权三大领域均衡推进，特别是推动在发展领域取得积极成果。中国支持安理会通过必要、合理的改革，增强权威和效率，更好地履行《联合国宪章》赋予的维护国际和平与安全的职责。安理会改革应优先增加发展中国家、特别是非洲国家在安理会的代表性，使中小国家有更多机会轮流进入安理会，参与其决策，在安理会发挥更大作用。

中国致力于国际关系民主化和世界多极化进程，主张增加广大发展中国家在国际治理体系中的代表性和话语权，支持二十国集团、金砖国家等新兴机制发挥更大作用，推动国际秩序朝着更加公正合理的方向发展。中国主张国际货币金融体系的改革，维护世贸组织的主渠道地位，反对贸易保护主义，推动经济全球化朝着均衡、普惠、共赢的方向发展。

二、深入应对国际和地区热点问题

中国倡导以和平方式解决地区和全球热点问题。在国际社会应对朝鲜半岛、叙利亚、伊朗、阿富汗、中东和平进程等热点问题中，中国都发挥了重要的建设性作用。

（一）朝鲜核问题

朝鲜核问题始于20世纪90年代初。当时美国根据卫星资料判断朝鲜正在研制核武器，扬言对朝鲜核设施进行检查。而朝鲜则指出其无力研发核武器，并指责美国在韩国部署核武器威胁到了其安全。第一次朝鲜半岛核危机由此爆发。2001年1月，美国总统小布什将朝鲜列为“邪恶轴心”国家，威胁对朝实施“先发制人核打击”。2003年1月，朝鲜宣布退出《不扩散核武器条约》。2003年8月27—29日，中国、朝鲜、美国、韩国、俄罗斯和日本在北京举行首轮六方会谈。2005年9月19日，第四轮六方会谈达成“9·19”共同声明。2006年10月9日，朝鲜宣布成功进行一次地下核试验。2006年10月14日，安理会通过第1718号决议对朝核试验表示谴责，并决定对朝核导等大规模杀伤性武器相关领域采取制裁措施。

2009年5月25日，朝鲜宣布成功进行了第二次地下核试验。2009年6月12日，安理会通过第1874号决议，强化了对朝鲜的制裁。2012年4月12日，朝鲜发射“光明星3号”地球观测卫星失败。2012年4月16日，安理会通过主席声明，强烈谴责朝鲜发射。2012年12月12日，朝鲜宣布成功将“光明星3号”卫星送入预定轨道。2013年1月22日，安理会通过关于朝鲜发射卫星问题的第2087号决议。2013年2月12日，朝鲜证实成功进行第三次地下核试验。2013年3月7日，安理会通过关于朝鲜第三次核试验问题的第2094号决议。

维护朝鲜半岛和平稳定、实现半岛无核化符合有关各方共同利益，也是国际社会的一致呼声。中国在朝鲜半岛问题上的立场是一贯的，即坚持半岛无核化，坚持维护半岛和平，坚持对话解决问题。中国始终认为，对话协商是解决半岛有关问题的唯一有效途径，六方会谈是平衡解决各方关切、实现半岛无核化的有效平台。中国希望有关各方保持接触对话，继续致力于通过谈判解决分歧，争取早日重启六方会谈。中国愿同各方一道，继续为此发挥建设性作用。中国支持安理会通过涉朝决议，并努力确保决议内容总体适度、平衡，既维护了自身利益，维护了地区稳定，也树立了负责任大国的形象。

（二）伊朗核问题

伊朗核问题错综复杂。伊朗核能源开放活动开始于20世纪50年代，当时受到了美国和其他西方国家的支持。为了充分利用核能源，伊朗自20世纪50年代后期开始其核能发展计划，并先后投入大量资金建设其核设施。这种情况一直维持到伊朗发生伊斯兰革命建立伊斯兰国家。1980年美伊断交后，美国对伊朗以“和平利用核能”为掩护秘密发展核武器的计划开始进行指责，并对其采取遏制政策。在美国的压力下，国际原子能机构也多次就伊朗核问题作出决议，要求伊朗放弃核计划。2010年6月，联合国安理会通过“史上最严厉”制裁伊朗方案。多年来，中国妥善应对安理会和国际原子能机构框架下对伊核问题的处理，积极推动对话进程，缓和紧张局势。2013年11月24日，伊朗与六国在瑞士日内瓦就解决伊朗核问题达成一项阶段性协议。参加对话会的中国外交部部长王毅表示，

“经过十年的努力，六国与伊朗终于达成了一份重要协议，标志着通过外交手段解决伊核问题迈出了重要的第一步。中方对此表示欢迎，并对各方在谈判期间显示出的灵活和务实态度表示赞赏。这份协议，有利于维护国际核不扩散体系，有利于维护中东地区的和平与稳定，有利于各方同伊朗开展正常交往，也有利于伊朗人民过上更好的生活。”王毅说，“中方作为伊核问题对话会的重要成员，始终高举劝和促谈的旗帜，与各方保持密切沟通，为达成这项协议发挥了我们的作用，承担了我们的责任。这项协议的执行只是解决伊核问题的开始，今后还会遇到新问题、新挑战。中国方面将坚持政治解决的大方向，继续与各方一起，为伊核问题的最终解决继续作出我们的努力。”①

中国一贯支持维护国际核不扩散体系，主张通过对话与谈判妥善解决伊朗核问题，维护中东地区的和平与稳定。伊朗作为《不扩散核武器条约》缔约国，享有和平利用核能的权利，同时也应履行防扩散国际义务。中国始终认为，对话和谈判是妥善解决伊朗核问题的唯一正确途径，也符合各方的根本利益。经过各方的共同努力，六国与伊对话已进入实质性谈判阶段。当前形势下，有关各方应坚持对话方向，加大外交努力，灵活务实，求同化异，推动对话及早取得进展。国际原子能机构与伊朗也应致力于进一步加强合作并取得实质性成果。在伊朗核问题上，中国一直积极劝和促谈。中国愿同各方一道，从维护国际核不扩散体系和中东和平稳定的大局出发，为推动伊朗核问题的全面、长期和妥善解决发挥建设性作用。

（三）西亚北非地区局势

2010 年 12 月中旬以来，西亚北非地区的突尼斯、埃及、利比亚、也门等多个国家局势动荡，有的国家已经发生政权的更迭，中国对此高度关注。中国尊重地区国家和人民自主探索符合本国国情的发展道路，鼓励有关各方通过包容性政治对话化解分歧。中国主张国际社会应坚持《联合国宪章》的宗旨和原则及国际关系基本准则，尊重地区国家主权、独立和领

---

① 《王毅：伊朗核问题解决进程迈出第一步》，外交部网站，2013 年 11 月 24 日，http://www.fmprc.gov.cn/mfa_chn/zyxw_602251/t1101921.shtml。

土完整，为缓解地区紧张局势发挥建设性作用。中国反对外部军事干预，反对强行推动政权更迭。国际社会应加强对地区国家的经济援助与合作，为地区稳定和发展创造良好条件。

（四）叙利亚问题

叙利亚陷入动荡已近三年，叙利亚人民和周边邻国承受了巨大的痛苦与创伤。当前叙利亚形势仍然十分复杂严峻，特别是使用化学武器事件，受到国际社会强烈谴责。中国坚决反对使用化学武器，支持安理会通过决议，支持禁止化学武器组织启动核查和销毁工作。中国呼吁叙利亚境内立即停火止暴，为核查销毁化学武器提供必要条件。中国主张尽早召开第二次日内瓦国际会议，加快推进叙利亚问题的政治解决。

中国在叙利亚问题上秉持客观公正立场和负责任态度，致力于维护叙利亚人民的根本利益，维护中东地区的和平稳定，维护《联合国宪章》的宗旨和原则以及国际关系基本准则。中国一直坚持劝和促谈，坚定支持并积极推动政治解决叙利亚问题。任何关于叙利亚问题的解决方案，只要能为叙利亚有关各方普遍接受，中方都会尊重和支持。中国高度关注叙利亚人道主义状况，已经并将继续向叙利亚人民包括境外难民提供力所能及的援助。中国正在落实对约旦提供的1500万元人民币的紧急人道主义物资援助，并将向世界粮食计划署和世界卫生组织提供2400多万元人民币紧急人道主义现汇援助，分别用于救助叙利亚境内的流离失所者和黎巴嫩境内的叙利亚难民。

（五）中东问题

中东问题，即阿拉伯国家与以色列之间的冲突问题，自1947年产生以来，已经导致四次大规模战争，造成百万居住在巴勒斯坦的阿拉伯人沦为难民。阿拉伯人与以色列之间的矛盾不断恶化，成为世界上持续时间最长的地区热点问题。

中国一贯支持并积极推动中东和平进程及中东问题的解决。中国主张中东问题有关各方在联合国有关决议、“土地换和平”原则、“阿拉伯和平倡议”、中东和平“路线图计划”等基础上，通过政治和外交途径妥善解决彼此争端，最终实现巴勒斯坦独立建国，以色列同所有阿拉伯国家关系正常化。

巴勒斯坦问题是中东问题的核心。中国支持巴勒斯坦人民建立以1967年边界为基础、以东耶路撒冷为首都、拥有完全主权的、独立的巴勒斯坦国，支持巴勒斯坦加入联合国等国际组织。中国欢迎巴以双方重启和谈，呼吁双方抓住机遇，采取切实举措消除障碍，重建互信，争取尽早取得实质性进展。中国支持巴勒斯坦各派持续推进内部和解，加强团结合作。中国支持巴勒斯坦能力建设，将继续为此提供力所能及的帮助，呼吁国际社会为发展巴勒斯坦经济、改善巴勒斯坦人民生活给予更大支持。

三、合作应对非传统安全问题

（一）建设性参与气候变化谈判

气候变化是国际社会普遍关注的重大问题。近年来，气候变化问题逐渐从科学、环境问题上升为政治、经济、外交问题，也是多边外交的焦点之一。同时，气候变化问题也关系到各国的可持续发展和生态文明建设。

气候变化谈判不仅是环境、法律问题，更是发展问题。自2005年以来，气候变化谈判的焦点主要集中于2012年后《京都议定书》第二承诺期减排指标设定以及2020年后应对气候变化国际减排制度框架设计。中国一向积极参与气候变化国际合作，通过积极参与气候变化谈判，主动宣介中国的支持措施。在2009年哥本哈根会议上，中国为推动各方就成果文件达成一致发挥了关键作用。

气候变化是人类共同面临的严峻挑战，关系到人类的生存和发展，国际社会应加强合作，共同应对。中国政府一贯高度重视气候变化问题，本着对本国人民和人类长远发展负责的精神，为应对气候变化采取了一系列强有力的政策措施，成绩显著。全国人大通过的“十二五”规划已将应对气候变化的目标列入约束性指标。2012年中国共产党第十八次全国代表大会明确提出，要全面落实科学发展观，推进生态文明建设，加快转变经济发展方式，着力推进绿色发展、循环发展和低碳发展，建设美丽中国。

这是中国对未来发展模式的选择，也是为应对全球气候变化做出的重要贡献。中国将继续本着积极、建设性姿态参与气候变化国际谈判，与各方一道，坚持“共同但有区别的责任”原则、公平原则、各自能力原则，充分考虑发达国家历史责任和发展中国家可持续发展需要，推动气候变化国际谈判取得积极进展，为建立公平、合理的应对气候变化的国际合作制度而共同努力。

中国赞赏2012年年底气候变化多哈会议取得的包括《京都议定书》第二承诺期在内的积极成果。中国希望发达国家拿出政治诚意、兑现承诺，进一步提高减排力度，并向发展中国家提供充足的资金、技术及能力建设支持，帮助发展中国家提高应对气候变化的能力。

（二）保障粮食安全

粮食安全是人类生存发展面临的首要问题，不仅攸关各国经济和民生，也事关人类发展和安全。世界粮食安全面临越来越多的非传统挑战和日趋复杂的形势。世界粮食安全的薄弱环节在发展中国家。利用粮食等生产生物燃料对粮食安全的影响不容忽视，气候变化对粮食安全也带来长期挑战。

中国高度重视农业和粮食问题，坚持立足国内、基本自给、适当利用进出口调剂余缺的政策，通过加大资金投入、加强农田水利建设、加快农业科技进步等政策和措施，稳定提高粮食和农业综合生产能力。中国用占不到世界9%的耕地，解决了世界近21%人口的吃饭问题，提前实现了联合国千年发展减贫目标。中国建立了长期保证国家粮食安全的体制、机制和充足的粮食储备，有信心、有能力长期主要立足国内生产保障粮食安全。

中国政府在解决自身粮食安全问题的同时，还在南南合作框架内向有关发展中国家提供了力所能及的农业援助，包括建设农业技术示范中心、提供农业技术援助、提供紧急人道主义粮食援助等，为这些发展中国家提高粮食安全水平作出了自己的贡献。

（三）加强能源合作

能源安全同世界经济的稳定发展和各国人民的福祉息息相关。当前，全球能源版图出现重大变化，页岩气等非常规油气异军突起，美国和西半球成为能源重要供应地。国际油价深受国际经济金融环境的影响，起伏不定，未来存在较多不确定性。发展中国家缺乏能源定价权，确保能源长期稳定供应面临越来越多的挑战。

国际社会应树立互利合作、多元发展、协同保障的新能源安全观，共同稳定能源等大宗商品价格、防止过度投机和炒作，保障各国特别是发展中国家能源需求，维护能源市场正常秩序。同时，各国应改善能源结构，加强先进能源技术的研发和推广，大力发展清洁和可再生能源，在相关领域积极开展国际合作。

中国政府高度重视能源和能源安全问题，坚持节约优先、立足国内、多元发展、保护环境的原则。中国将积极推动能源生产和消费革命，控制能源消费总量，加强节能降耗，支持节能低碳产业和新能源、可再生能源发展。中国愿与世界各国一道共同努力，建立起能源合作长效机制，为保障全球能源安全、应对气候变化做出应有的贡献。

（四）反对恐怖主义

恐怖主义是全球公敌。国际社会在反恐领域不断加大投入，共识日益增多，合作日趋深入，取得了不少积极进展。同时，恐怖主义滋生的土壤并未铲除，国际社会面临的恐怖威胁远未消除，国际反恐形势仍然十分严峻。

中国主张国际社会应按照《联合国宪章》及其他公认的国际法和国际关系准则，开展广泛合作，共同打击恐怖主义。联合国及其安理会应在国际反恐斗争中发挥领导和协调作用。打击恐怖主义应标本兼治，采取政治、经济、外交等手段综合治理，消除恐怖主义滋生的土壤。中国反对在反恐问题上采取双重标准，认为不应将恐怖主义与特定的国家、民族或宗教相联系。

中国也是恐怖主义的受害者。以“东突厥斯坦伊斯兰运动”为首的“东突”恐怖势力长期策划、煽动对中国政府和人民的暴力恐怖行为，打击“东突”恐怖势力是国际反恐斗争的重要组成部分。中国将继续积极参与国际反恐合作，与各国一道共同打击包括“东突”在内的国际恐怖势力。

(五) 预防和打击各种跨国犯罪

加强国际合作，预防和打击各种跨国犯罪，是国际社会的共同需要和普遍共识，也是各国义不容辞的共同责任。中国政府已批准《联合国打击跨国有组织犯罪公约》和《联合国反腐败公约》，高度重视切实履行有关国际义务，在立法、行政和司法方面采取了一系列措施，积极开展国际合作，与联合国机构及相关国际和区域组织保持良好合作，并与有关国家积极开展了双边警务及司法合作。中国政府颁布实施了《中国反对拐卖人口行动计划（2013—2020年）》，并建立国务院部际联席会议制度。目前，中国已与60多个国家签订了120多项司法协助类条约，其中多数涉及刑事司法事项的互助。中国政府还通过一系列专项执法行动加大对有组织犯罪的打击。中国将继续与国际社会加强合作，共同打击各类跨国有组织犯罪活动。

(六) 合作应对公共卫生安全

公共卫生安全事关各国人民身体健康和生命安全。确保全球公共卫生安全是国际社会的共同责任。各国政府应通过不断加强公共卫生能力建设，为人民健康生活提供有力保障，促进经济社会协调和可持续发展。中国政府坚持以人为本，高度重视公共卫生建设，正在进一步深化医药卫生体制改革。中国将同各国及有关国际组织加强信息、经验、技术交流共享，深化合作，共同应对全球公共卫生挑战。

四、维护全球公域秩序

(一) 网络

网络空间是继陆地、海洋、空气空间、外层空间之后的“第五空间”。自20世纪60年代网络诞生以来，网络的影响已渗透到全球政治、经济、军事、社会、文化等各个方面。2012年，全球网民已突破20亿。中国网民数量逾6亿人，微信用户超过3亿。虚拟空间与现实空间关系越来越密切，越来越难以分割。网络已成为国际政治敏感点、战略安全关键点和新的国际博弈点。中国是网络大国，但还不是网络强国。中国在网络领域面临复杂的局面。

一位法国战略专家曾说，一个国家想在21世纪立于不败之地，必须在网络战略上争取主动，在网络规则制定和加强网络治理方面牢牢把握主动权。中国积极参加网络空间的国际会议和规则制定，参加了“伦敦进程”系列会议，全面阐释中国关于网络空间的政策主张。中欧网络工作小组举行首次会议，成为中欧之间新的合作平台。2012年，中国参加了网络问题布达佩斯国际会议，提出了网络主权、平衡、和平利用、公平发展和国际合作五项原则。

当前，信息安全问题已成为各国普遍面临的综合性安全挑战。各国应在相互尊重、相互信任的基础上，加强国际合作，共同构建和平、安全、开放、合作的网络空间，实现各国的普遍安全。中国是信息安全的坚定维护者，支持国际社会加强信息安全的努力。中国支持在遵守各国法律的前提下维护信息自由流动，反对利用网络干涉别国内政。中国认为互联网对于各国经济社会发展至关重要，主张逐步实现国际互联网公平、民主治理。制定网络空间国际规则，指导和规范各方特别是国家在网络空间的行为，对实现上述目标至关重要。为此，中国、俄罗斯、塔吉克斯坦、乌兹别克斯坦、吉尔吉斯斯坦和哈萨克斯坦向联大共同提交了《信息安全国际行为准则》草案，为相关国际讨论提供基础。

中国支持联合国在解决网络安全方面发挥领导作用。联合国信息安全问题政府专家组2013年6月达成的报告，确立了和平利用网络空间的总体目标及网络空间主权原则。中国对此表示欢迎，并将继续积极支持联合国框架内的相关努力，以早日达成网络空间国家行为规范，促进各国务实合作，切实维护网络空间安全。

（二）深海

深海是国际海底区域，指各国管辖范围以外的海床、洋底及其底土，面积约2.5亿平方公里（相当于地球表面积的49%），蕴藏着丰富的矿产资源。国际海底区域是人类共同继承遗产，由国际海底管理局（简称“海管局”）代表全人类行使一切权利。各国经海管局核准，可对相关矿区进行勘探或开发。中国共产党第十八次全国代表大会对建设海洋强国作了战略决策。中华民族要实现伟大复兴的中国梦，必须走向深海、经略海洋。多边外交是提升中国参与国际海洋管理能力、加强深海资源开发利用及技术合作的重要平台。

（三）外空

近年来，越来越多的国家认识到外空对政治、经济、安全的重要意义，对外空的重视和投入不断加大。美、俄、日、欧等加快空间技术领域开发利用，规划空间发展目标。国际空间领域的多双边交流合作也不断发展。

中国一贯主张和平探索和利用外空，率先提出了“和谐外空”等理念。近年来，中国致力于外空领域的交流合作、和平互利，深入参与外空规划讨论，特别是防止外空武器化和外空军备竞赛。中国认为，国际社会应尽早谈判制定新的国际条约，从根本上消除外空安全威胁。中国以联合国和平利用外层空间委员会及相关国际组织为平台，积极参加外空国际事务。中国重视外空“透明与建立信任措施”在维护外空安全方面的积极作用，主张坚持“兼收并蓄、相辅相成”的原则，推进防止外空军备竞赛和外空“透明与建立信任措施”进程。2013 年 9 月，中国举办了第 64 届国际宇航联大会。

（四）极地

南北两极地区地理位置和自然环境特殊。近年来，北极航道、海洋资源开发问题引起各方高度关注。

2012 年 3 月欧盟共同外交事务与安全政策高级代表阿什顿访问芬兰、瑞典、挪威等北欧国家，重申了欧盟在北极地区的战略、经济和环境利益，表示希望通过与北极有关国家的交流沟通，推进欧盟在北极地区的战略政策。

北极开发攸关中国国家利益。北极气候对我国气候及经济发展、生态环境有重大影响，如 2012 年的“北极涛动”让中国感受到了反常的严冬。《联合国海洋法公约》等国际法赋予中国在北极的科研、资源、交通、气候、安全等权益都需要自身来维护。

中国积极开展北极事务的国际交流与合作，参与有关规则制定，并于2013年5月15日成功获得北极理事会正式观察员地位。中国将继续在国际上倡导北极国家与非北极国家的合作伙伴关系。

一是利用帮助欧洲减缓欧债危机的形式，寻求加强与对华友好的北极国家合作，提高中国在北极事务上的地位，将冰岛、瑞典、丹麦等北极理事会成员及其他观察员国家作为中国的合作重点。中国与冰岛北极能源合作已获得重要进展。2012年4月温家宝总理访问冰岛期间，中方表示希望密切与冰岛在北极事务中的磋商，在极地、海洋、环境、航运等相关领域开展合作，共同促进北极地区的和平、稳定和可持续发展；冰岛感谢中国为冰岛应对金融危机提供的宝贵支持，支持中国成为北极理事会观察员，参与北极地区的和平开发利用。此外，挪威与瑞典先后于2012年2月和4月表示支持中国成为北极理事会永久观察员。未来中国还可与更多的北极国家合作。

二是重新定位参与北极能源开发的角色，以北极能源战略买家的身份加强与加拿大、美国与俄罗斯合作。为化解某些既得利益国家或集团排斥中国参与北极事务的敌意，可与加拿大、俄罗斯与美国政府及其公司商谈购买北极能源事宜，并为开辟北极能源运输航线、扩大能源贸易做好准备。一定条件下可向北极项目提供配套资金、油气工程技术服务、劳务输出等支持。

三是以与北极国家加强极地科研技术合作为契机，为中国参与北极合作夯实硬件与软件基础。可利用北极理事会、北极国际科学委员会、北极科学高峰周会议、北极联合海洋科学考察等平台，密切与北极国家科研同行的合作。2012年4月25日，2011—2013年北极理事会轮值主席国瑞典国际发展合作部部长嘉妮拉·卡尔森表示，瑞典欢迎中国成为北极合作的一部分，中国可以在多边机制下与国际力量一起（在北极地区）展开合作。北极能源开发与储运离不开极地油气技术装备和基础设施等技术合作，如破冰船、抗冰钻台等。中国目前只有两艘极地破冰船，可与芬兰、俄罗斯、瑞典、德国、美国、丹麦、加拿大等破冰船设计建造强国合作，建造或购买极地破冰船。

总之，中国积极利用多边外交平台参与全球治理，取得较大成效。中国共产党第十八次全国代表大会报告明确指出，中国“将积极参与多边事务，支持联合国、二十国集团、上海合作组织、金砖国家等发挥积极作用，推动国际秩序和国际体系朝着公正合理的方向发展”。[1] 这充分体现了中共中央对多边外交的重视，也给中国多边外交提出了更高要求。多边外交是中国外交的重要支柱之一。中国始终是多边平台上的正能量。

第三节　国际组织中的中国责任

一、中国与国家间组织的全球治理

（一）G20

当前世界格局经历着自第二次世界大战以来最为深刻的变化。2008年金融危机爆发后，建立更有效的全球经济治理机制变得尤为迫切。广大发展中国家要求改革不完善、不公正、不合理的旧规则，推动国际秩序和国际体系朝着公正合理的方向发展。二十国集团（G20）应运而生，占全球国内生产总值约85%、贸易总量约80%和世界人口的2/3。G20已取代G8成为全球经济合作的主要论坛。

2008年以来，G20共举行了七次领导人峰会。2008年11月15日，第一次峰会在美国华盛顿举行；2009年4月2日，第二次峰会在英国伦

① 胡锦涛：《坚定不移沿着中国特色社会主义道路前进 为全面建成小康社会而奋斗——在中国共产党第十八次全国代表大会上的报告》，人民出版社2012年版，第48页。

敦举行；2009年9月24日，第三次峰会在美国匹兹堡举行；2010年6月26日，第四次峰会在加拿大多伦多举行；2010年11月12日，第五次峰会在韩国首尔举行；2011年11月3日，第六次峰会在法国戛纳举行；2012年6月19日，第七次峰会在墨西哥洛斯卡沃斯举行；2013年9月5—6日，第八次峰会在俄罗斯圣彼得堡举行。峰会在应对国际金融危机、促进世界经济复苏和增长方面发挥关键作用，奠定了G20国际经济合作主要论坛的地位。

中国在G20框架下积极推动有关各方在贸易、欧债等问题上达成共识，推动各国加强宏观经济政策协调，反对贸易保护主义，共同促进经济复苏。

2008年11月，在首次G20领导人峰会上，中国提出了改革国际金融体系的目标和基本原则，即建立公平、公正、包容有序的国际金融新秩序；坚持全面性、均衡性、渐进性、时效性的原则。胡锦涛主席还提出了四点建议：一是加强国际金融监管合作，完善国际监管体系；二是推动国际金融组织改革，提高发展中国家在国际金融组织中的代表性和发言权；三是鼓励区域金融合作，充分发挥地区资金救助机制作用；四是改善国际货币体系，稳步推进国际货币体系多元化。①

2009年4月，在二十国集团领导人第二次峰会上，中国提出了构建国际金融新秩序的六大内容。② 峰会期间，胡锦涛主席同各国领导人分别会见，在与发展中国家充分协商的基础上，独立提出了国际货币基金组织改革的具体谈判目标。在2009年9月举行的G20领导人匹兹堡峰会上，拥有超额代表权的发达国家承诺，将向代表权不足的发展中国家转移至少5%的国际货币基金组织份额。与中国最初设定的转移10%的份额、达到发展中国家与发达国家份额平等这一谈判目标相比，中国取得了有限成功，但不可否认，国际货币基金组织的治理结构开始出现转变。

---

① 《二十国集团领导人金融市场和世界经济峰会在华盛顿举行　胡锦涛主席出席并发表重要讲话》，《人民日报》2008年11月16日，第1版。

② 《二十国集团领导人第二次金融峰会在伦敦举行　胡锦涛主席出席并发表重要讲话》，《人民日报》2009年4月3日，第1版。

2012年6月，胡锦涛主席率团参加在墨西哥洛斯卡沃斯举行的二十国集团领导人第七次峰会。胡主席就二十国集团如何发挥全球经济治理作用提出重要意见和建议，表示中国愿同国际社会一道参与解决欧债问题，积极推动峰会关注发展问题。胡锦涛主席出席此次峰会，有力推动了国际社会凝聚共识、提振信心，为促进世界经济复苏和增长注入新的动力，展示了中国发展、合作、负责任的良好形象，国际舆论予以高度评价，普遍认为中国为维护全球金融稳定、促进世界经济复苏、促进共同发展做出了重大贡献，中国在全球治理中作用越来越突出。[①]

2013年9月，二十国集团领导人第八次峰会在俄罗斯圣彼得堡举行。峰会通过成果性文件《二十国集团圣彼得堡峰会领导人宣言》，为刺激增长和创造就业制订行动计划，在协调宏观经济政策、加强全球经济治理等方面达成重要共识。习近平主席出席峰会并发表重要讲话，提出十二字方针：发展创新、增长联动、利益融合。他还倡导二十国集团成员建立伙伴关系，树立命运共同体意识，在竞争中合作，在合作中共赢。为此，他提出三点建议：采取负责任的宏观经济政策；共同维护和发展开放型世界经济；完善全球经济治理，使之更加公平公正。此外，中国很多观点建议被纳入《二十国集团圣彼得堡峰会领导人宣言》。

（二）金砖国家机制

2009年6月16日，金砖四国领导人在俄罗斯叶卡捷琳堡举行首次会晤。2010年4月15日，第二次金砖四国领导人会晤在巴西巴西利亚举行。中国国家主席出席了历次金砖国家领导人会晤，中国还于2011年4月14日在三亚举办了第三次金砖四国领导人会晤。2012年3月，胡锦涛主席率团参加了在印度新德里举行的金砖国家领导人第四次会晤，发表重要讲话，回顾总结金砖国家合作发展历程并提出四点建议。[②] 胡锦涛主席

① 《杨洁篪谈胡锦涛主席出席G20领导人第七次峰会成果》，外交部网站，2012年6月20日，http：//www.mfa.gov.cn/mfa _ chn/ziliao _ 611306/zt _ 611380/dnzt _ 611382/hfdmbcxg20fh _ 611386/t943628.shtml。

② 详见《胡锦涛在金砖国家领导人第四次会晤大范围会谈时的讲话》（全文），中国外交部网站，2012年3月29日，http：//www.mfa.gov.cn/mfa _ chn/ziliao _ 611306/zt _ 611380/dnzt _ 611382/hjtseaqfhhjzgjldrdshwbjpzgsfw _ 611394/t918677.shtml。

还就全球治理、可持续发展、能源和粮食安全，以及重大国际和地区热点问题阐述了立场和主张。印度媒体高度评价中国为会晤成功做出的重要贡献，称“胡主席与会为金砖国家合作机制发挥更大作用铺平道路”。①

2013年3月，习近平主席出席在南非德班举行的金砖国家领导人第五次会晤。习近平主席着重阐述了中方对金砖国家合作方向、合作原则、合作领域的看法，提出建设全球发展伙伴关系、加强宏观经济政策协调、共同参与制定国际发展议程等倡议，期待金砖国家朝建立贸易投资领域一体化大市场、金融货币领域多层次大流通、基础设施领域海陆空大联通、民间往来领域文化大交流的方向共同努力。这些重要主张从战略上引导了金砖国家合作方向，赢得了各方赞同和积极响应。会晤取得实质性成果，发表了《德班宣言》和行动计划，签署了多项合作文件，决定设立金砖国家开发银行，筹备设立外汇储备库，宣布成立金砖国家工商理事会、智库理事会，并就共同应对全球及地区热点问题、改革国际货币金融体系、促进全球发展事业等达成广泛共识，传递出金砖国家致力于团结、合作、共赢的积极信息。通过本次会晤，金砖国家增强了内部凝聚力，明确了努力方向，推进了机制化进程，加快了合作步伐。金砖合作正在展示强劲势头和光明前景。②

2013年12月6日，中国国务委员杨洁篪出席在南非开普敦举行的金砖国家安全事务高级代表第四次会议。他强调，五国要落实好2013年3月金砖国家领导人德班会晤达成的共识，共同倡导“互信、互利、平等、协作”的新安全观，共同参与国际规则制定，共同维护国际和地区和平与稳定，在事关发展安全的重大问题上加强协调与配合，推动在战略安全领域的合作走实、走深，提升在全球事务中的发言权和影响力，倡导并推动通过外交手段和平解决国际和地区热点问题，为维护国际和平与安全发挥建设性作用。会议决定，成立金砖国

---

① 《外交部部长杨洁篪谈胡锦涛主席出席首尔核安全峰会、金砖国家领导人第四次会晤并对柬埔寨进行国事访问》，外交部网站，2012年4月2日，http：//www.mfa.gov.cn/mfa_chn/ziliao_611306/zt_611380/dnzt_611382/hjtseaqfhhjzgjldrdshwbjpzgsfw_611394/t919614.shtml。

② 《金砖国家领导人第五次会晤在德班举行 习近平出席并发表重要讲话》，新华网，2013年3月27日，http：//news.xinhuanet.com/world/2013-03/27/c_124511946.htm。

家网络安全问题工作组。[①] 另外，金砖国家应加大在国际海事组织等多边机制中的合作，积极参与和引导有关国际交通运输规则的制定。在金砖合作机制内，各国也应在航运管理、海上搜救、海员培训及其权利保障等方面交流经验，进行研讨和演练。[②]

二、中国与非政府组织的全球治理

（一）红十字会与红新月会等人道主义与卫生类组织

非政府组织在全球卫生治理中发挥了重要作用。活跃在传染病控制领域的国际非政府组织主要包括：国际结核病防治联合会（后改名为国际防治结核病和肺部疾病联合会）、红十字会运动（国际红十字会、红十字会与红新月会）、大赦国际、无国界医生组织、抗生素慎用联盟、全球抗击艾滋病、扶轮国际、国际婴儿食品行动网、卫生生活、健康伙伴基金会、健康权国际结核和疟疾基金、国际糖尿病联盟、国际抗癌联盟和世界心脏病联盟、联合国儿童基金会、国际救助儿童联盟、比尔和梅林达·盖茨基金会、福特基金会、微笑联盟、联合国妇女基金、世界健康基金会、美国国际卫生基金会、美国旗舰全球健康基金会、美国爱心基金会、雅芳妇女儿童基金会、美敦力基金会、百特基金会、雅培基金会等。[③] 其中，红十字会运动对全球人道主义救援和卫生治理的贡献功不可没。

自 1863 年红十字运动创建以来，国际人道主义与全球卫生治理事业不断蓬勃发展。国际红十字运动以保护人的生命和健康，保障对人的尊重，促进相互了解、友谊和合作，促进持久和平为宗旨，在国际人道主义事业中发挥着越来越重要的作用。在全球化大背景下，非传统安全威胁明显上升，恐怖主义、跨国犯罪、传染性疾病、能源资源、气候变化等问题

---

① 《杨洁篪出席金砖国家安全事务高级代表第四次会议》，新华网，2013 年 12 月 7 日，http://news.xinhuanet.com/world/2013-12/07/c_118458101.htm。

② 《杨洁篪提出加强金砖国家交通运输安全合作》，新华网，2013 年 12 月 7 日，http://news.xinhuanet.com/world/2013-12/07/c_125821762.htm。

③ 张彩霞：《国际非政府组织在全球卫生治理中的作用与职能》，《经济研究导刊》2011 年第 34 期。

对全球安全、稳定、发展的影响日益显现，人道主义危机时有爆发。国际红十字运动成员在相互尊重和平等互利的基础上，广泛动员各种力量，共同应对人道主义新挑战。

中国积极参与国际人道主义合作，长期以来向有关国家提供了力所能及的人道主义援助，履行全球治理的责任。2004年底印度洋海啸灾难后，中国开展了历史上最大规模的人道主义对外援助活动，援助总额达13亿元人民币。中国是大多数国际人道法条约缔约国，多年来认真履行条约义务，落实和传播国际人道法。2011年，应朝鲜红十字会要求，中国红十字会向朝鲜红十字会提供价值30万元人民币的食品援助。

中国参与处理国际人道主义救助事务、参与全球公共卫生治理的作用逐步增强。近年来，中国红十字会紧紧抓住发展机遇，和红十字会与红新月会在参与应急救援、应急救护、人道救助、无偿献血、造血干细胞捐献、遗体和人体器官捐献、国际人道援助等方面积极合作，促进全球人道与卫生治理的完善。①

2008年6月，中国外交部和国际红会共同主办了“纪念日内瓦公约两个附加议定书通过30周年国际人道法研讨会”，积极推动国际人道法在亚太地区的传播。中国政府成立了国际人道法国家委员会。2008年9月，中国举办了“发展中国家灾害应急管理省（部）长研讨会”。② 中国政府支持红十字运动的崇高事业，重视国际红会在国际人道主义事业中的积极作用，进一步加强与国际红会的合作。长期以来，中国红十字会一直活跃在不发达地区，救助患有重大疾病或遭遇自然灾害的贫困人口。中国志愿者针对当地的情况，因地制宜地开展改水、改厕、改灶和健康宣传以及备灾、防灾知识培训等项目，有效地减少了灾害风险，提高了弱势群体的生活质量。③

---

① 《红十字会与红新月会国际联合会秘书长对中国在非洲投资表示肯定》，新华网，2012年5月11日，http：//news. xinhuanet. com/world/2012-05/11/c _ 111936125. htm。

② 《中国政府在第30届红十字与红新月国际大会上的发言》，中国红十字会网站，2008年5月7日，http：//www. redcross. org. cn/hhzh/zh/hxyw/gjrdjz/200806/t20080623 _ 775. html。

③ 《中国红十字会会长彭珮云在第30届国际大会上的发言》，中国红十字会网站，2008年5月7日，http：//www. redcross. org. cn/hhzh/zh/hxyw/gjrdjz/200806/t20080623 _ 772. html。

中国积极利用红十字会与红新月会国际联合会的平台，在全球治理中发挥更大作用。2012年5月，出席第22届世界经济论坛非洲峰会的红十字会与红新月会国际联合会负责人盖莱陶肯定了中国在非洲的巨大投资。盖莱陶指出，红十字会与红新月会国际联合会非洲代表与中方代表进行了会谈，中方表示愿增加对非洲人道主义援助的投入，双方就继续加强中非民间机构合作等方面达成了共识。[①]

2013年11月，红十字会与红新月会国际联合会第19届全体大会及红十字与红新月运动代表会议在悉尼会展中心开幕。中国红十字会等187个红十字会与红新月会国际联合会成员国家的1000多名代表出席会议。此次会议的主要内容是跟进红十字会与红新月会国际联合会“2020战略”执行进展，确定红十字会与红新月会国际联合会2015年后千年发展目标的战略定位，共商各方关心问题和国际红十字与红新月运动发展大计，并进行新一届红十字会与红新月会国际联合会领导层的换届选举。[②]

中国红十字会代表团参加为期五天的大会全部议程，特别是参加人道论坛以及灾害管理和紧急情况下的人道外交、后千年发展目标与青年战略等专题研讨会，并就主要议题进行大会交流发言。中国红十字会积极开展全方位、多层次交流，人道事业的新形象、新举措、新行动引起了国际同行的高度关注和肯定，对于提升中国的软实力和人道主义事业的国际影响力发挥了积极作用。[③]

(二) 世界自然基金会等气候环境类组织

成立于1961年的世界自然基金会（WWF）是在全球享有盛誉的、最大的独立性非政府环境保护组织之一，在全世界拥有近520万支持者和活跃于100多个国家的网络，在全球气候环境中发挥着重要作用。

---

① 《红十字会与红新月会国际联合会秘书长对中国在非洲投资表示肯定》，新华网，2012年5月11日，http：//news. xinhuanet. com/world/2012－05/11/c＿111936125. htm。

②③ 《中国红十字会出席红十字会与红新月会国际联合会大会》，中国新闻网，2013年11月12日，http：//www. chinanews. com/gj/2013/11－12/5494567. shtml。

中国与世界自然基金会合作开展全球气候环境治理。中国与世界自然基金会积极开展合作，合作范围从大熊猫保护扩大到物种保护、淡水和海洋生态系统保护与可持续利用、森林保护与可持续经营、可持续发展教育、气候变化与能源、野生物贸易、科学发展与国际政策等领域。① 双方共同建立中国企业海外投资的可持续发展战略，减少碳排放量，为履行环保责任发挥重要作用。中国与世界自然基金会合作，推动中国和世界其他各国之间的绿色资金贸易流动，积极推进建立并完善跨境保护区，共同保护野生虎等濒危野生动物栖息地。② 中国与世界自然基金会合作开展气候特别水资源保护。利用“汇丰与气候伙伴同行”计划③等平台，在中国、印度、巴西、美国、英国实施长江、恒河、亚马孙河、格兰德河、泰晤士河等大河流域水资源与环境保护。④

在中非双方共同努力下，将环境因素纳入中非合作论坛（FOCAC），使中国在非洲的投资组合关注和促进自然资源的有效管理和利用。在林业、基础设施和采掘业等重点领域，开发投资指南以推动负责任的资源管理行动。与为这些领域提供贷款并具有较强影响力的金融机构开展合作，推动绿色信贷。支持中国在加蓬的林业企业开展可持续经营，向全球提供负责任的林产品。⑤

除与国际气候环境类非政府组织共同开展全球气候环境治理外，中国还积极促进本土非政府组织参与全球治理。如中国全球环境研究所对发展中国家的援助颇有实效。2008 年开始的全球环境研究所“老挝国土资源可持续利用与市场化管理项目”帮助老挝政府加强土地与自然资源管理的

① 《WWF 简介》，世界自然基金会中文网，http：//www. wwf. org. cn/aboutwwf/history/index. shtm。

② 《WWF：野生虎保护需加强跨境合作》，世界自然基金会中文网，2013 年 7 月 30 日，http：//www. wwf. org. cn/wwfpress/presscenter/pressdetail. shtm？ id=1507。

③ 该计划由汇丰集团 2007 年 5 月斥巨资启动，支持包括 WWF 在内的四个国际机构在全球开展环境保护工作。

④ 《“汇丰与气候伙伴同行”中国项目正式启动》，世界自然基金会网站，2007 年 12 月 4 日，http：//old. wwfchina. org/aboutwwf/whatwedo/freshwater/hsbc2. shtm。

⑤ 《森林乐章：加蓬与中国的合作之路》，世界自然基金会网站，2012 年 7 月 27 日，http：//www. wwf. org. cn/aboutwwf/whatwedo/shift/china-africa. shtm。

基础设施建设，提高其土地与自然资源综合管理能力，实现可持续发展，增强了中国非政府组织的国际影响力，为中国非政府组织参与国际合作开创了新模式。截至2009年1月，全球环境研究所项目组在斯里兰卡全国九个省份中的五个省进行了沼气修建的系列培训，共培训当地技术人员23名，修建沼气池56个。[①]

(三) 能源宪章等资源类组织

中国通过参加非政府国际多边组织参与全球能源治理。中国是亚太经济合作组织能源工作组、东盟与中日韩（10＋3）能源合作、国际能源论坛组委会、世界能源大会的正式成员，是能源宪章的观察员，与国际能源署保持着密切关系。[②]

其中，能源宪章在全球能源治理版图中扮演着重要角色。该组织致力于创造开放、非歧视性的能源市场，在保护跨国能源投资、解决国际能源贸易和运输争端等方面发挥重要作用。

中国自2001年成为能源宪章观察员以来，通过人员互访、召开研讨会和信息交流等方式，增进了与能源宪章的合作。2012年11月27日，能源宪章组织的“全球能源治理需求与能源宪章潜力”部长级会议在波兰首都华沙召开，46个能源宪章条约成员国、9个观察员国的代表出席会议。会议就全球能源发展面临的风险和挑战，以及能源宪章条约（ECT）在全球能源治理中的潜力等问题展开讨论。中国国家能源局副局长吴吟等出席会议并作主旨发言。吴吟会见了能源宪章秘书处秘书长鲁斯纳克大使、波兰经济部执行部长卡斯布拉扎克等，就加强中国与有关方面的能源合作交换了意见。[③]

中华能源基金委员会等中国非政府组织积极在全球治理领域发挥自身作用，曾在纽约联合国总部举办过“世界文明论坛”和“中国故事——可

① 吕晓莉：《中国非政府组织的国际化路径研究》，2013年6月，http：//www.aisixiang.com/data/64761.html。

② 《国际能源合作中国应有战略选择》，《中国能源报》2013年10月20日，http：//news.xinhuanet.com/energy/2013-10/20/c_125548694.htm。

③ 《吴吟副局长出席能源宪章“全球能源治理需求与能源宪章潜力”部长级会议》，国家能源局网站，2012年11月28日，http：//www.nea.gov.cn/2012-11/28/c_132005192.htm。

持续发展及管治论坛”。2013年9月，中华能源基金委员会代表出席联合国“可持续发展高级别政治论坛”开幕式、“联合国千年发展目标特别会议”，并在圆桌会议上发言，阐述文化可持续发展，以及民间在可持续发展方面扮演的角色。

案例四：贫困治理的中国道路

近年来，随着新兴大国对世界经济的支撑力和带动力日益增强，国际社会开始关注中国等新兴大国在全球治理领域发挥的积极作用。新兴大国的发展经验和知识创新为全球治理提供了多样化的参考范本。就中国而言，基于历史原因及自身发展水平，长期以来，中国考虑到国际社会的压力而参与到全球治理进程当中，被动接受全球治理规则，调整相应国内治理政策及制度。进入21世纪后，日益崛起的中国不但是全球化与全球治理的重要组成部分，中国的国内治理经验也越来越受到国际社会广泛关注，被外界总结为“北京共识”和中国模式等，其中包括观念、规则和运行等一些经验，对全球治理方式都将产生深远影响。本案例以全球治理中的减贫领域为考察对象，分析中国国内减贫经验，进而探讨中国全面参与和塑造全球贫困治理模式与规范的新路径。①

一、全球贫困问题及其治理

在贫困问题现有的全球治理框架中，以联合国、世界银行、世界贸易

① 本案例参考了杜旸：《全球治理中的中国进程：以中国减贫治理为例》，《国际政治研究》2011年第1期。

组织和国际货币基金组织等为代表的国际组织，在向贫困国家传授治理经验、传递减贫知识、培训专业人才、制度建设和提供资金等物质援助方面起着主导作用。以联合国千年发展目标[①]为明确指标，这些国际组织在各自领域开展全球贫困治理，制定了一系列相关战略和具体议程，在减贫问题上形成了一套多层面、全方位的治理系统，使目标国按照国际规范进行体制改革和政策调整。作为目前最重要的全球治理主体之一，联合国致力于确定基于增长稳定的政策和调整扶贫政策。世界银行减贫的两大支柱[②]是加强投资、就业和增长环境的建设（私人投资环境、公共部门治理），赋予穷人参加发展的能力，并开展面向穷人的人力资源投资（能力提高、安全及社会覆盖、教育、健康）。世界银行参与的项目几乎遍布各个领域和每个发展中国家。国际复兴开发银行在一百多个发展中国家开展工作，提供金融和技术专业知识，帮助它们减少贫困。

然而，在看到国际社会为全球减贫事业做出巨大努力的同时，也应该注意到发达国家及国际组织的巨额援助不但没有为受援国带来经济的快速增长，而且连受援国基本的贫困状况都没有足够的改善，以至于 2005 年英国前首相布莱尔在发达国家首脑会议上号召集体向贫困宣战。据统计，1990 年，撒哈拉以南非洲有 57.4%的人口处在平均每天收入不足 1.25 美元的极端贫困状态；1999 年，贫困状况继续恶化，其比例上升 0.8 个百分点，达到 58.2%。在“千年发展目标”行动计划实施五年后即 2005 年，这个比例略下降到 50.7%。[③] 对比这十五年的减贫成绩，“千年发展目标”——也就是到 2015 年贫困人口比例下降到 29.1%以下——基本没有

① “千年发展目标”包括八个具体目标：消除绝对贫困和饥饿，普及初等教育，提高性别平等和妇女权利，减少儿童死亡率，改善母亲健康状况，控制 HIV/AIDS、疟疾以及其他传染病，提高环境的可持续能力以及发展全球合作。其中的首要目标是消除绝对贫困和饥饿——从 1990 年至 2015 年，将每日收入不足 1 美元的人口比例减少一半。参见 UN，“United Nations Millennium Declaration”，2000，http：//www. un. org/millenni-um/declaration/ares552e. pdf，2010 年 6 月 12 日。

② World Bank，“Two Pillars of the Banks Antipoverty Strategy”，The World Bank Annual Report 2006，Washington DC，2006，http：//web. world bank. org/WBSITE/EXTERNAL/EXTABOUTUS/EXTANNREP /EXTANNREP2K6/0，p. 19.

③ “The Millennium Development Goal Report，2009”，June 15. 2010 p. 2，http：// www. un. org/millenniumgoals/pdf/MDG _ Report _ 2009 _ ENG. pdf.

实现的可能。实际上，国际组织在几十年的贫困治理中出现的一系列治理误导和失败，是造成目前全球减贫缓慢、贫困人口规模居高不下的一个重要原因。从20世纪80年代开始，在里根和撒切尔夫人新自由主义意识形态理念的影响下，世界银行竭力劝说非洲及其他贫困地区，减少或者关闭政府投资或者政府提供的各种服务，竭力使政府与农业分离，让这些贫困的农民自给自足。其结果是引发了非洲的灾难，使其农业生产力几十年持续走低。世界银行同时也推动国家卫生体制、水力、道路、电力网络的私有化，这些重要部门因而得不到足够的财政支持，政府在减贫战上的作用被大大减弱，一些本应由政府给予支持的领域或部门由于缺乏足够资金供给，形成发展中的瓶颈。近来，世界银行拉丁美洲首席经济学家德拉托雷承认20世纪90年代拉丁美洲私有化浪潮的失败。他说，90年代曾有过私有化企业在基础设施、特别是公共服务的所有部门将取代国家的前景，但是这并没有出现，在任何地方都没有看到。[①] 世界银行和国际货币基金组织把它们的“处方”强加给拉美地区，实施结构调整计划和掀起私有化的浪潮，损害了这些拉美国家的经济，带来严重的社会问题。

与此同时，以新兴大国为代表的大部分发展中国家，都逐步把消除贫困作为本国主要发展目标，积极探寻各种脱贫的发展模式。中国作为人口最多的发展中国家，是全球减贫事业的重要实践者，积极参与全球治理框架下的各种多双边减贫议程。根据中国政府当年扶贫标准，中国农村贫困人口数量从1990年的8500万（占农村人口的9.6%），减少到2009年的3597万（占农村人口的3.8%），是最早提前实现千年发展目标中减贫目标的发展中国家。按照联合国千年发展目标采用的每人每天低于1美元的国际贫困标准，中国生活在贫困线下的农村人口的比例已经由1990年的46%下降到2005年的10.4%，也已完成千年发展目标的减贫任务。[②] 中国扶贫取得的成就，加速了全球减贫的进程。世界银行公布的数据表明，

---

① 《世界银行承认拉丁美洲90年代的私有化失败》，人民网，2009年3月13日，http://world.people.com.cn/GB/1029/42358/8960970.html。

② 联合国驻华系统：《中国实施千年发展目标进展情况报告》（2010年版），2010年12月，第9页。

过去二十五年全球减贫人口的70%左右来自中国，如果不包括中国，则全球的贫困人口实际增加了5800万人。[①] 中国在减贫方面取得的巨大成就得到国际社会的普遍认同，其在扶贫体制和治理方面的独特经验也成为一些发展中国家减贫治理的重要参考。事实上，伴随着金融危机、社会危机、生态危机和世界经济结构的深刻变化，发展中国家在全球治理中的重要性显著上升，逐步打破全球贫困治理中“西方中心”和“西方主导”的局面。

二、中国国内贫困治理的成功经验

改革开放以来，中国政府依据国情实施了大规模的、持久的扶贫开发计划，探索出一系列富有成效的减贫思路和措施，形成了宝贵的减贫经验，其中一些对于其他发展中国家的国内贫困治理具有重要的参考价值和实践意义。

（一）政府主导扶贫工作

从中国完整的扶贫组织系统和职能分工[②]可以看出，中国政府及其相关部门在农村和城市扶贫中起主导性作用。

1. 政府主导扶贫策略和政策的制定

中国政府把扶贫开发工作纳入国民经济和社会发展的整体布局之中。1986年六届人大四次会议决定把扶持贫困地区摆脱落后状况作为一项重要内容列入“七五”计划。此后，扶贫开发一直成为国民经济和社会发展五年计划中的一项重要内容。1994年，国务院制定了《国家八七扶贫攻坚计划（1994—2000年）》，这是中国历史上第一个有明确目标、对象、措施和期限的扶贫开发行动纲领。2001年，国务院又制定了《中国农村

① 联合国驻华系统：《中国实施千年发展目标进展情况报告》（2010年版），2010年12月第9页。

② 中国政府的农村扶贫和城市扶贫具有完全不同的组织系统。为了协调各个参与农村扶贫的部门之间的关系，从中央到地方都成立了跨部门扶贫领导小组。在领导小组之下，成立了专门的扶贫开发办公室。参见中国发展研究基金会编：《在发展中消除贫困：中国发展报告2007》，中国发展出版社2007年版，第158页。

扶贫开发纲要（2001—2010 年）》，这是继《国家八七扶贫攻坚计划》之后，又一个指导中国农村扶贫开发工作的纲领性文件。

2. 政府主导扶贫资源的组织和动员

中央和地方政府直接拿出大量的财政资金用于农村扶贫开发和城市社会保障，通过各种方式（有些措施是强制性的）动员社会力量参与扶贫。政府在扶贫资源方面强大的动员能力，保证了大量的资金和其他资源投入农村和城市扶贫中去。1980—2009 年，中国中央政府累计投入专项财政扶贫资金 1980 多亿元，年均增长 16.5%，同时还通过安排财政扶贫贴息资金，积极引导金融资本支持农村扶贫开发事业。[①]

3. 政府利用行政组织系统主导扶贫资金的分配和扶贫项目的实施，保证了扶贫政策和措施，以及各项扶贫投资能够迅速在全国范围内实施[②]

政府在减贫治理中是否起主导作用直接影响减贫的总体成效。合理的政府扶贫组织系统及职能分工，有效的机理和监督机制等方面的制度安排，是确保扶贫效率的关键因素。中国政府减贫治理的成功之处在于持续的政治决心和强大的组织动员能力，从而使扶贫工作无论在农村还是城市都能够快速、大规模和持续地展开。由于更多地利用现有的政府行政系统和资源，扶贫工作的大规模展开并没有大量增加行政管理成本。

（二）动员和组织全社会力量

在三十多年的扶贫实践中，中央政府不断动员各类各级政府部门、社会团体、国有企事业单位参与定点扶贫，动员发达地区政府参与对口扶贫，动员民间组织和国际机构参与扶贫。与中央政府一样，有关的省、区、市、县政府动员其下属的机构和辖区内的企事业单位和社会团体参与扶贫工作。可以说，扶贫在中国已经成为全社会参与程度最高的社会工作领域。

广泛的社会动员一方面带来了大量的政府预算外的资金和其他资源用

① 联合国驻华系统：《中国实施千年发展目标进展情况报告》（2010 年版），第 10 页。
② 中国发展研究基金会编：《在发展中消除贫困：中国发展报告 2007》，第 164 页。

于扶贫领域，另一方面也为政府扶贫工作的改革和创新提供了可资借鉴的经验。

一是组织东部发达地区对口帮扶西部贫困地区。从1996年开始，东部沿海的15个发达省市分别帮助西部的11个贫困省区。[①] 双方在企业合作、项目援助、人才交流等方面开展多层次、全方位的扶贫协作。

二是党政机关和大型企事业单位定点帮扶贫困地区。目前有272个中央国家机关、民主党派、社会团体、国有大型企业等单位定点帮扶481个国家扶贫开发工作重点县。[②]

三是非公有制经济和民间力量通过“希望工程”“幸福工程”“光彩事业”“文化扶贫”“春蕾计划”“贫困农户自立工程”等多种形式的扶贫项目支持贫困地区。

四是中国的金融机构在扶贫中也发挥了十分重要的作用。截至2009年年底，中国农业银行累计发放各项扶贫专项贷款2258.61亿元[③]，主要投放区域为国家扶贫开发工作重点县和省级扶贫工作重点县。

政府组织动员社会各界参与减贫行动，不仅提高了全社会扶贫济困的思想意识，并通过创新扶贫体制，促进政府扶贫方式日臻成熟和完善。此外，社会扶贫还在一定程度上补充了政府扶贫资金的不足，部分弥补了政府扶贫中对人才培养和社会发展方面的投入不足。

（三）坚持开发式扶贫

从20世纪80年代开始，中国政府从救济式扶贫转向开发式扶贫。开发式扶贫是发展援助的典型体现，即通过经济开发，拉动贫困地区经济增长，使贫困人口在生产中脱贫。在扶贫方式上，改变单一的生活救济方法，加强贫困地区的基础设施建设，改造生产条件，帮助贫困地区形成新的生产力；在扶贫主体上，强调调动贫困地区干部群众发展经济的积极性，扬长避短，增强自我发展能力；在扶贫资金的管理机制上，改变单纯

① 中国发展研究基金会编：《在发展中消除贫困：中国发展报告2007》，第126页。

② 联合国驻华系统：《中国实施千年发展目标进展情况报告》（2010年版），第11页。

③ 《中国农业银行探索农村金融服务新模式》，国务院扶贫办网站，2010年1月21日，http://www.cpad.gov.cn/data/2010/0121/article_341972.htm。

由财政渠道拨款救济、扶贫资金无偿使用的方式，转向以财政支付和银行贷款相结合、无偿与有偿相结合的扶贫资金投放方式；在扶贫途径上，把扶贫作为一个系统工程，改变单纯的经济扶贫，进行科技、教育、物质生产等综合性投入。

开发式扶贫不仅仅帮助贫困者解决基本生活问题，更注重帮助贫困者发展生产，逐步实现脱贫致富，在发展中消除贫困。其中，改善贫困地区的生产和生活条件是重点，通过基础设施和公共服务的改善来提高当地的农业和非农业生产的效率，从而使农户能够通过提高效率来增加收入并摆脱贫困。因此，政府只需要集中财力于基础设施建设和公共服务，需要的财政资源相对较少。总体上讲，中国实施的开发式扶贫措施显著改善了贫困地区的基础设施和与此相关的生产生活条件，从而为农户的创收活动提供了良好的基础。①

（四）根据自身国情有效利用国际发展援助

中国政府以开放的态度吸收和借鉴世界各国及国际组织的反贫困经验，广泛利用国外政府和非政府组织、国际多边组织的援助，在扶贫开发领域中积极开展与国际社会的交流与合作。国际机构在中国的扶贫方式各不相同。它们的活动覆盖了多数部门的各种不同类型的项目，包括小额信贷、小型基础设施建设、技术援助、能力建设和农村综合开发。

中国接受的致力于减贫事业的外援总额并不多②，但是效果非常显著。究其原因表现在两方面：一是有比较完备的程序。从可行性研究、招投标程序一直到财务监督、过程管理、意见反馈和成果推广，中国执行外援项目的过程就是逐一汲取援助方经验和方式的过程。正像援助方所希望的那样，在华外援项目不仅“成功地”引入了“新的技术和管理方法”，而且“引入了政策改革”。二是形成了自己的特色。在接受外援的整个过程中，无论是主管援助贷款项目的财政部门，还是主管赠款项目的商务部

① 中国发展研究基金会：《在发展中消除贫困：中国发展报告 2007》，第 128 页。

② 世界银行业务评价局：《中国国别援助评价报告》，美国华盛顿特区，2004 年，第 XI 页。

门，都以邓小平提出的“以我为主、为我所用”的方针，有意识地引导外援向有利于自己的方向发展，并借助外援进行渐进式的改革，形成有中国特色的发展模式。[①]

三、中国贫困治理经验的意义

中国对全球减贫的贡献绝不仅仅在于其自身贫困问题的解决，也不止于中国参与各种多双边减贫议程对其他发展中国家提供物资、人才等扶贫援助，更重要的是，从内容、方式到规范、理念等方面，中国国内减贫治理经验对贫困问题的全球治理产生了意义深远的影响。近年来，中国在扶贫开发实践中所创造的成功经验，得到世界银行、联合国开发计划署、世界粮食计划署等从事减贫事业的国际组织，以及发展中国家政府高级官员的肯定，国际社会开始从中国的国内治理模式中汲取有益经验，将其纳入具体的减贫议程中。

（一）主权国家在贫困治理中的主导性不容忽视

尽管全球治理在很大程度上意味着突破传统的以主权国家为中心的治理范式，强调国际组织、跨国公司和社会团体等其他行为体在全球治理过程中的重要作用，但是在反贫困治理中，主权国家应当发挥主导性作用。中国国内由政府主导的扶贫工作充分表明，政府作为强制性供给的主体、管理和使用公共资源的主体及社会经济发展的直接干预者，通过具体政策、选择经济与社会发展模式，可以有力影响国家减贫的进程和效果。2005年，世界银行负责业务政策及国家服务（Operations Policy and Country Services）的副行长办公室对“国家主管减贫战略”的工作进行评估时，根据中国的扶贫经验得出结论，认为“一国是否把减贫战略的决策过程纳入其更广泛的决策过程和系统，对发展中国家统管减贫战略的工作起着关键作用”。同时还指出，“通过常规机制以及协商机构参与决策和

① 周弘等：《外援与发展：以中国的受援经验为例》，《欧洲研究》2007年第2期，第14页。

实施过程，具有宝贵的价值”。①

以非洲为例，长期以来，非洲国家致力于摆脱殖民经济遗痕，通过经济快速发展实现国家的富强。然而，经济快速增长并没有带来同等的贫困人口锐减。当工业化发展战略屈于“结构调整方案”后，非洲国家经济体制受到市场经济的严重冲击，政府对社会经济生活失去有力干预，原有对基础设施大力投资、农产品补贴、教育与医疗卫生的政府供给完全被市场化所替代，由供求力量驱动。这样，一些本应由政府给予支持的领域或部门由于缺乏足够的资金供给，形成发展瓶颈。由于这一时期非洲国家的制度安排有很大程度的被动性，因此，政府的反贫困职能受到扭曲，出现错位或缺失，政府在减贫战略上的作用被大大削弱。事实上，市场不是解决所有社会经济问题的灵丹妙药，政府在减贫中的职能需要被重新定位。当前，非洲国家正通过较大程度的自主性制定减贫政策导向，矫正市场失灵现象，保证经济可持续发展和社会进步，以此发挥政府在减贫中的干预职能。

（二）充分整合国内各种社会力量参与减贫治理

现有的全球减贫治理议程更多地强调全球治理的广度，即体系层次上的各种不同类型单元之间的跨界治理，包括国际组织介入、政府间合作、各种多双边经验交流，缺少对治理方式在单元内部（尤其是国家行为体）进行深度拓展。全球治理所体现的显著的“全球性”意义经常掩盖了单元内部的行为体参与基层治理的重要性。全球治理的结构是“蜘蛛网式”网络结构②，应是由全球层面、国家层面和次国家层面的多层次、多元的行为体相互作用共同构成的有机系统。这个过程是多元行为体通过多种方式的上下互动的管理过程，是“各种公共的或私人的个人及机构管理其共同事务的诸多方式的总和，它是一个调和冲突或不同利益并采取合作行动的

① Janet Entwistle & Filippo Cavassini, “Country Ownership: What Does It Really Mean? An Operational Ap-proach to Assessing Country Ownership of Poverty Reduction Strategies”, Washington. DC: World Bank, 2005, p. 28, http://web. world bank. org/WBSITE/EXTERNAL/PROJECTS/STRATEGIES/CDF/0.

② John H. Dunning and Khalil A. Hamdani eds., *The New Globalism and Developing Countries*, Tokyo: United Nations University Press, 1997, pp. 12-39.

持续的过程”。[①] 只有这样才能进行卓有成效的部门信息交流和思想的沟通。中国的国内减贫经验表明，国家内部由企业、社区和民间组织等行为体所构成的公民社会是减贫事业中的重要力量，如果政府能够对之加以善用，将有效提高政府政策的执行力度，获得更广泛、更雄厚的各类社会资源，促进国际援助的有效合理利用。时任联合国开发计划署署长布朗在2004年举行的全球扶贫大会上表示，中国为世界提供的最有价值的发展经验是制定并长期坚持有效的扶贫政策，中国政府积极动员和组织全社会力量参与扶贫，从而确保了中国的扶贫工作能顺利进行并产生深远的社会影响，“这同样值得他国学习和借鉴”。[②] 减贫工作并不局限于政府，还迫切需要其他相关人员做出承诺，包括个人、集体、社区居民和地方公职人员。[③] 事实上，与私营部门、当地社区及社会团体建立紧密的合作关系，会显著提高公共开支的效率，提高预期的经济增长率并扩大减贫工作的影响。近年来，坦桑尼亚已经逐渐重视这一问题，开始在减贫对象的确定、减贫项目的决策及实施、减贫效果的评价等方面借鉴国际经验，更多地引导贫困人口参与。贫困人群不仅是减贫战略实施结果的被动受益者，而且应成为减贫过程中的主体和主导力量。

（三）通过发展解决贫困问题，尤其加强基础条件的投入

世界银行在总结中国的成功经验时指出，中国的扶贫政策一直注重通过增加贫困人口的资产积累和资产转移来为他们提供机会，而不是单纯的“救济”。扶贫项目也致力于提高农村贫困家庭的创收能力。在农村地区，扶贫项目包括提供基础设施、农业及企业方面的投资，以及通过诸如建立学校等措施来支持人力资本的发展。[④] 可以说，旨在发展中减贫的开发式

---

① Commission on Global Governance, *Our Global Neighborhood*, New York: Oxford University Press, 1995, p. 45.

② 廖雷：《专访联合国开发计划署署长布朗》，新华网，2004年5月28日，http://news.xinhuanet.com/News center /2004-05/28/content _ 1494730. htm。

③ ［美］默雷诺·道森编：《全球规模的减贫行动：来自上海全球扶贫大会的启示》，中国财政经济出版社2006年版，第177页。

④ 世界银行：《从贫困地区到贫困人群：中国扶贫议程的演进　中国贫困和不平等问题评估》，第72页。

扶贫是中国减贫经验中最显著而富有成效的。

中国政府着力发展经济，以持续高速的经济增长带动大规模的减贫。当国外援助方对投资上层建筑趋之若鹜时，中国政府提出，发展基础设施、解决经济发展中的瓶颈问题，是促进经济增长的关键，也是推动减贫的重要手段。中国强调公共投资的重要性，特别是对于农业和以道路、电力为重点的基础设施的投资，以此为私有经济带动的经济增长打好基础。和中国治理经验不同，世界银行的援助政策倾向于强迫受援国将基础设施私有化，而不是帮助这些贫困国家对基础设施及其他关键领域进行投资。在以往的世界银行年度报告中，可以看出金融与私人部门发展在世行的贷款主题中一直占有最大比例。在中国的推动下，世界银行等援助方从2004年开始重新肯定加强基础设施建设对于扶贫的作用，并强化了对这些领域的支持力度。2007年，世行承诺增加对受援国基础设施投入达99亿美元，较前一年增长了24%。① 最新的世行年度报告显示，在非洲地区，世行2009年用于基础设施的贷款增加到33亿美元（是2006年的两倍）；在南亚地区，世行开始注重应对城乡基础设施的巨大赤字，批准了4亿美元贷款，资助印度国电公司增加地区和各州间的稳定电力传输，推动急需基础设施的发展。② 同时，世行还批准了9800万美元的追加融资贷款，支持斯里兰卡的道路部门援助项目，该项目至今已经改进和完成了420公里道路建设，跨越了整个岛屿。

（四）立足国情，有效利用国际援助及对外援助的去意识形态化

中国在贫困治理中有效利用国际援助为世界提供了成功的范例。首先体现在认知上，外援在中国建立起的是一种双向的“学习过程”。中国接受援助的过程一方面是中国了解国际规则、融入国际体制的过程，另一方面也是国际社会了解中国发展模式的过程。中国通过消化吸收西方发展经验，结合自己的国情走出的发展道路对援助方的援助政策和措施产生了反

① 世界银行：《世界银行2007年度报告》，2007年，第18页，参见http：//siteresources.world bank.org/EXTANNREP2K7/Resources/Chinese.pdf。

② 世界银行：《世界银行2009年度报告》，2009年，第31页。

作用力。当国际援助体制在美国的引导下讨论“失败国家”导致发展援助失败时，中国则在2005年世界银行和国际货币基金组织共同年会的讲坛上提出，受援国的政府能力建设和自主发展能力培育是保证国家长久稳定发展的关键，应当得到特别支持。[①] 中国的立场得到许多参会代表的支持，重视“国家能力建设”也因此而被写进了会议公报。中国在利用外援的过程中积累了一套“以我为主、为我所用”的方式。这种“中国方式”使中国在接受外援的过程中拒绝“干涉内政”、拒绝“附加条件”，坚持平等和民主的国家间关系，使得外来援助能够成为国家改革和发展的补充力量。

有鉴于此，中国在其他发展中国家实行扶贫援助时同样奉行“平等互利”“不干涉内政”和“不附加条件”等原则，不把“附加条件”作为输出价值观的工具，根据国情，制定适合本国的发展模式。中国的援助方式基本上针对非洲国家当地情况制定，目的在于提高受援国自身的发展能力。斯蒂芬·马克斯认为，所谓国际援助“中国方式”的最主要特征就是中国的发展没有采纳“华盛顿共识”，“避开了善治和人权附加条件”。2000年10月，中非合作论坛在北京举行部长级会议，中方提出了一系列方针政策，包括在遵循合作原则基础上坚持“平等互利”、主张形式与内容的多样化、提倡注重实效、实现共同发展等。

中国国内贫困治理经验充分肯定了经济增长对减贫的基础性作用，强调了各国制定符合本国国情发展道路的重要性，推动国际社会加深对扶贫理念和实践的再认识，扩大了国际社会为减贫而行动的共识，对贫困问题的全球治理的内容、方式、规范产生了积极、重要的影响。在后金融危机时期，全球治理体系进入一个新阶段：美国提供公共品的能力相对下降，联合国体系难以完全承担大量全球性问题的治理，传统大国和新兴大国开始共同参与设定全球治理的议程。从国际金融货币体系改革到全球气候谈判，从赈灾到减贫，中国开始参与全球治理议程的制定，将国内成功的治

① 周弘等：《外援与发展：以中国的受援经验为例》，《欧洲研究》2007年第2期，第20页。

理经验合理运用到全球问题的治理进程中，进而在全球治理体系中取得更大的话语权、影响力和创造力。全球化程度的加深致使国内与国际事务界限日益模糊，中国应充分注意国内外两种治理之间的传导性和联动性，用责任、合作、共赢与和谐这些新的价值和理念去引领全球治理体系的重塑。

参考文献

一、中文论著

1. ［美］巴瑞·卡林：《展望2013：全球治理与国际发展》，《中国社会科学报》2013年1月16日，第B2版。

2. 白如纯、吕耀东：《日本对非政策的演变与发展——以“非洲发展国际会议”为视点》，《日本学刊》2008年第5期。

3. ［美］布热津斯基：《战略远见：美国与全球权力危机》，洪漫等译，新华出版社2012年版。

4. 蔡拓：《全球治理的中国视角与实践》，《中国社会科学》2004年第1期。

5. 陈凤英：《G20机制架构设计与中国战略对策》，《经济参考报》2010年6月23日。

6. 陈须隆：《“建设和谐世界”与“全球治理”——两种全球话语的比较》，《新视野》2013年第3期。

7. 陈政忻：《全球食品安全发展趋势》，《农业生技产业季刊》2011年第27期。

8. 程春华：《未来中长期全球气候变化趋势：影响及应对》，《和平与发展》2012年第4期。

9. 程春华、杨久华：《未来中长期全球公共卫生安全：发展趋势及其国际政治影响》，《社会科学》2012年第11期。

10. 崔艳红：《试论中国和谐世界思想对全球治理理论的意义》，《广东外语外贸大学学报》2006年第3期。

11. ［英］戴维·赫尔德：《重构全球治理》，《南京大学学报》2011年第2期。

12. 杜旸：《全球治理中的中国进程：以中国减贫治理为例》，《国际政治研究》2011年第1期。

13. 国家发展和改革委员会：《中国应对气候变化的政策与行动2012年度报告》，2012年12月。

14. 胡锦涛：《在纪念中国人民抗日战争暨世界反法西斯战争胜利60周年大会上的讲话》，《人民日报》2005年9月4日。

15. 胡锦涛：《努力建设持久和平、共同繁荣的和谐世界——在联合国成立60周年首脑会议上的讲话》，《人民日报》2005年9月16日。

16. 胡锦涛：《在美国耶鲁大学的演讲》，《人民日报》2006年4月23日。

17. 黄仁伟：《全球治理机制变革的新特点和中国参与全球治理的新机遇》，《当代世界》2013年第2期。

18. 江忆恩：《中国参与国际体制的若干思考》，《世界经济与政治》1999年第7期。

19. 经济合作与发展组织：《经济全球化指标体系》，中国财政经济出版社2007年版。

20. ［德］克劳斯·丁沃斯、［荷］菲利普·帕特伯格：《如何“全球”与为何“治理”？全球治理概念的盲点与矛盾》，《国外理论动态》2013年第1期。

21. ［美］莱斯特·萨拉蒙：《全球公民社会——非营利部门视界》，贾本津等译，社会科学文献出版社2002年版。

22. 李增刚：《全球公共产品：定义、分类及其供给》，《经济评论》2006年第1期。

23. 梁长平：《全球安全治理视野下的核安全》，《阿拉伯世界研究》2013年第3期。

24. 林利民：《对“奥运后时代”中国国际战略的思考》，《现代国际关系》2008年第9期。

25. 刘丰：《美国霸权与全球治理——美国在全球治理中的角色及其困境》，《南开学报》（哲学社会科学版）2012年第3期。

26. 刘敬东：《贸易保护主义频发 WTO 会崩溃吗?》，《经济参考报》2010 年 1 月 20 日。

27. 刘伟丽：《世界贸易组织利益再平衡研究——以俄罗斯入世为例》，《财经问题研究》2012 年第 8 期。

28. 刘兴华：《TRIPs 与国内知识产权制度改革：中国与印度的比较研究》，《南亚研究》2010 年第 4 期。

29. 刘兴华：《印度的全球治理理念》，《南开学报》（哲学社会科学版）2012 年第 6 期。

30. 刘镇江、胡正东：《哲学视域中的和谐世界研究》，《南华大学学报》（社会科学版）2006 年第 6 期。

31. 陆晓红：《“和谐世界”：中国的全球治理理论》，《外交评论》2006 年第 6 期。

32. 马朝旭：《全球治理向何处去?》，《求是》2013 年第 5 期。

33. ［美］默雷诺·道森编：《全球规模的减贫行动：来自上海全球扶贫大会的启示》，中国财政经济出版社 2006 年版。

34. ［法］帕斯卡尔·拉米：《全球治理结构变化与中国在多边贸易体系中的作用》，《全球化》2013 年第 7 期。

35. 庞中英、王瑞平：《全球治理：中国的战略应对》，《国际问题研究》2013 年第 4 期。

36. 秦亚青：《世界格局—国际制度与全球秩序，纪念中国现代国际关系研究院建院 30 周年》，《现代国际关系》2010 年庆典特刊。

37. 宋玉华：《论新兴大国的崛起与现有大国的战略》，《国际问题研究》2004 年第 6 期。

38. 苏长和：《发现中国新外交——多边国际制度与中国外交新思维》，《世界经济与政治》2005 年第 4 期。

39. 孙哲：《美国霸权的发展维度》，《世界经济与政治》2009 年第 11 期。

40. 田丰：《中国与世界贸易组织争端解决机制——评估与展望》，《世界政治与经济》2012 年第 1 期。

41. ［美］托马斯·弗里德曼：《世界是平的》，赵绍棣、黄其祥译，东方出版社2007年版。

42. 王杰等主编：《全球治理中的国际非政府组织》，北京大学出版社2004年版。

43. 王勇：《中美经贸关系》，中国市场出版社2007年版。

44. 王毅：《试论新型全球治理体系的构建及制度建设》，《国外理论动态》2013年第8期。

45. 夏安凌、唐辉、刘恋：《新兴国家的崛起与国际格局的变化》，《教学与研究》2012年第5期。

46. 夏咸军：《美国对外经济援助——特点、目标和变化》，上海社会科学院2011年博士学位论文。

47. 熊爱宗：《贸易保护主义阻碍全球经济复苏》，《中国财经报》2012年10月25日。

48. 许航敏：《全球公共产品：演进的公共产品理论》，《地方财政研究》2007年第4期。

49. 杨丹：《2020年前的全球问题及解决方案——20年解决20个全球问题》，《国外社会科学》2004年第1期。

50. 杨洁勉：《新兴大国群体在国际体系转型中的战略选择》，《世界经济与政治》2008年第6期。

51. 杨雷：《俄罗斯的全球治理战略》，《南开学报》（哲学社会科学版）2012年第6期。

52. 杨娜：《欧盟的全球治理战略》，《南开学报》（哲学社会科学版）2012年第3期。

53. 姚奇志、胡文涛：《日本文化外交的观念变革与实践创新——以国际形象的构建为中心》，《日本学刊》2009年第5期。

54. 叶玉：《全球能源治理：结构、调整及走向》，《国际石油经济》2012年第3期。

55. 叶玉：《全球经济治理体系的冲突与协调》，《国际观察》2013年第3期。

56. 尹力：《重视国际政治中的卫生问题》，《学习时报》2005 年 12 月。

57. 于宏源：《全球能源治理的全球主义与功利主义》，《国际安全研究》2013 年第 5 期。

58. 于军：《全球化与国家安全》，《哲学研究》2003 年第 4 期。

59. 俞正樑、陈玉刚、苏长和：《 21 世纪全球政治范式》，复旦大学出版社 2005 年版。

60. 曾培炎：《全球治理应充分反映发展中国家的利益和诉求》，《全球化》2013 年第 2 期。

61. ［美］詹姆斯·罗西瑙：《没有政府的治理》，张胜军等译，江西人民出版社 2001 年版。

62. 张彩霞：《国际非政府组织在全球卫生治理中的作用与职能》，《经济研究导刊》2011 年第 34 期。

63. 赵诚：《全球化和规则文明》，《中共中央党校学报》2007 年第 5 期。

64. 赵晨：《中美欧全球治理观比较研究初探》，《国际政治研究》2012 年第 3 期。

65. 赵晨：《国内政治文化与中等强国的全球治理——基于加拿大的考察》，《世界政治与经济》2012 年第 10 期。

66. 中国发展研究基金会编：《在发展中消除贫困：中国发展报告 2007》，中国发展出版社 2007 年版。

67. 中国社科院财经战略课题组：《推动完善全球治理机制》，《经济日报》2013 年 11 月 22 日。

68. 周弘等：《外援与发展：以中国的受援经验为例》，《欧洲研究》2007 年第 2 期。

69. 周玉渊：《从东南亚到非洲——日本对外援助的政治经济学分析》，《当代亚太》2010 年第 3 期。

70. 邹志强：《G20 成员沙特参加与全球经济治理研究》，上海外国语大学 2013 年博士论文。

71.《应对气候变化 未来气候是如何“算”出的?》，《人民日报》2011年12月29日。

72.《气溶胶（Aerosols)》，《中国气象报》2007年9月6日。

二、英文论著

1. Benn Steil, David G. Victor, and Richard R. Nelson, “Technological innovation and economic performance”, Council on Foreign Relations, 2002.

2. C. Raja Mohan, “India and the Changing Geopolitics of the Indian Ocean”, *Maritime Affairs*, Vol. 6, No. 2, Winter 2010.

3. Colin I. Bradford, Jr. and Johannes F. Linn, “Reform of Global Governance: Priorities for Action”, Policy Brief No. 163, The Brookings Institution, Oct. 2007.

4. Commission on Global Governance, *Our Global Neighborhood*, New York: Oxford University Press, 1995.

5. David Held & Anthony McGrew, *Governing Globalization: Power, Authority and Global Governance*, London: Polity Press, 2002.

6. Donald L. Horowitz, “Patterns of Ethnic Separatism”, *Comparative Studies in Society and History*, Vol. 23, No. 2, Apr., 1981.

7. James Habyarimana et al, “Is Ethnic Conflict Inevitable? Parting Ways Over Nationalism and Separatism”, *Foreign Affairs*, Vol. 87, No. 4, July/August 2008.

8. John H. Dunning and Khalil A. Hamdani eds., *The New Globalism and Developing Countries*, Tokyo: United Nations University Press, 1997.

9. Kurt M. Campbell, Jay Gulledge, al., “The Age of Consequences: The Foreign Policy and National Security Implications of Global Climate Change”, http://www.csis.org/media/csis/pubs/071105_ageofconsequences.pdf.

10. Trevor Houser, Shashank Mohan and Rover Heilmayr., “A Green Global Recovery? Assessing US Economic Stimulus and the Prospects for International Coordination”, Peterson Institute for International

Economics and World Resources Institute, 2009.

11. UNEP, "Sudan Post-Conflict Environmental Assessment", 2011-10-30, http://sudanreport.unep.ch/UNEP_Sudan.pdf.

12. WHO, "Chapter 1-Burden: mortality, morbidity and risk factors", 2010, http://www.who.int/nmh/publications/ncd_report_chapter1.pdf.

13. WHO, "Protecting health from climate change: connecting science", *Policy and people*, Geneva, 2009.

14. Wilma A. Dunaway and Donald A. Clelland, "Ethnic Conflict in the Modern World-System: The Dialectics of Counter-Hegemonic Resistance in an Age of Transition", *Journal of World-Systems Research*, Vol. 9, No. 1, Winter 2003.

15. Zbigniew Brzezinski, "The Dilemma of the Last Sovereign", *American Interest*, No. 1, 2005.

16. "The Millennium Development Goal Report, 2009", http://www.un.org/millenniumgoals/pdf/MDG_Report_2009_ENG.pdf.

17. "The World Health Report 2007-A safer future: global public health security in the 21st century", 2008, http://www.who.int/whr/2007/whr07_en.pdf.

三、相关网站

1. 世界银行官网：http://www.worldbank.org/.

2. 联合国官网：http://www.un.org.

3. 联合国贸发会议官网：http://www.unctad-docs.org/.

4. 世界贸易组织官网：http://www.wto.org/.

5. 国际原子能机构官网：http://www-ns.iaea.org/.

6. 世界信息传输机构网：http://worldinfo.org/.

7. 国际能源署官网：https://www.iea.org/.

8. 经济合作组织官网：http://www.oecd.org.

9. 联合国粮农组织官网：http://www.fao.org.

10. 国际货币基金组织官网：http：//www. imf. org/.
11. 新华网：http：//www. xinhuanet. com/.
12. 政府间气候变化专门委员会官网：http：//www. ipcc. ch/.
13. 中国天气网：http：//www. weather. com. cn.
14. 联合国开发计划署官网：http：//www. undp. org/.
15. 国际协会联盟官网：http：//www. uia. org/.
16. 世界卫生组织官网：http：//www. who. int.
17. 中国外交部官网：http：//www. mfa. gov. cn/.
18. 中国红十字会网站：http：//www. redcross. org. cn.
19. 中国新闻网：http：//www. chinanews. com/.
20. 国家能源局网站：http：//www. nea. gov. cn/.

后记

2013年是中欧全面战略伙伴关系建立十周年，中欧智库于2013年6月12至13日在布鲁塞尔举办“中欧全面战略伙伴关系10年”研讨会以为纪念。国家行政学院是中方智库的牵头单位，我率团与会并就全球治理问题作主题演讲。研讨会议题广泛、讨论热烈，有共识，也有分歧。关于全球治理问题的讨论也是如此，与会者在全球治理的主体、机制、模式、评价等方面都有不同的看法和争论，有些争论还比较激烈。这促使我对全球治理问题做深入的研究，呈现在读者面前的这部书就是这一工作的成果之一。本书客观阐述作者对全球治理问题的理解和梳理，同时也是对去年研讨会所涉分歧问题的回应。

特别感谢刘峰教授。刘峰教授在任国家行政学院政治学教研部主任期间，以学科建设为主线，一手抓业务，一手带队伍，特别是对政治学学科的发展倾注了巨大的心血和精力，《中国政治学前沿丛书》的出版问世与他的付出是分不开的。《全球治理》一书的写作，从选题到谋篇布局，从结构到观点把握，无不浸透他的关注与指导。

2014年3月9日于北京德林苑